厦门大学哲学社会科学
繁荣计划资助项目

Academic Series of
College of Foreign Languages
and Cultures,
Xiamen University

厦门大学外文学院学术文库

公共外语教学与研究

Public Foreign Language Teaching and Research

江桂英◎主编

厦门大学出版社 XIAMEN UNIVERSITY PRESS
国家一级出版社
全国百佳图书出版单位

图书在版编目(CIP)数据

公共外语教学与研究/江桂英主编.—厦门:厦门大学出版社,2019.7
ISBN 978-7-5615-7506-2

Ⅰ.①公… Ⅱ.①江… Ⅲ.①外语教学—教学研究—文集 Ⅳ.①H09-53

中国版本图书馆 CIP 数据核字(2019)第 135868 号

出 版 人 郑文礼
责任编辑 高奕欢

出版发行 厦门大学出版社
社　　址 厦门市软件园二期望海路 39 号
邮政编码 361008
总　　机 0592-2181111 0592-2181406(传真)
营销中心 0592-2184458 0592-2181365
网　　址 http://www.xmupress.com
邮　　箱 xmup@xmupress.com
印　　刷 厦门集大印刷有限公司

开本 720 mm×1 000 mm 1/16
印张 18.75
插页 1
字数 362 千字
版次 2019 年 7 月第 1 版
印次 2019 年 7 月第 1 次印刷
定价 75.00 元

厦门大学出版社
微信二维码

厦门大学出版社
微博二维码

院學文外學大門廈
CFLC
COLLEGE OF FOREIGN LANGUAGES
AND CULTURES XIAMEN UNIVERSITY

主编的话

江桂英

对于我国公共外语教学而言，这是一个最好的时代，也是一个最富有挑战的时代。教育部从2018年开始聚焦于公共外语教学的改革，提出公共外语教学要以“服务于新时代国家对外战略和‘一带一路’建设”为己任，“为国家战略培养和储备‘一精多会、一专多能’的国际化人才”。

时代在变，知识更新的速度可谓日新月异；学生的认知方式和学习模式在变，微课堂、慕课堂、雨课堂、微信公众号等各种技术大平台或新奇小玩意儿分分钟就能吸引学生的眼球。作为公共外语教师，我们应该如何确保曾经红极一时的大学外语课程在瞬息万变的时代中立于不败之地？所谓万变不离其宗，不变的是灵魂。那么公共外语课程的灵魂应该是什么？如何让这些课程的灵魂永驻，让外语教学能够真正担负起时代赋予的使命？这些都是需要我们进行深入思考和钻研的问题。

行起于思，胜于言。除了思考，让公共外语教师们行动起来才是新一轮改革中的要义。如何切实提高我校公共外语教学总体水平，满足新时期国家、社会和个人对我校提出的人才培养的需要？技术和社会的发展给公共外语教学注入了无限活力，也给老师们带来了极大的挑战，而这些挑战同时也正是老师们寻求自身发展的机遇所在。接受挑战意味着我们必须顺应时代的需求，以开放的心态拥抱新生事物，不断提高自己的学习力。提高学习力的重要途径之一是将教学与科研联动，以教促学、以学促研、以研促教，如此循环往复，则公共外语教学何愁无前路！

基于以上背景，我们适时推出这本《公共外语教学与研究》，旨在鼓励并支持我部全体老师在教学科研之余：可以总结自己在教学中的经验教训，对教学任一环节中遇到的问题进行反思并提出可能的解决办法，也可以从各自专业特长出发，揭示语言学、文学、文化、翻译等与外语教学之间的关系；既可以基于大数据对大学外语某种教学模式、教学方法、教材内容乃至教学策略等进行定量或定性研究，或可以针对不同水平学生进行个案研究，还可以谈谈通识教育、在线开放课程等教改项目建设的经验教训等等。同时，本文集还为我部曾经和正在服务于孔子学院教学或管理的老师设置“对外汉语教学研究”这一特色专栏。

公共外语教学是一个系统工程，融教学、科研和管理于一身，覆盖面广，牵一发而动全身，因此每一步的改革和举措都需要各个不同部门的协同合作，需要老师们的积极参与。老师们果然没让我失望，从发出征稿通知至今不到三个月的时间里，共征集到 37 篇各类话题的论文，其中不乏闪耀着灵感光芒的精妙之作，也有多篇文章透出富有建设性、充满人文情怀和科研精神的思考和行动方针。全书共分为六个专栏，包括语言学、文学与外语教学关系研究，课堂教学行动研究，智慧教学研究，宏观视角看外语教学，对外汉语教学研究和文学与文化研究。然而正因时间短促，粗陋、疏漏在所难免，恳请读者诸君包容、指正为盼。

唯愿这一举措能够让我们这个充满活力的大团队不负使命，无愧于厦大的万千学子，无愧于自身的内心召唤！

目　录

语言学、文学与外语教学关系研究

课堂教学行动研究

语言学、文学与外语教学关系研究

公共外语教学与研究

论转喻思维与《大学英语阅读与思辨》的教学

丁燕蓉*

【摘要】作为人类基本的认知机制，转喻思维在人类的概念系统、思维和推理方面有着重要的作用。将转喻思维运用到日常教学中，有助于培养大学生的思辨能力。本文结合认知语言学有关转喻的理论，以教材《大学英语阅读与思辨》为例，讨论在日常英语教学中，教师如何通过凸显转喻思维的课程设计来培养学生的思辨能力。

【关键词】转喻；思辨能力；《大学英语阅读与思辨》教学

Abstract: As a basic cognitive mechanism, metonymic thinking plays an important role in human conceptual system, thinking and reasoning. Applying metaphorical thinking to daily teaching and learning is helpful to cultivate the critical thinking of college and university students. Based on the theory of metonymy in cognitive linguistics and taking *College English: Critical Reading and Thinking* as the case, this essay focuses on how to cultivate students' critical thinking by highlighting the metonymic thinking in the course design of English teaching and learning.

Key Words: metonymy; critical thinking; teaching and learning of *College English: Critical Reading and Thinking*

《大学英语阅读与思辨》(1、2、3 册)这套教材出版至今三年多的时间了。一部分教师简单地认为这套教材对于学生来说难度过高，因而不愿意使用，另一部分教师不知道如何教授这套教材，就把它当成学生课外阅读材料，只在课堂上提一提语言点。很少有教师认真探讨过如何教授这套教材效果会更好些。本文结合教学实践，从认知语言学的转喻入手，通过凸显转喻思维的课程设计来教授这套教材，培养学生的思辨能力。

* 丁燕蓉硕士，副教授，外语教学部教师；研究方向为二语习得。

一、转喻

认知语言学认为，转喻是基于邻近性的一种认知方式。Lakoff 和 Johnson（1980）首先提出转喻是一个认知过程，这一认知过程可让我们通过与其他事件的关系对另一件事件进行概念化（转自张辉，卢明智，2005：1）。由此可见，第一，这里的邻近性不是语言结构内部的相邻关系，而是指概念间的邻近性；第二，处在邻近关系的两个概念中的一个概念为理解另一个概念提供心理可及性。Lakoff 和 Turner（1989：103）认为转喻是在一个认知域中的概念映现，这一映现包括的"替代"关系主要是指称，即"X stands for Y"（X 代表 Y），X 是源域，Y 是靶域，两者同属一个认知域，X 和 Y 之间是替代关系。例如"He has put on a Forever 21."中的"Forever 21"（源域）代表 Forever 21 品牌的服装（靶域），那么，这句话的意思是"他穿着 Forever 21 品牌的衣服"。

（一）转喻的类型

关于转喻的类型，语言学界也是众说纷纭。为了方便教师在课堂上进行具体的转喻分析，本文主要列举 2006 年 Peirsman 和 Geeraerts（转自张辉、卢卫中，2010：21-22）在总结前人研究的基础上提出的 23 种转喻模式：（1）空间部分与整体，（2）时间部分与整体，（3）方位与所在，（4）先前与后果，（5）次事件与复杂事件，（6）特征与实体，（7）生产者与产品，（8）控制者与被控制者，（9）容器与被容纳物，（10）物质与客体，（11）原因与结果，（12）方位与产品，（13）拥有者与被拥有的，（14）行动与参与者，（15）参与者与参与者，（16）一件衣物与人，（17）一件衣物与身体部分，（18）单个实体与总体，（19）时间与实体，（20）客体与数量，（21）核心因素与体制，（22）潜在与实际和（23）上位词与下位词。

这样的分类也离不开转喻的基本机制，即建立在邻近性基础上的部分—整体关系或原因—结果关系。此分类法能够为教师在课堂上进行词汇、语篇层面的思辨能力训练提供有力的参考。

（二）转喻的识别

转喻关系显著的本质特征是偶然性，即认知域之间的关系在概念上不是必然的。因此，转喻识别的关键在于对源域——具体词汇所指代的概念或复杂事件——的推理上。只有了解该源域所包含的文化内涵，才能激活相关的认知域，才能对其所投射的靶域进行正确的推理和判断。这里引用《大学英语阅读与思辨》第一册第二单元"Should Students Live on Campus or Off"的第三个篇章的标题来说明：

例（1）The Goldilocks Apartment

例（1）中关于 Goldilocks 的理解与英国的斯旺（Swan J.）创作的童话故事 “Goldilocks and the Three Bears” 的文化内涵有关。该词的转喻意义主要源自童话故事中的 Goldilocks effect（金发女孩效应），所需要的床“不要太大，也不要太小，刚刚好”，即凡事都应有度，不能超越极限。因此，Goldilocks 一词便有了“折中的，适宜的”的意义，此例中 Goldilocks Apartment 的转喻意义是“宜居的公寓，离学校不远也不近”。

（三）转喻与推理

如上所述，转喻的基本机制建立在邻近性基础上的部分—整体关系或原因—结果关系，所以转喻是一种基于部分—整体关系或原因—结果关系的推理机制。也就是说转喻中源域及其所投射的靶域之间的关系归结起来就是部分代替整体、整体代替部分、原因代替结果以及结果代替原因四种，根据这四种关系判断出源域所投射的靶域，同时根据靶域的选择也可以推理出转喻使用者的情感、立场、观点、教育、社会文化背景等等。请看下例（摘自《大学英语阅读与思辨》第一册第六单元 “What Happened to the American Work Ethic” 的第四个篇章的最后一句）：

例（2）Perhaps, but probably nothing to do with the work ethic of the 9.8 percent of Colorado’s work force currently seeking unemployment benefits because they lost their jobs, and did so, as required by Colorado law to collect unemployment in the first place, through no fault of their own.

例（2）中，collect unemployment（申领救济金）中的 unemployment（失业）代表原因，unemployment benefits（失业救济金）中的 unemployment 代表结果。本句使用转喻词汇隐含作者不赞成“失业人员钻科罗拉多州的法律空子，申领失业救济金的做法”之义。

二、思辨能力

2018 年 6 月 1 日教育部、国家语言文字工作委员会颁布实施的《中国英语能力等级量表》（2018：8）的阅读理解能力总表中的八级要求英语学习者“能读懂语言复杂、题材广泛的材料，综合鉴赏材料的语言艺术及社会价值等。在读语言复杂、熟悉领域的学术性材料时，能通过分析文本，对语言和思想内容进行深度的思辨性评析”。要求中提到了“思辨性评析”这一概念。那么什么是思辨，什么是思辨能力？

（一）思辨能力的概念

孙旻（2017：1）综合了国内学者对思辨能力的定义，将思辨概括为：（1）能做出有理据的判断；（2）思辨者既要掌握良好的思辨技能（分析、推理、评价等），还应具备某些特定的情感特质，如探究未知事物的热情、警惕自身偏见、以开放的态度对待争议等；（3）思辨过程还包括元认知或者“元思辨”。简言之，思辨能力包括分析能力、推理能力和评价能力。

（二）转喻与思辨能力的培养

转喻是人类认识世界、表达思想和组织意义的重要机制。在学习英语的过程中，对英语转喻的识别、分析、推理、评价和运用恰恰是思辨能力的体现和培养过程。转喻的识解往往和语境、百科知识、社会、政治和文化背景等相关，从基本的认知模式（即词汇、句法层面和语篇层面）入手，对语言中的转喻现象进行识别、推理和解读，并且进行评价，是培养英语学习者思辨能力的有效途径。

三、通过转喻培养学生思辨能力

作为基本的认知模式，转喻不仅体现在词汇、句法层面，也体现在语篇层面，是语篇衔接和连贯的认知机制。课堂教学中培养思辨能力主要体现在词汇层面和语篇层面的转喻推理。本节以《大学英语阅读与思辨》第二册第八单元“Foreigners Behaving Badly”的第一个篇章“Revoke Bieber's Visa”为例进行说明。该文内容主要是作者针对“外国人在美国犯了轻罪，是否应该撤销他的绿卡，甚至把他驱逐出境”发表自己的看法。

（一）在词汇层面的转喻推理

文章标题［见例（3）］包含两个词汇层面的转喻，体现在两个单词上。教师为了引导学生进行转喻推理，可设置以下问题：

例（3）Revoke Bieber's Visa（文章标题）

问题1：谁是Bieber？

问题2：Bieber在美国做了什么事？

问题3：美国的工作签证有哪些？

问题4：Bieber的Visa是何种类型的？

词汇层的转喻推理更加依赖于百科知识和文化背景知识，因此教师要针对以上问题引导学生查找外国人Bieber的信息和美国签证的相关知识。经过阅读本篇章、搜索相关资料以及课堂讨论，学生得出以下推理结果：

（1）Bieber是加拿大歌手贾斯汀·比伯。他在美国赚了大钱，创造了就业机会，并缴纳了巨额的税费。但同时，他在美国也惹了麻烦，犯了轻罪，如酒驾、毒驾、“蛋洗”邻居的家等等。因此这里的Bieber涉及的转喻类型是单个实体代表总体指那些对美国有贡献但同时又在美国犯了轻罪的外国人。而美国的工作签证主要有H类、L类、O类、P类和Q类，比伯的签证是属于O-1类工作签证，即要留住“在科学、艺术、教育、商业或体育方面能力非凡的”外国人的签证，因此，Visa一词涉及的转喻类型是总体代表单个实体。

（2）转喻源域的选择在一定程度上反映了转喻创作者的教育、家庭和社会背景。作者用“比伯”指代“外国人”，主要是因为美国是个大熔炉，有着各种各样的外国人，很多外国人对美国做出一定的贡献，但是如果犯了事，签证就必须被取消，这是作者的立场。由此可推理出，作者可能是个美国人，抵制这些有一定成就但又犯了事的外国人。

通过词汇层面的转喻推理，学生在学习词汇visa的同时，也获得了与该词相关的美国签证背景知识，并以此为基础，对作者的用词（这里以Bieber为典型）进行了进一步的讨论和评判，通过作者的用词揭露其隐含的意识形态特征，即语言使用者对社会现实的表征和定位（作者认为像比伯这样的外国人就应该取消他们的签证），从而锻炼了思辨能力。

（二）语篇层面的转喻

转喻的语篇功能在于它是语篇衔接和连贯的认知机制。连贯是语篇的认知连接。连贯表现在语篇各组成部分在意义或功能上的连续（李勇忠，2004：14）。这一连续是建立在转喻的因果关系之上的。语篇层面的转喻推理能够引导学生由个体推断出其所代表的群体、由个案推断出其所体现的复杂事件，从而揭示文章的写作目的以及隐含的意识形态特征。这一过程也是培养思辨能力的过程。

在Revoke Bieber’s Visa这一语篇里，作者介绍比伯在美国的成就和他犯的事之后，指出：在美国有不同类型的外国人，如无证件的非法移民，签证的持有人，以及加入美国国籍的公民，他们都要遵守各自相应的法律，排序越靠前的就越容易被驱逐。对阶级、财富、地位不同的人实施不同的标准，这不符合这个国家的传统，令人憎恶。作者认为：比伯的签证应该被撤销，并被驱逐出境，他只是访客，不是一个永久的居民，是客人该离开的时候了。

在学生对课文内容有了大致的了解后，教师利用转喻思维培养思辨能力的课堂问题设置如下：

问题 1：比伯的情况是个人的还是具有普遍性的？

问题 2：作者为什么还要提及广播谈话节目主持人的观点是错的？

问题 3：文本和社会现实是什么关系？

这三个问题的回答与比伯在美国所做的贡献和所惹的麻烦以及美国签证政策相关。问题 1 要激活学生的转喻类型是次事件代表复杂事件，这一转喻思维机制使学生能够推断出：比伯的这一具体事件“代表”（反映）了所有在美工作生活的外国人想要长期持有工作签证、在美生活，甚至加入美国国籍的复杂情况。

回答问题 2 所要激活的转喻类型是单个实体代表总体，该思维机制使学生推断出洛杉矶电台谈话节目主持人代表着一部分人的观点，即讨论是否驱逐贾斯汀·比伯是很愚蠢的，毕竟这位流行歌手赚了大钱，创造了就业机会，并缴纳了巨额税收。

问题 3 的回答要激活转喻的部分—整体关系这一推理机制，即文本是社会现实的一部分，是社会现实的反映。那么本课反映了什么样的社会现实呢？结合课文内容和相关背景知识，教师可引导学生做出以下推断：课文体现了外国人在美工作与生活及其行为举止与美国法律法规相互冲撞，引发了令人不安的对话，即外国人在美国领土上胡作非为是否该受到不同的对待，是否应该驱逐那些行为不端的人，甚至是轻度违规的人，即便他们也对美国的发展做出一定的贡献。看完文本篇章后，学生可以明显地看到作者的观点就是：比伯应该被驱逐出境。作者的观点反映了很多本土美国人对“外国人”的态度：即便你持有的是 O-1 工作签证，你也要遵守相应的法律法规，否则就请你离开。由此学生也了解到，任何在美国生活和工作的外国人都必须遵守该国的法律法规，否则就可能面临被驱逐的可能性。

总之，《大学英语阅读与思辨》教材所选文章涉及美国教育、文化、社会生活等方方面面，教学过程中如果能够教授学生中通过识别其中的转喻思维，并进行分析、推理和评价，就能够在一定程度上培养学生的思辨能力。

四、结语

转喻思维使我们从文本的微观层面上升到宏观层面，将语篇和社会联系起来，看到语篇所折射出来的社会现象，从而更加深刻地理解文本。这一过程充分体现出凸显转喻思维对于培养思辨能力的作用。当然，转喻推理不可避免地受到教师本人和学生的知识结构、生活经历等方面的限制，有的推理结果不一定完全正确或令人信服，这说明教师也需要不断提高和优化自身的知识结构以及思辨能力，只有这样教师才能在一定程度上讲授好《大学英语阅读与思辨》这套教材。

参考文献

[1] LAKOFF G, JOHNSON M, Metaphors we live by [M]. Chicago & London: The University of Chicago Press, 1980.

[2] LAKOFF G, TURNER M, More than cool reason: a field guide to poetic metaphor [M]. Chicago & London: The University of Chicago Press, 1989.

[3] 丁燕蓉 . 大学英语阅读与思辨：1—3 册 [M]. 厦门：厦门大学出版社，2015.

[4] 李勇忠 . 言语行为转喻与话语的深层连贯 [J]. 外语教学，2004,（25）3：14-18.

[5] 孙旻 . 中国高校英语演讲学习者思辨能力发展个案研究 [M]. 北京：外语教学与研究出版社，2017.

[6] 张辉，卢卫中 . 认知转喻 [M]. 上海：上海外语教育出版社，2010.

[7] 张辉，孙明智 . 概念转喻的本质、分类和认知运作机制 [J]. 外语与外语教学，2005，3：1-6.

[8] 教育部考试中心：语言文字规范（GF 0018—2018）：中国英语能力等级量表 [M]. 上海：上海外语教育出版社，2018.

概念型教学法的认知机制及应用研究

江桂英 [*]　陈巧云 [**]

【摘要】本文拟考察外语教学中概念型教学法的认知机制和运行机制。文章首先用图形—背景理论分析二语/外语习得中语言与概念的关系，以其揭示并阐释概念型教学法的认知机制；其次探讨了概念型教学法的主要内容及其在大学外语课堂中的应用，包括该教学法的教学组织模式和母语资源及语码转换在该教学法中的积极作用，并对概念型教学法的有效性测度提出思路和建议。

【关键词】概念型教学法；图形—背景理论；概念习得；概念迁移

Abstract: This article explores the cognitive and working mechanism of concept-based approach (CBA) to foreign language teaching. We start with analysis of the relationship between language and concept in second/foreign language acquisition with Talmy's figure-ground theory, with a view to characterizing the cognitive mechanism of CBA. Then we probe into the major contents of CBA and its application to foreign language classroom teaching, including the organization mode of the approach as well as the active role that the learners' first language resources and code-switching play in the approach, and put forward some suggestions on how to measure the validity of CBA.

Key Words: concept-based approach; figure-ground theory; concept acquisition; conceptual transfer

---

项目信息：国家社科基金一般项目“非言语情绪与外语课堂教学有效性关系研究”（15BYY082），福建省教育科学“十二五”规划项目“概念型教学法对大学外语课堂生态的影响研究”，福建省2019年本科高校教育教学改革研究项目“大学英语写作教学模式创新：理念与实践”（FBJG20190185）的阶段性成果。

* 江桂英博士，教授，博士生导师，外语教学部主任；研究方向为认知语言学与应用语言学。

** 陈巧云博士，集美大学外国语学院助理教授。

一、引言

在第二语言教学史上，先后出现了语法翻译法，听说教学法，交际教学法等流派。概念型教学法（concept-based instruction/concept-based approach）作为新出现的流派，目前已经逐步引起国内外二语教学界的兴趣。二语习得从根本上来说是二语 / 外语概念的习得，概念的内化不是一个机械化的过程，它要求以概念作为获得理解的工具。通过概念范畴构建二语 / 外语意义能起到事半功倍的效果，因此概念型教学法主张在外语课堂教学中有意识地以概念为中介，通过合理组织的学习活动来促进概念发展。本文拟从认知语言学的角度，以“教—学—测”三个维度为参考框架探讨该教学法，论述该教学法的主要内容和应用，尤其是应用中的教学层次和难点，并说明概念型教学法对于母语思维及课堂语码转换的态度，最后提出相关建议。

二、文献回顾

概念型教学法源于 Vygotsky 的建构主义理论。其要义是，语言与心理概念及认知意识的形成和发展之间存在着明确而深入的联系；认知与言语行为是相辅相成的；学习外语不只是学习新的语言形式，还包括如何内化新形式或重组已有概念。建构主义学习观强调学习者的自主建构、自主探究、自主发现能力，并将这种自主学习与基于情感的合作式学习、基于问题解决的研究性学习结合起来（何克抗，2004）。Galperin（1989，1992）和 Davydov（2004）基于该理论提出概念型教学法。Lantolf 带领的团队则以总结前人的研究而成为该教学法的集大成者，并将该方法应用到二语习得领域。关于概念型教学法的相关介绍（Lantolf，2010；Negueruela，2003，2008；Negueruela & Lantolf，2006）及研究包括词汇（Marco，1999）、语法（Prieto，2010；Hill，2007）、阅读理解（Liu et al.，2010）、写作（Al-Shaer，2014）、语用（Compernolle，2011；Compernolle & Henery，2014）、错误分析（Al-Quran，2010）、教师培训（Williams & Abraham，2013；Koc，2012）以及有效性分析（Chappell & Kilpatrick，2003；Twyman et al.，2003）等等。在国内，文秋芳（2013）从语言观、习得观和教学观对概念型教学法，尤其是该模式下教学过程的 5 个阶段（即解释、物化、交际活动、言语化和内化）做了宏观介绍；王峥（2014）考察了建构主义理论视阈内的认知维度；文秋芳（2014）提出“认知对比分析法”，用表格、图示等可视化方式揭示英汉语在运用空间隐喻表述时间概念上的差异。

综上可知，现有的概念型教学法研究尚存在以下问题：（1）在研究内容上，应用研究多以个案为对象，尚未提出一个综合研究模型；（2）在研究方法上，多以实证研究为主，质性研究相对较少，从而缺少概括性较强的结论；（3）有关该教学法的有效性考量因尚无客观的量表作为参数而带有一定主观性；（4）国内现有的外语教育信息技术研究多以计算机多媒体网络技术与软件开发、制作、利用以及评价为对象，很少有将信息技术渗透到学习者深层认知并开发其功能的研究。本文试图从以上几个问题入手，通过解释概念型教学法的认知机理试探性地从多个维度探讨该教学法可能的应用方向和方法。

三、二语 / 外语习得中的语言与概念

（一）语言与概念的图形—背景关系

我们认为，在二语 / 外语习得过程中，母语、目的语和概念的关系可借用 Talmy 的图形—背景理论来说明。根据图形—背景理论，图形是一个移动的或在概念中可移动的物体，其路径、位置或方向被视为变量，背景是相对于参照框架的、静止的参照物，图形的路径、位置或方向是相对于背景而静止的。在人们正常的认知活动中，图形和背景二者是缺一不可的。

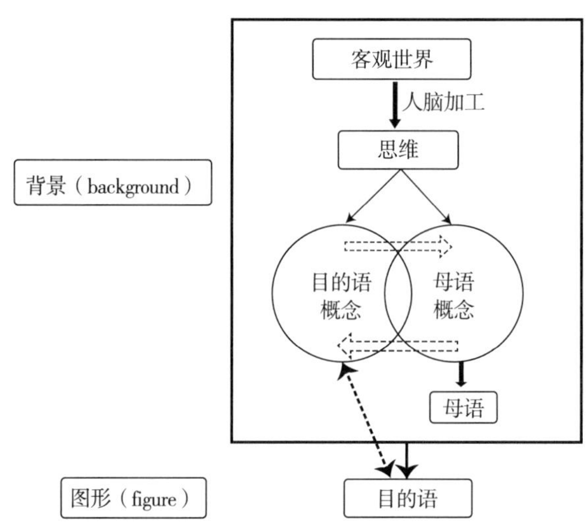

图 1　成人二语 / 外语习得中语言与概念的关系

客观世界在人脑中经过认知加工形成思维。思维形式的最基本单位是概念，它是人们进行判断和推理的基本要素。人们在对客观现实进行体验、互动和范畴化的基础上形成范畴，而每个范畴对应于一个概念。由于人类面临大致相同的客观世界，且都具有范畴化的能力，因此会形成普遍概念，这就为跨语言学习提供了共同基础（common ground）。此外，在不同社会文化背景下，人类

认知世界的方式又难免有不同之处，其概念化的方式也必然存在差异并影响人类的概念结构，从而产生特殊概念。概念存在于不同语言之中，在二语/外语习得环境下，除了普遍概念和特殊概念之外还存在二语概念和母语概念，对等概念和非对等概念之差。这里需要区分对等概念和普遍概念。普遍概念源于客观存在，一般能在现实生活中找到指称物，为各个语言所共有，例如身体部位、动物（狗、鱼、鸡、鸭等）和植物（花、草、树等）。对等概念是指两种语言中内涵和外延均一致的概念。前者是成为后者的前提，后前是前者的子集。如图1所示，两种语言的概念有重合之处（对等概念），但更多的是差异（非对等概念）。母语概念和目的语之间的概念迁移往往指发生在非对等概念之间的迁移。在二语/外语习得过程中，二语学习者概念迁移的存在和发生往往是无意识的，图示以双向虚线箭头表示两者之间的关系。

母语概念及其物质外壳——母语已在成人二语/外语习得者头脑中根深蒂固，可作为学习新语言的中介及手段。需要注意的是，母语概念系统往往处在无意识状态下，潜移默化地影响着二语/外语的学习，符合背景的特征。目的语概念是客观存在的，但在语言习得初期尚未存在于习得者脑中。其形成需要目的语的输入，而且目的语概念一旦形成，会反作用于该语言的习得，因而图示中用双向虚线箭头表示两者之间的关系。这些是成人二语/外语习得过程中不可忽略的学习基础和资源，因此构成二语/外语习得的背景。图1中目的语之所以是图形，是因为第二语言或外语习得是学习者的目标，是习得者关注的焦点。在教学过程中，概念的迁移每每会对目标语言的习得产生正面或负面影响，此时将原本处于背景的概念前景化，突出其在二语习得过程中的作用就显得很有必要。图形—背景中的互换关系为概念型教学法强调概念在二语习得中的作用提供了较强的理论依据和现实可操作性。

（二）概念迁移

基于上述关于语言与概念关系的分析可知，母语是成人二语/外语习得中的背景知识，影响着新语言的习得。母语对二语/外语习得和使用产生的影响就是语言迁移。早期语言迁移的研究属于“形式研究法”的范畴，从音系、形态、句法等语言表层结构研究迁移现象。随着认知语言学的兴起，语言迁移研究逐步转向语言与认知的接口处（概念层面），从深层语义结构考察语言迁移现象，即“概念迁移”。文秋芳（2013）认为，语言习得事实上也是概念习得的过程，是学习新的认识世界的方式，形成新的概念结构的过程。姜孟（2010）指出“语言之间的差异往往都能找到概念内容和组织上的差异”。与以往的迁移研究不同的是，概念迁移理论提出了一个能够预测双向迁移（bidirectional transfer）的语言迁移机制。以母语概念作为目的语输出依据称为正向迁移，而目的语概念影响母语输出的现象称为反向迁移。正反向迁移均有积极和消极迁移之分，积极迁移指概念迁移的结果符合输出语言的规范，反之为消极迁移。研究表明，正向迁移一般发生在初级或中级的二语 / 外语学习者当中，而反向迁移一般发生在高级的二语 / 外语学习者中，这主要是由二语 / 外语经验或者接触量引起的。就初中级的二语 / 外语学习者而言，因为二语 / 外语经验不足或者接触量不多，他们无法建立足够的“目的语概念”而过度依赖“母语概念”，所以概念迁移不可避免地会发生。基于语言与概念的这种图形—背景关系，下一节拟考察概念型教学法的主要内容及其运行机制。

四、概念型教学法

（一）主要内容及创新之处

概念型教学法认为，二语 / 外语概念的习得是二语 / 外语习得的关键环节，通过概念范畴构建二语 / 外语意义能够起到事半功倍的效果。该教学法主张有意识地以概念为中介，通过合理组织的学习活动来促进概念发展。基于 Gal’perin 的系统—理论教学原则，Lantolf（2011：38）将概念型教学法分为五个阶段：（1）解释；（2）物化（可视化图式辅助教学，即通过 Inspire、Mindjet 等电脑和手机应用程序实现概念图的功能）；（3）交际活动；（4）言语化；（5）内化。该教学法较之于以往的外语教学法，教学的重点不再把语言形式与概念割裂开，而是关注呈现完整的语言—概念框架，从而帮助学习者更有理据地学习和使用某一语言形式。

与以往教学法不同的是，概念型教学法主张遵循以下原则：（1）以概念作为最小的教学单位。语言习得事实上也是概念习得的过程，是学习新的认识世界的方式，形成新的概念结构的过程（文秋芳，2013）。这为概念型教学法中将概念作为教学基本单位的做法提供了理论依据。（2）概念必须通过概念图、流程图、图表等具体的、形象的图式来表现，并作为学生学习的中介工具。（3）概念必须被言语化。概念型教学法中常用认知对比分析法，即在认知框架内对两种语言在认知方式和概念化系统上的差异特征进行对比，并解释导致差异的深层原因，以更好地帮助和促进学习者建立二语概念系统。

背靠认知语言学与二语习得关系的研究成果，概念型教学法的实施能够构建从概念出发学习语言的一种“自上而下”的教学模式，与传统“自下而上”从词汇、语法入手化零为整的教学模式遥相对应。我们认为，由于作为教学单位的概念是施事的、基于意义并独立于语境的，因此更灵活，更能适应语境。与其他教学法相比，概念型教学法更有可能实现有效学习，这是由于在实行概念型教学法的课堂中，学生的关联并标记概念、清楚表达想法以及组织信息等方面的能力均可得到培养。当学生态度积极并且能够将新知识与已知的相关概念联系起来时，有效学习会就发生。总而言之，较之于以往的外语教学法，以认知语言学为依托的概念型教学法更关注呈现整体语言概念知识，以帮助学习者在正确的知识框架下准确掌握和使用目标语言。

（二）概念型教学法在大学外语课堂中的应用

近年来，随着“翻转课堂”和“慕课”的兴起，传统的教学模式正面临一系列的挑战。实施计算机辅助的概念型教学法，一方面可为大学外语教师提供一个反思以往教学经验和理念的机会，促进该教学法的进一步发展，实现与国际接轨；另一方面，这是对信息化时代利用现代信息技术提高大学外语课堂教学有效性的一种有益尝试，而概念型教学法特别适合进行此类教学活动。该教学法可结合计算机领域的相关知识和技术，如引入 E-discovery 技术实现概念图和概念搜索的自动化等，为基于概念型教学法的相关教学活动提供有力的技术和资源支撑。

1. 教学组织模式

就教学内容和方式而言，概念型教学法的首要任务是对语言中某个概念进行系统解释，然后采用显性方式教授概念知识。也就是说，教学要从概念出发，直接让学生学习概念的科学解释，再转向概念的理解与运用。这一观点正好与认知语言学关于“人类在对客观现实进行体验、互动和范畴化的基础上形成范畴”的主张相吻合。每个范畴对应于一个概念，同时形成意义。说不同语言的民族，面对的是一个大致相同的客观现实世界，所形成的概念具有共通之处，因此概念和意义具有普遍性和客观性，这为跨语言学习提供了基础，也为概念型教学法的使用提供了可行性。然而，人类认知世界的方式不同，概念化的方式就有所差异，这会直接影响人类的概念结构和语言的表达、运用和理解及其习得。不同的民族选择不同的认知方式，由此所导致的认知差异和概念结构的差异是造成语言差异的主要原因。比如，不同的民族可能会用迥异的方式来实现概念和意义的语言表达，即语义。因此语义具有主观性，会带上社会及文化烙印，会因语言而异。概念与语义并不是一一对应的关系，有时对应，有时不对应。概念是语义的基础，大于语义。这些差异在概念型教学法中应引起足够的重视。

由于目前概念型教学法对外语教学中的“概念”未做明确界定，目前尚缺乏清晰、系统的概念图式。Lantolf 等人的论述只是提及了部分语法概念，显然这些概念远不能涵盖语言的全部。只有对这些概念加以整理，才能确定教学内容和教学顺序。

我们认为，整合外语课堂中的概念可从以下两个取向进行：(1)选取的学习材料本身就是已经构建好的概念系统；(2)师生共同配合，通过学习一同构建概念系统。Jarvis 和 Pavlenko(2008：122)认为，跨语言差异和影响研究可在以下八个概念域内进行：物体、情绪、人格、性别、数字、时间、空间和运动。这八个概念域能帮助我们谈论自身及周围的环境，也为确定概念型教学法的内容提供了参考。另一方面，认知语法认为任何语言表达式，包括词素、词、短语、句子、语篇，都可被视作象征单位。两个及两个以上的象征单位称为构式(construction)。认知语法的核心主张是词汇与语法可以通过象征单位(形式—语义配对)加以描述，都由构式组成，按其抽象程度形成一个连续统。按照 Lantolf 等人的思路，概念型教学法的教学层次也可按词汇与语法的连续统来划分，可从目前对语法概念的研究逐步拓宽并延伸至词汇概念，以及连续统上处于这两极之间的概念的研究(如习语层构式)。

2. 概念型教学法下的语码转换

母语思维及母语对二语 / 外语习得的影响是任何一种教学流派都无法回避的问题，且各流派都对母语的使用表明态度和立场。过度夸大或全然忽视母语及母语思维的作用是不可取的。此前的多数教学法流派坚持外语教学不能使用母语的做法，而概念型教学法则认为，在解释二语新概念时可根据需要将二语与母语进行比较，使学生清晰了解两种语言的异同，以便促进二语概念知识的建立。只有通过有意识地比较，学生才有可能注意到两种语言在概念体系上的差异。与此同时，概念型教学还要求教师不要剥夺学习者运用母语调控自己学习的权利，因为母语是宝贵的中介资源。如果教师强制性地阻止他们使用，那就忽视了外语与母语学习的本质差别。

概念迁移研究注重大量基于二语概念的建立和内化，并且认为如果学习一种语言仅仅是将新的语言形式映射到一个新的概念系统上，那么母语影响二语习得过程的可能性就会非常小。这两点与概念型教学法的观点相符。值得注意的是，在概念型教学法中，母语最大的作用不是在学习者第二语言习得的过程中对目标语进行迁移，而是作为学习者输出第二语言的逻辑判断，分析和推理的中介。我们认为，在以成人为对象的二语 / 外语教学中利用母语及母语概念是可取的，对概念型教学法使用母语的做法表示赞同。在概念型教学法中，母语最大的作用不是在学习者第二语言习得的过程中对目标语进行迁移，而是作为学习者输出第二语言的逻辑判断，分析和推理的中介。在概念型教学法中，母语及母语思维是二语或外语习得的一种中介及手段，目的语及目的语思维的习得才是目的。另一方面，我们应注意到，在母语思维的影响下，母语既会因语言共性而产生促进二语习得的正迁移，也会因语言差异而导致负迁移，因此需要我们以辩证的态度看待母语及母语思维在二语/外语习得中的应用。

（三）概念型教学法的有效性测量

“教—学—测”三个维度中的“测”是指在课堂环境以及该模式下对教师教学行为和学生学习策略的效度进行测量。对于教师方面的测评，应聚焦于其所采用的教学手段、教学内容和策略；对于学生，应集中考察其认知方式及概念型课堂教学法有效性的表征参数，考察该教学法对于提高其在学习过程中的注意力集中度、信息提取的容易度、记忆的持久度以及学生对概念的意识和自组织能力等方面的效度；对于课堂则应以考察外语课堂教学的特性（技能教育、互动性）及其对教学环境（教材及呈现方式、软硬件设备）的要求为焦点。实现方式具体如下：

（1）有效性评估的计算机实现。只有进行客观而有效的评估，才能使得相关的教学活动始终处于良性循环。然而，目前大多数针对外语教学的研究，其评估结果不甚理想，其中有两个原因不容忽视：第一，评估方式的落后，导致教学活动参与者的工作量巨大，从而极大影响参与有效性评估的积极性；第二，评估手段的落后，导致所得结果误差较大，从根本上影响到相关教学活动的正常开展。计算机辅助的概念型教学法，应致力于克服上述缺点，利用人工智能和机器学习的最新研究进展，开发相应的程序，对相关教学活动的有效性进行客观评估。

（2）关键参数的发现。对于概念型教学法而言，众多因素都会对其最终产出产生不同程度的影响。从实践的角度考虑，如何发现重要的影响因素，并采用何种方式促使其产生正面影响，这些直接决定着该教学法的应用效果。据此，我们认为应当使用联合数据挖掘和大数据分析的方法，对收集到的海量数据进行处理，通过发现学生注意力、记忆持久度、语言运用能力与教材容易度之间的统计关系，找寻影响概念型教学法教学效果的核心要素及其规律。

五、结语

本文首先结合认知语言学的图形背景理论来揭示二语/外语习得中语言与概念的关系，指出二者之间的关系正是概念型教学法的认知机制，其次探讨概念型教学法的主要内容，尝试用认知语言学关于概念和意义的来源理论说明该教学法的教学内容——概念；探索和描述该教学法对于外语课堂教学的意义及其在外语课堂中的应用，包括教学层次，实施难点和有效性测量等方面并针对存在的难点和问题提出建议。最后论述概念型教学法中对于母语资源及课堂语码转换的态度。Lantolf 相信任何概念域都可以采用概念型教学法，通过该教学法在大学外语课堂建构一个具有较强普适性的有效课堂模型，探索课堂三要素即教师、学生、课堂环境在该教学模式下的教学生态场景，探究信息技术之于概念型外语教学课堂生态的建设性影响，从而力求形成该教学法在理论和实践方面的系统知识，是未来该领域的研究重点。

参考文献

[1] 何克抗 . 关于建构主义的教育思想与哲学基础 [J]. 中国大学教学，2004，7：15-23.

[2] 姜孟 . 概念迁移：语言迁移研究的新进展 [J]. 宁夏大学学报（人文社会科学版），2010，3：166-171.

[3] 文秋芳 . 评析 “概念型教学法” 的理论与实践 [J]. 外语教学理论与实践，2013，2：1-11.

[4] 文秋芳 . “认知对比分析” 的特点与应用 [J]. 外语教学理论与实践，2014，1：1-9.

[5] 王峥 . 建构主义学习理论观照下的大学英语课堂有效教学 [J]. 外语界，2014，4：71-79.

[6] AL-QURAN M. Concept-based grammatical errors of Arab EFL learners [J]. Journal of instructional psychology, 2010, 37 (1): 3-12.

[7] AL-SHAER I M R. Employing concept mapping as a pre-writing strategy to help EFL Learners better generate argumentative compositions [J]. International journal for the scholarship of teaching and learning, 2014, 37(1): 1-29.

[8] COMPERNOLLE R A V. Developing second language sociopragmatic knowledge through

[9] concept-based instruction: a microgenetic case study [J]. Journal of pragmatics, 2011, 43(13): 3267-3283.

[10] COMPERNOLLE R A V & HENERY A. Instructed concept appropriation and L2 pragmatic development in the classroom [J]. Language learning, 2014, 64(3): 549-578.

[11] CHAPPELL K & KILPATRICK K. Effects of concept-based instruction on students' conceptual understanding and procedural knowledge of calculus [J]. Primus, 2014, 13: 17-37.

[12] DAVYDOV V V. Problems of developmental instruction: a theoretical and experimental psychological study [M]. Trans. MOXAY P. Moscow: Akademyia Press, 2004.

[13] GALPERIN P I. Organization of mental activity and the effectiveness of learning [J]. Soviet psychology, 1989, 27 (3): 65-82.

[14] GALPERIN P I. Stage-by-stage formation as a method of psychological investigation [J]. Journal of Russian and East European psychology, 1992, 30 (4): 60-80.

[15] HILL K. Concept-based grammar teaching: an academic responds to Azar [J]. Teaching En-

glish as a second or foreign language, 2007, 11(2): 1-10.

[16] JARVIS S & PAVLENKO A. Crosslinguistic influence in language and cognition [M]. New York: Rouledge, 2008.

[17] KOC M. Pedagogical knowledge representation through concept mapping as a study and collaboration tool in teacher education [J]. Australasian journal of educational technology, 2012, 28(4): 656-670.

[18] LANTOLF J P. The sociocultural approach to second language acquisition: sociocultural theory, second language acquisition, and artificial L2 development [A]. // ATKINSON D (ed.), Alternative approaches to second language acquisition. London: Routlege, 2011. 26-47.

[19] LANTOLF J P. Sociocultural theory and L2: state of the art [J]. SSLA, 2006, 28: 67-109.

[20] NEGUERUELA E. Systemic-theoretical instruction and L2 development: a sociocultural approach to teaching-learning and researching L2 learning [D]. Unpublished Doctoral Dissertation. University Park, PA: The Pennsylvania State University.

[21] NEGUERUELA E. Revolutionary pedagogies: learning that leads (to) second language development [A]. // LANTOLF J P & POEHNER M E (eds.). Sociocultural theory and the teaching of second languages. London: Equinox, 2006. 189-227.

[22] NEGUERUELA E & LANTOLF J P. Concept-based pedagogy and the acquisition of L2 Spanish [A]. // SALABERRY R M & LAFFORD B A (eds.). The art of teaching Spanish: second language acquisition from research to praxis [C]. Washington DC: Georgetown University Press, 2006. 79-102.

[23] PRIETO M C Y. Authentic instruction in literary worlds: learning the stylistics of concept-based grammar[J]. Language and literature, 2010, 19(1): 59-75.

新媒体中人民警察的身份与建构
——以微博“中国警方在线”为例

李琼花[*]　柯美珠[**]

【摘要】本文以警察官微“中国警方在线”中所发布的文本为研究对象，对相关微博话语进行语言学分析，以探讨人民警察的权势和亲和两种不同身份的建构及其话语策略，并对微博话语所隐含的对警民关系的影响做出评价。本文基于功能语言学理论，从词汇、语法、语篇等三个层面对警务微博的语言进行描写分析，探寻警务微博如何使用权势和亲和策略，构建人民警察形象。研究发现：（1）警务微博在词汇上使用了部分时髦词汇和第一人称代词、语法中使用陈述句和祈使句，语篇上则综合使用了情感系统、判断系统和鉴赏系统，尤其是在判断系统和鉴赏系统中构建其权威的形象；（2）大部分的时髦词语、方言以及第二、三人称的使用更能表现警察的亲和力，语法上的疑问句和请求祈使句以及情感系统的运用则更能构建与民的亲和关系；（3）人民警察这两种身份的建构，正是公安系统借助微博这一平台来塑造警察网络形象，不仅有利于公安机关的内部建设、警察整体形象的提升，又能打破警民互动交流的僵局，是构建和谐警民关系的关键。

【关键词】警务微博；警察身份建构；权势；亲和关系；态度系统；警民关系

Abstract: This paper is a linguistic analysis of police power and solidarity as construed in discourse of “Chinese Police Online”—the police microblog (PM). By referring to functional linguistics as the theoretical groundwork, it starts from vocabulary, grammar and discourse to approach the language of PM and finds that 1) the use of buzzwords, first person pronouns, declarative and imperative sentences, as well as the attitude system (the judgment system and appreciation system especially)

* 李琼花硕士，副教授，外语教学部教师；研究方向为应用语言学、社会语言学。

** 柯美珠，厦门理工学院文学学士；研究方向为话语研究、功能语言学。

helps to construct the power of the police; 2) the use of interrogative sentences, imperative sentences and the affect system helps build solidarity; 3) PM improves the internal construction of the Public Security Bureau, the overall image of the police, and breaks the deadlock of police-people interaction.

Key Words: Police microblog (PM); construction of police image; power; solidarity; attitude system; police-people relationship

一、引言

政府官方微博作为一种新媒介，自 2011 年开放以来，已成长为政府机构和官员的网络代言人，具有权威、高效等顶级话语优势，加速了舆论意识形态的多样性，具有释放当前政治信号的重要作用。本文的研究对象——“中国警方在线”（原“公安部打四黑除四害”）微博账号拥有近三千万多粉丝，影响力巨大。

在语言研究领域，由于政府微博的出现较晚，对微博语言的研究很少。在 CNKI“互联网语言”标题下交叉索引检索发现，截至 2018 年 4 月 19 日，共有 12938 篇文章，其中鲜有对“警察政务微博语境下的警察形象”的研究。用“政府微博”和“语言”作为关键词搜索文章，只找到了 91 篇文献，再加上“警察形象”作为关键词，文献更是寥寥无几。

本文运用评价理论中的态度系统，以“公安部打四黑除四害”为语料，从词汇、语法和话语这三个方面来探讨微博是如何在语言表达中塑造警察形象，以及警察形象如何在警民关系中发挥作用。主要讨论的问题有：

（1）词汇、语法和语篇中的团结关系在警务微博中如何体现？

（2）词汇、语法和语篇中的权力关系在警务微博中如何体现？

（3）在警务微博系统中，这两种关系是如何相互作用？与社会环境的关系又会发生什么变化呢？

二、理论框架与方法

韩礼德（2000）提出了语言的三大功能，即概念元功能、人际元功能和语篇元功能，却忽视了对说话人价值语义学的研究（王振华，2001）。澳大利亚语言学家马丁（R. Martin）进一步发展了系统功能语法，并创造性地提出了系统功能语法的评价系统，借用它来理解各种社会关系。评价系统的重点是可以在文本中协商的各种态度，用以审查语言和价值观之间的密切关系，它涉及文本所揭示的各种态度、情绪的强度以及确定多种价值来源的手段（Martin，2001：19）。态度系统是这一理论的核心，分为情感、判断和欣赏三个子系统。三个子系统具有的共同特征是:(1)它们都编码情绪;(2)都可以是积极的或消极的;(3)都位于低强度到高强度的尺度上;(4)都可以被隐含地或明确地表示;(5)以文化为导向,与读者 / 受众的意识形态觉悟有关。

三、文本分析

本文对 2017 年 4 月 19 日至 2018 年 4 月 19 日的 17593 个帖子进行了预先统计,从中选出 424 个有代表性的微博发文,从词汇、语法和语篇三个方面分析警察政务微博中的团结关系和权力关系。

(一)词汇分析

1. 用流行语和方言实现权力和团结

近年来,警方经常在其微博语言中使用一些网络流行语和方言,如:

① 警察蜀黍可以一人来段 freestyle 吗,可以啊~@淮北濉溪公安在线

Freestyle(自由式)通常指的是即兴演奏,嘻哈说唱中的自由式就是即兴演唱的意思。这种流行语的使用增强与受众之间的亲密感、亲切感、信任感、互动性、关注度和接受度,取得很好的沟通效果,恰当地使用流行语会在不知不觉中被受众接受,自然地建立起警民团结的纽带。

而方言比普通话更有力、更细致、更具体,更能反映人们思想、感情和心理的变化。在官方微博中使用方言有广泛的受众和较高的接受度,不仅反映了警察的权力,也反映了警察对人民的声援,进一步拉近人们与互联网的距离。如:

②【扎心了老铁!辅警爸爸带女儿加班刷爆朋友圈】昨天是周末,因为妻子出差、岳父母回了老家,重庆公安辅警张犇安排了和女儿独处的亲子时光。没想到临时接到加班通知,张犇只好把女儿带到了单位,一直坚持工作到晚上 11 点……

"老铁"是东北方言中的"好兄弟"的别名。官方微博发布这条消息,表达了作为警察的一员,是敬业、坚强、有力的,体现了警察做事、履行职责的能力、全心全意为人民服务的精神。"老铁"作为互联网上流行的方言,瞬间拉近人与人之间的距离——这就是方言的魅力所在,是对文本的延伸。

2. 人称代词中实现权力和团结

本文以424个派出所为研究对象，通过定量与定性相结合的方法进行具体的分析和研究，得出以下结论：第一人称占26%，第二人称占37%，其中第二人称单数的频率最高，第三人称占37%。警务微博倾向于用“你，你们，他们”来表达与网民的亲密关系，展示民主和正义，获得人民的支持。另一方面，作为政府的一员，警方为了确立权力，会更小心地使用适当的人称代词，例如第一人称单数“我”来表达命令或警告。如：

③ #最后一滴水#【今天，此刻，一起转发承诺：珍惜水资源！拒绝浪费！】你挥霍的，也许正是别人渴求的。今天，世界水日，节约用水，我转发！我承诺！传递！

④【每天忙碌的你，一定要重视药物性肝损伤】近年来，我国药物性肝损伤患病人数逐年增长……关于护肝爱肝，这些知识你要知道，戳图了解↓↓转给你关心的TA!

在警务微博的语境中，第一人称代词“我”和“我们”的使用有助于在警察和人民之间建立一种权力关系或平等的信任。警方利用“警察”作为强有力的形象，鼓励人们珍惜水资源。它还含有一定程度的“制约”，充分体现了警察的权力地位。第二人称“你”和第三人称“他”对于建立警察和人民之间的团结关系具有特殊意义。第二人称和第三人称可以实现单向话语会话，在说话人和受话人之间进行对话，让网民不自觉地将自己投射到受话人的立场上。在个性化的过程中，重复使用第二人称和第三人称消除了警民之间的时空距离和心理距离，形成了警民团结的关系。

（二）语法分析

1. 语气上现权力和团结

语气包括陈述语气、祈使语气、疑问语气、感叹语气等，是通过特定的语法形式来解释行为或过程的一种方式，是说话人对行为或行为的态度。由于语言环境的不同，每一句话都表现出特定情感，并以多种形式表现出来。

统计分析显示：在424个博客使用的语气中，陈述语气的使用频率最高。陈述事实和演讲者的观点，是日常生活中最常见的用法。警务微博倾向于使用陈述句和祈使句来反映警察的“权力”。相反，疑问句和祈使句更多反映了警察的“团结”形象。每种情绪所使用的博客数量如下表所示。（注：有些帖子可以同时反映两种形象，会有统计上的巧合。）

表 1　不同语气类型

	权力	团结
陈述句	263	99
祈使句	49	111
疑问句	10	52
感叹句	6	32

警察作为一个重要的权力部门，它负有调节社会利益、缓解社会矛盾、维护社会稳定和国家安全的主要责任。因此，对事件的看法需要保持客观，而不是夸大或隐瞒。警察在事后作出更多的定量陈述和适当的反馈，在肯定或否定的情况下使用陈述句是一种常见的做法。

⑤ 北京工商约谈“抖音”：要求即时阻断违规直播。

⑥ 男子驾考耳中藏信号器作弊，监考民警不露声色枪手考生一块抓。

这两个句子都是陈述句，它们都只是一个事件的陈述。在案件结束时，警方通常利用案件来显示法律，以限制人们的行为。

2. 情态上实现权力和团结

根据系统功能语法，韩礼德（2000）把语气、情态和基调作为人际意义的主要手段。情态是说话人对某一状态的认知、情感和意愿的态度，它代表了演讲者的判断力和远见。在言语的现实性中，它可以包括判断副词和表达方式。在不平等的地位关系中，有说服力的说话人总是喜欢使用责任情态动词的高价值，如“你必须 / 应该”以显示他的决断力和自信。地位较低的人将使用中立的方式，如“我热衷、我愿意、也许、可能”等等，以显示其探索性，尊重对方，并给予对方更多的意见和决策（李如，2006）。帖子中发现：

表示可能：能、能够、会、可、可能、可以、得以

表示必要：应、应该、应当、得（dei）、该、当、必须、犯得着、犯不着、理当

表示意愿：愿意、乐意、情愿、肯、要、愿、想要、要想、敢、敢于、乐于

情态本身有一定的意义，它表达说话人的情感、态度或情绪。情绪、态度和情绪的程度中，必要大于可能。

“必要”相当于英语中的“必须”“应该”“需要”。它是一种责任、义务和应该做的事，具有一种比较强烈的情绪和强制的意义。它更僵化，更有目的性，是一个责任情态动词。它通常出现在官方派出所，以体现警察的权威和权力。

⑦ #对毒品说不#【千万别碰这些新型毒品！它的危害超乎你的想象！】……“奶茶”“棒棒糖”“跳跳糖”……一些披着漂亮外衣的新型毒品令人防不胜防！严峻的数据和现实警示我们，必须加大毒品打击力度，告诫广大青少年不要为了一时快感误入歧途，沦为毒品的奴隶！

毒品，对人们的身心健康是极其有害的。因此，作为一名警察，有必要表现出一种强有力的、强制性的形象。“必须”作为市民必须遵守的警告和命令。

而“可能”相当于 could，might / may 在英语中表示请求和许可。

⑧【不能吃！南通：数吨融雪工业盐疑似被村民“顺走”，正紧急寻找！】……速转提醒：融雪工业盐不可食用，希望能够尽快归还！

博客没有指责村民的“偷盐”行为，而是以协商的语气要求村民归还在雪地融化中使用的工业盐，并温柔地提醒村民那盐是他们不能吃东西，这确实代表了一种更民粹主义的警察形象。同时，用“能够”这样的词来表达对村民的尊重，让他们有更多的空间来表达自己的意见和作出决定。二者都表达了一种谦逊、礼貌、委婉的说话人形象，削弱甚至改变了强势警察形象，充分发挥了他们的情感影响力和灵感，创造一个更加平民化的形象，充分显示了警方愿意与市民建立一种团结的纽带。

（三）语篇语义分析

根据评价理论的态度系统，在语篇中，警务微博为体现强势形象和建立与民众团结的形象所使用的语言策略如表 2：

表 2　态度系统频率在不同图像关系中的应用

	情感	判断	欣赏
权力	98	167	74
团结	178	8	23

从表 2 可以看出，警务微博通常采用情感、判断和欣赏系统，尤其是在判断和欣赏系统中体现警察的威严形象。警务微博多采用情感系统，很少使用判断系统和评价系统体现警民团结的纽带。

在情感系统上，警察善于使用各种文本中的态度动词来表达评价的意义，因为该动词有一套复杂的形式和功能，可以代表动作、事件或状态，评估的意义可以直接或附加到动词的意义部分。正如 Ailan（2017：40）指出的那样，大多数态度意义是积极的。因此，在情感系统中，主要分析动词在文本中的运用，以探究微博语境中警察的强势形象，如：

⑨【公安部召开直属机关干部大会传达学习全国两会精神】公安部21日召开直属机关干部大会，传达学习全国两会精神。国务委员、公安部党委书记、部长赵克志出席并讲话。他强调，要认真学习贯彻习近平总书记在全国两会上的重要讲话和全国两会精神，充分认识全国两会的重大意义，进一步增强“四个意识”，坚定“四个自信”，坚持以习近平新时代中国特色社会主义思想为指导，不忘初心、牢记使命，锐意进取、扎实工作，忠实履行好维护国家安全和社会稳定的职责使命，确保社会大局持续安全稳定，努力为党和人民再立新功。

文中，有一系列表达决心的动词，如“认真学习贯彻”“充分认识”“进一步增强”“不忘初心”“牢记使命”“锐意进取”“扎实工作”“忠实履行”“确保”“努力”“立新功”。一方面，警方发表了积极的声明；另一方面，也说明了警方对习近平总书记在全国两会上重要讲话的情绪反应。在态度系统的影响机制上，充分体现了警察作为一个政府群体的团结和相互支持，以及警察对其神圣职责和光荣使命的承诺，全心全意为人民服务的精神，做好本职工作的本领。整个公安部也为人民学习两会精神，关注热点问题树立了良好的榜样——它体现了警察强有力的领导形象。

在态度系统中，警务微博善于使用态度动词来表达他们的权力和团结，如：

⑩【熊孩子离家出走，遇上超暖警察：爸爸妈妈喜欢你，该回家吃饭了】12 月 13 日，湖北罗田，一名熊孩子和妈妈闹了点矛盾离家出走，走着走着上了高速，遇上 @ 湖北高速警察罗田大队民警。警察蜀黍超级暖，弯下腰安慰他说：爸爸妈妈喜欢你，现在回家还能赶上午饭。

警察“安慰”这个离开家的孩子并告诉他“爸爸妈妈喜欢你”，这样的行为被称为“超级暖”。这个博客运用了审判系统，赞扬了警察的热情行为，也体现了警察在帮助人民的时候的团结。

（四）小结

本文从语言学的词汇、语法和篇章三个方面探讨警务博客中警察的力量和团结，发现：在词语的使用方面，一些流行词、方言和第一人称代词更能体现警察的权力，而第二、第三代词的使用更有可能体现警察对人民的声援；就语法的语气和情态而言，警务微博主要使用陈述句来表达自己的力量，而疑问句和祈使句则更多地用来表达警察和人民之间的团结纽带。在话语方面，笔者结合评价理论中的态度系统，发现警察通常采用情感系统、判断系统和欣赏系统，尤其是在判断系统和欣赏系统中体现警察的威严形象。为了体现警民团结的纽带，警务微博多采用情感系统，很少使用判断系统和评价系统。

总之，警务微博使用的语言是严格的、官方的，有助于创造一个强大的形象。警务微博的主要职能之一是展示其透明度和可信度。因此，发布的信息既要准确又要提供新闻的时效性，避免失声，引导舆论、安抚民众。为了与人民建立团结关系，警官使用的语言是相对委婉和含蓄的，这样才可以把警务微博变成一个良性的互动平台，适当地反映其他一些话语主体的观点，避免形式主义倾向，又及时回应民众的争议性评论，以反映对民众的亲和力。

这些语言策略为官方话语注入了新的情感和活力。警察在维护警察权力的同时，也遵循网络运行规律，努力以更加亲切的方式说话。

四、讨论

在人际关系中，权力和团结是最突出的两个方面。在会话过程中，两者都会出现在语言层面或会话策略上，即这些语言特征反映了会话参与者之间的力量和团结。事实上，人们在话语中的关系是“动态的”而不是“静态的”。由于会话的不同，参与者之间的关系也会发生变化。因此，无论是在语言层面，还是在话语策略的运用上，都可以看出语言策略对说话人的重要性。在警察作为对话的发起者的警务微博中，他们使用的语言策略从一个侧面反映了警察的思想和态度，其根本目的是行为的有效性，即吸引更多的人的注意，缩小与人的距离，创建一个良性互动的微博平台，构建和谐的警民关系。语言策略的使用除了达到行为目标外，还具有塑造语言发起人形象的作用。这种形象可以是积极的，也可以是消极的，形象建构的行为可以是有意识的，也可以是无意识的。因此，警察在发送微博时，可以有意识地考虑使用什么样的语言策略以及如何增强警察话语的亲和力，使语言表达具有很强的交互性，达到预期的交际效果。

根据系统功能语法，语言有三种元功能：概念元功能、人际元功能和语篇元功能。警务微博从语法层面上从词汇、语法和语篇三个方面构建了权力与团结的关系，一方面强调建立自己的权力，以避免丧失在网上说话的权利，另一方面则优先考虑维持人际关系或社会关系。警察在维护权力的同时，也遵循网络运行规律，维护与人民群众的团结关系。

五、结论

公安局是人民生活最多样化、最需要沟通的政府部门。公安机关充分发挥警务微博的作用，充分发挥警察话语的特点，树立良好的警民形象，是构建和谐警民关系的关键。

和谐的警民关系必须建立在维护公安机关良好的公共形象的基础上。在新媒体时代，微博的传播力、影响力和不可抵抗力不断增强。如果警察掌握了良好微博语言，就很容易唤起人们的心理认同。警察必须更多地思考语言策略，在语言表达方面做出不懈努力，努力开拓新的思路和新的策略，力求体现警察的亲和力和团结的形象，同时消除警务微博的娱乐化倾向，将警务微博打造成一个提供及时服务、促进警民沟通、展示警察良好形象、密切警民关系的平台。

参考文献

[1] DING A. The analysis of attitudinal resources in Obama's victory speech from perspective of appraisal theory [J]. Higher education of social science, 2017, 12(1): 37-44.

[2] CRUMP J. 2011. What are the police doing on twitter? Social media, the police and the public[J]. Policy & internet, 2011, 3(4): 1-27.

[3] HALLIDAY M A K. An introduction to functional grammar [M]. Beijing: Foreign Language Teaching and Research Press, 2000.

[4] DIEFENDORFF J, MOREHART J & GABRIEL A. The influence of power and solidarity on emotional display rules at work [J]. Motivation and emotion, 2010, 34(2): 120-132.

[5] MARTIN J R. Beyond exchange: appraisal systems in English [M]. Oxford: OUP, 2000.

[6] MARTIN J R. Positive discourse analysis: solidarity and change [J]. Journal of English studies, 2006, 14(4): 21-35.

[7] 陈璐、陈炽 . 从评价理论的态度评价角度分析语篇价值的实现——以火炬传递受扰事件上的两篇文章为例 [J]. 文教资料，2010，10：42-45.

[8] 常启云 . 网络群体性事件中我国政务微博的话语建构——基于“@ 深圳交警”的批评性话语分析 [J]. 湖南大众传媒职业技术学院学报，2013，3：56-59+112.

[9] 范逸婕 . 官方政务微博危机话语分析研究——以山东招远案为例 [J]. 今传媒，2015，9：45-46.

[10] 郭曾真 . 现语境下公安微博的话语权探析 [J]. 四川警察学院学报，2017，5：130-134.

[11] 李茹、刘雪芹 . 权势与亲疏在话语中的体现形式 [J]. 广西民族大学学报，2006，5：154-156.

[12] 刘垠杉、肖浩．公安微博对构建和谐警民关系的影响及对策 [J]. 广西警官高等专科学校学报》2014，5：11-14.

[13] 刘永红．自媒体环境下的警察话语权研究 [J]. 中国人民公安大学学报，2014，1：91-96.

[14] 马嫣．从态度系统看美国主流媒体对中国经济形象的构建——项基于语料库的批评话语研究 [J]. 浙江师范大学学报，2015，3：101-107.

[15] 秦超．论警务微博对警察形象的维护 [J]. 云南开放大学学报 2014，4：49-52.

学术英语写作中情态隐喻的建构与使用

罗道云*

【摘要】情态隐喻是信息评估的重要手段。本文通过对学术英语写作中情态隐喻的建构和使用来研究不同的隐喻形式所体现的评估和立场。以系统功能语言学的评价体系为基础，情态隐喻围绕客观性和延展性两个变量形成了具有扩大和收窄对话空间的延展性话语和收缩性话语。具有客观性，延展性的话语在学术英语的应用价值上超过主观性，收缩性的话语。

【关键词】学术英语；评估和立场；语法隐喻；情态隐喻

Abstract: Interpersonal metaphor is an powerful resource for assessing information. This article studies the evaluation and stance of metaphors of modality in academic texts by exploring the construct and use of them. Builting on the theory of appraisal, metaphors of modality dialogically expands and contracts the space of negotiation by mapping alongs variables of objectivity and expansion. Objective and expanding metaphors are more valued than subjective and contracting ones.

Key Words: academic discourse; stance and evaluation; GM; metaphors of modality

一、前言

目前，对于中国高校学生来说，学术英语写作能力与其流利的读说能力不相匹配。自 20 世纪 80 年代出现的专门针对学术英语（EAP）类似正规性，客观性和准确性等特征的研究出现，学术英语写作越来越受到人们的关注。此类研究引发了对学术写作的广泛描述，阐述了它如何通过词汇密度，名词化和去人际化等手段以客观和正式的方式来展现意义（Hyland，1998）。

* 罗道云博士，副教授，外语教学部教师；研究方向为系统功能语言。

系统功能语言学对意义的生成进行了细致的描述，并在语篇中有效地发挥作用。作为将语言视为社会符号学的理论，系统功能语言学派关注的是语言的使用者在不同语境下为了达到不同的交流目的而做出的不同选择（Martin, 2008）。近几十年，系统功能语言学的研究广泛集中于具有高水平学术价值文体的语言范式。学术语篇的语言特征总体为抽象性，词汇密度高，名词化，去人际化和客观评估，这些特征映射出一种权威的姿态。因为情态隐喻是信息评估的重要手段，所以本文通过对学术英语写作中情态隐喻的建构来研究不同的隐喻形式所体现的评估和立场，并依据本文的情态隐喻分类对学生不同时期的学术英语写作中情态隐喻的使用情况进行分析和总结。

二、语法隐喻

（一）概念隐喻

语法隐喻是通过意义和语法之间的交叉耦合来扩大意义潜势的有效手段（Martin, 2008）。语法隐喻最广为人知的形式是名词化，即一致式的过程被重构成静态的实体。其实，名词化是语法隐喻的一部分，与概念重构相关，即逻辑语法隐喻。通常会将复合句压缩成词汇密度更高，意义相关的简单句。以此类推：简单句压缩成名词词组等。总的说来，概念语法隐喻的一个重要特征就是通过去主体化、去人际化达到重构人际元功能的目的。例如：

（1）The US soliders killed and injured over 50 Syrian civilians in today's drone strike.

（2）Today's drone strike resulted in over 50 Syrian casualties.

句（1）中一致式的过程（killed and injured over 50 Syrian civilians）通过名词化隐喻成句（2）中的实体（over 50 Syrian civilians）。隐喻化的过程有效地将 victims 背景化为由 Today's drone strike 非人主体参与行为的结果，从而模糊了真正的行为实施者（the US soliders）。句（2）的表达形式抹去了任何显性的由人作为施事主体参与此事的特征。概念重构在某种程度上实现了人际元功能，而人际隐喻更能全面地体现作者对所表达信息的立场和态度。

（二）情态隐喻

人际元功能映射出两种人际隐喻：语气隐喻和情态隐喻。语气隐喻指的是一种语气被另一种语气隐晦地表达或重构（Prince, 1999）。例如：祈使句 “be quiet!” 可以被重新建构为 “Would you be quiet?”，语义上的命令由形式上的问句来体现，实现语法和语义的交叉耦合。因语气隐喻常应用于口语或口语式的文体中，所以本文只研究学术英语写作中情态隐喻的使用情况。

情态隐喻是学术型文体结构中重要的表现形式。这些隐喻式旨在通过重塑句中的情态，为所言内容的确定性建构协商的空间（Halliday & Matthiessen, 2009）。

（3）Oil prices will most ***likely*** continue to rise.

（4）***It is likely*** that oil prices will continue to rise.

（5）***In all likelihood***, oil prices will continue rise.

（6）There is a high ***likelihood*** that oil prices will continue to rise.

情态副词 likely 从句（3）中的一致式被重新建构成句（4）中的映射小句、句（5）中的环境成分以及句（6）中的参与者等隐喻形式。各句中表示情态的词出现在不同的位置表现出所言事实确定性的高低。当情态本身被重新建构时，它在句中的位置和所承担成分得到调整，这不仅可以前景化可能性，还可以加强评估力度。因此，情态隐喻在功能上通过语言变化可以调整作者的意向，并使读者与这种意向保持一致。

在系统功能语言学中，情态指的是“是”和“否”之间的中间级，有认识情态（epistemic modality）和义务情态（deontic modality）之分。对于情态的体现，最基本的参数是“取向”。其中包括两对变量：（1）主观和客观；（2）隐性和显性。最初，韩礼德围绕显性和客观性两个变量来体现情态隐喻，见表 1。

表 1　情态隐喻体现 I（Halliday, 1985）

	主观 + 隐性（一致式）	主观 + 显性（隐喻式）	客观 + 隐性（一致式）	客观 + 显性（隐喻式）
情态可能性	Mary'll know.	I think Mary knows.	Mary probably knows.	It is likely that Mary knows.
必然性	Fred'll sit quite quiet.		Fred usually sits quite quiet.	It is usual for Fred to sit quite quiet.
意态义务性	John should go.	I want John to go.	John's supposed to go.	It is expected that John goes.
倾向性	Jane'll help		Jane's keen to help.	

从表 1 可以看出，隐性的一致式和显性的隐喻式都可以通过主观和客观的方式体现。总的说来，韩礼德将情态隐喻归为四类：（1）主观的中间隐显式；

（2）客观的中间隐显式；（3）主观显性；（4）客观显性。在此基础之上，Ravelli（1988）添加了一个将情态副词隐喻性地重构为名词词组的形式，如表 2 所示：

表 2 情态隐喻扩展

Type of reconstrual	Congruent→Incongruent examples	Functional label
Intermediate implicit-explicit subjective	possibly, probably → in my opinion	Circumstance
Intermediate implicit-explicit objective	likely, certainly → in all probability	
Explicit-subjective	possibly, probably → I think, I believe	Projecting Clause
Explicit-objective	likely, certainly → it is likely, it is clear	
Modal as thing	likely, possibly → likelihood, possibility	Participant

三、情态隐喻的变量研究

隐喻的浓缩性（metaphoric enrichment）指的是“意义的质量和级差”，体现在词汇上就是“严肃性和承诺性”。在概念隐喻中，隐喻的浓缩性描述的是技术性、正式性和隐喻赋予的意义的差别。将隐喻浓缩的级差性映射在情态隐喻时，需要考虑两个变量：个人的立场（客观性）和 协商空间（延展性）。

（一）客观性

个人立场指的是客观性。语篇可以通过情态隐喻协商出确定性和频度的空间，从而掩盖个人观点，提升客观性。Hyland（1998）指出，委婉辞令的情态功能不仅能暗示言者对其所言内容的信心度，同时也能抑制言者对其所言内容需要承担的责任。主观性情态隐喻（in my opinion、I believe）的使用建构了试探性的态度，而且评价主体即作者被前景化。然而，客观性地去建构个体就勿需对评价承担责任，并且树立权威形象（Hyland，1998）。人际环境成分和映射小句都可以通过主观和客观的形式来表达。重构的第三种方式人际参与成分只能通过非人际的客观形式体现。

（二）收缩性和延展性

除了客观性变量之外，协商空间即延展性更进一步解释了隐喻的浓缩性（metaphorical enrichment）。在人际元功能的理论基础上，系统功能语言学的评价体系解释了评价性语言的来源。评价体系包含三个系统：态度、介入和级差。其中与本文最相关的系统就是介入。因为介入系统考量的是对语篇中的观点所持态度和发声（Martin & White，2008：35），主要区分在协商空间的延伸性和收缩性。协商空间的收缩性指的是压制不同的声音和观点而延伸性具有开放性，其功能就是扩展对话空间，允许有不同的声音和观点（Hyland，1998）。以Martin（2007）对对话收缩的理解为参照，此处的“话语收缩”（contracting）用于表述具有“排他”和“公告”意义的级差性。排他性指的是专属知识圈，比如we all know。因为是具有排他性的专属知识圈，所以这些隐喻表达抑制了更广泛的读者群体来加入讨论。实际上，它们强迫这些外来者接受并遵循专属知识，包含言下之意If you didn't know this or agree with this statement，then you should now。例句中的隐喻式we all know和it is known to us指的就是专属知识圈。Martin（2007）解释道：“当言者表达他们自己的态度立场时，他们不仅仅表达观点，同时也是邀请其他人分享和赞同他们的感觉、品位，或是宣布的规范声明。”但问题是，言者是邀请听者还是胁迫他们接受？为了防范与自己意见不合或是具有思辨能力的读者，言者使用隐喻式表达收缩了协商空间。如果读者不接受专属知识圈的规范，这种排他性就会成立。因此as we know或it is known to all这类隐喻表达可以将讨论范围限定在专属知识的人群范围内，从而收缩了谈话空间。类似的还有there is no doubt、it is certain等具有声明功能的话题收缩性结构。这类结构体现的是道义立场的标记，传达的是义务、禁止、赞同（或不赞同）的意义，展现的是听者必须服从的姿态。学术写作中这类隐喻形式价值不高（Hyland，1998）。

与收缩性对应的是延展性。延展性指的是开放性，接受不同的观点。这些具有认知立场的标记普遍存在于学术文体中，表达了作者对所陈述观点的真实性、可靠性和确定性的肯定。例句中，I believe、in my opinion和it seems等隐喻表达都是邀请其他人参与评估。这些表达在对话上具有延展性，因为它们映射出观众潜在的对所论述的问题所产生的分歧，或是涉指的价值立场没有普遍被分享。换句话说，延展性的隐喻邀请读者来思考问题，并且允许不同的声音而不是强迫读者去跟随。在以下例句中，主观形式的in my opinion、I believe将言者作为评价主体前景化，既陈述自己的观点，又让人感受到协商性的空间（I believe X，you are welcome to disagree with me）。句（13）的客体的体现模糊了言者作为评价主体的性质，将言者和评价主体割裂开来。这种客观形式在议论中很强势但渗透性较弱。但是这两种形式都延展了协商的空间，为进一步讨论开拓了空间。

（7）***As we all know***, the economy of China is developing faster and faster.

（8）***It is known to us all*** that the rapid development of china has more good influence on the world.

（9）***There is no doubt*** that China will become a more popular nation.

（10）***It is certain*** that China will become a more popular nation.

（11）***In my opinion***, globalization is necessary for China.

（12）***I believe China*** will become a more popular nation.

（13）***It seems*** that what globalization brings to people are all beneficial.

为了便于说明，现将话语的收缩和延展的特性与 Halliday 最初的情态隐喻表相结合得出表 3。表中所有的体现都展示了情态的隐喻式建构。依据客观性和延展性这两个变量实现环境成分，映射小句和参与者成分这三个功能的体现，并得出下表中的九种情态隐喻的形式。

表 3 情态隐喻的九种体现形式

	主观性收缩 contract+ subjective	客观性收缩 contract+objective	主观性扩展 expand+subjective	客观性扩展 expand+objective
环境成分 circumstance	as we all know	we all know	as is known to all	it is known to all
映射小句 projecting clause	in my opinion	I believe	in all probability	it is possible
关系成分 participant				possibility

然而，这九种情态隐喻方式在学术英语中的地位不同。所有主观的和收缩性的体现不如客观的和延展性的体现受欢迎。以上的例句中，in my opinion 和 I believe 主观性隐喻没有能掩饰住言者的声音，而 as we all know、it is known to all、there is no doubt 和 it is certain 收缩了话语空间，无法将读者纳入话语可能性和真实性的考虑之中。

四、情态隐喻的使用和发现

本文将以上理论用于对中国学生在学术英语写作中如何使用情态隐喻进行分析。学生会依赖哪一种或几种隐喻形式？这些形式是有利于还是削弱立论？研究对象为厦门大学四级学术英语写作课程的一百五十名学生。

在学期初收回的一百五十份写作样本中，分布频率最高的是 I believe，I think 等具有延展性和主观性映射小句，几乎是其他隐喻形式的两倍。紧随其后的是 as we all know、it is known to all 等话题收缩的主观性体现的隐喻式。主观隐喻不论是延展性还是收缩性的出现频率大约占所有情态隐喻的 70%。这一发现表明学生对于主观性体现的偏爱。收缩性的隐喻，无论是主观还是客观，在所有的情态隐喻中的占比为30%左右。而在学术英语写作中价值最高的情态隐喻形式——延展客观性的映射小句占比却位居倒数第二，仅高于收缩性的客观隐喻形式。经过一个学期的训练，主观延展性的情态隐喻在学术英语写作中的分布下降，这是一个学生学术写作能力进步的表现。

（一）主观隐喻

分布最广的主观映射小句可进一步为三种形式：I/we+ 心理过程（I/we think）、I/we + 言语过程（I/we say）和 can see（you can see）形式。第一种形式 I/we+ 心理过程应用最普遍。

（14）***I think*** it's easy for us to be unfamiliar with our own cultures and languages.

（15）***We believe*** that it will make our country stronger and more harmony.

第二种形式通过个人的宣称来强调声明的重要性。结构上比第一种形式松散。比如句（16）所表达的意思是 I must say this because it is what I believe.

第三种形式 can see 类似第一种形式，也包含心理过程。但是 can see 表达的是更强的肯定性和明确性，类似于“it is evident”等更客观的表达形式，但是客观性要弱于这些表达。

（16）***I must say***, the advantages of globalization is more important than the disadvantages.

（17）***You can see*** that we get more and more communication in our culture.

经过一个学期的训练，这三种主观映射小句的使用在期末明显比学期初降低，但也说明了学生对模糊语和试探性语言的偏爱。

（二）收缩性隐喻

情态隐喻中占比第二的是收缩性话语体现。如：as we all know、there is no doubt。主观延展性映射小句在学期末显著下降，而主观性收缩性隐喻的使用频率在期末却有上升。同期上升的还有 it is known、it is universally know、as is known 等客观收缩性隐喻结构。

（三）客观隐喻

客观延展性映射小句（it is evident、it is essential）在学术写作中是最有价值的形式，但却是学生使用占比最小的。最常使用的是一般第三人称（some people、many people）来映射第三方在心理或言语过程中的评估。下列句中，they think、many people argue 都将评价映射到模糊的其他一群人身上。

（18）***They believe*** that China will become a more popular nation.

（19）***They think*** that China will become a more popular nation

（20）***Many people argue*** that all the things are influenced by money.

第二种和第三种形式是用形式主语 it 来模糊指代结构，包括 it is + 言语或心理过程（believed / said）和 it is+ 属性特征（good / essential）具有客观延展性的结构。如下例句：

（21）***It has been said*** that China will become a more popular nation.

（22）***It is believed*** that China will become a more popular nation.

（23）***It is good*** that one country can admire and absorb the valuable points of another

（24）***It is essential*** that different countries should cling to the principle of mutual-respect.

文中观点的确定性随着上述例句的形式变化而变化，协商和讨论的空间大小也随之变化。维持客观性是去掉人称指称。尽管在学期初的样本中这些客观性的映射小句占比很小，但学期末的样本中这一比例有了大约 11% 的上升，可见学生的学术写作能力经一学期的训练后有了一些进步。

五、总结

以系统功能语言学的评价体系为基础，本文围绕情态隐喻的客观性和延展性的两个变量来建构学术英语写作中的情态隐喻，形成了具有扩大和收窄对话空间的延展性话语和收缩性话语。具有客观性、延展性的话语在学术英语的应用价值上超过主观性、收缩性的话语。依据本文的情态隐喻分类对学生不同时期的学术英语写作中情态隐喻的使用情况进行分析和总结。研究发现学生对主观性语言、模糊语和试探性语言的偏爱。

参考文献

[1] HALLIDAY M A K. An introduction to functional grammar [M]. London: Edward Arnold, 1985a.

[2] HALLIDAY M A K. Language and knowledge: the "unpacking" of text [M]. // WEBSTER J J (ed). Language of science. Beijing: Peking University Press, 1998/2004.

[3] HALLIDAY M A K. & MATTHIESSEN C M I M. Systemic functional grammar: a first step into the theory[M]. Beijing: Higher Education Press, 2009.

[4] HYLAND K. Hedging in scientific research articles [M]. Amsterdam, Netherlands: John Benjamins, 1998.

[5] MARTIN J R. Construing knowledge: A functional linguistic perspective [M]. // CHRISTIE F & MARTIN J R (eds.). Language, knowledge and pedagogy: functional linguistic and sociological perspectives. London: Continuum, 2007.

[6] MARTIN J R. & WHITE P. The language of evaluation [M]. Beijing: Foreign Language Teaching and Research Press, 2008.

[7] PRINCE E F. How not to mark topics: 'topicalization' in English and Yiddish [D]. Paper presented in Texas Linguistics Forum, Chapter 8, Austin: University of Texas, 1999.

比喻与诗歌翻译赏析

潘　宁*

【摘要】比喻是一种传统的修辞手法，在中外诗歌中的运用历史悠久。在诗歌的翻译中，对比喻的不同处理，影响着读者对原文的理解和译文的欣赏。诗歌翻译的比喻研究具有很高的文学价值、语言学价值和教育价值。本文从比喻的明喻、暗喻和借喻三个方面，分别对中外诗歌不同版本的翻译进行比较赏析，旨在增强对中外诗歌中比喻的理解和翻译的指导，为今后在教学实践过程中恰当地鉴赏和使用比喻这种修辞手法带来启示。

【关键词】比喻；诗歌；翻译；赏析

Abstract: Comparison is a traditional rhetorical device, which has been used in Chinese and foreign poets and songs for a long history. The different treatment of comparison in the poetry translation affects the reader's understanding of the original text and the appreciation of the target text. The study of comparison in poetry translation has high literary, linguistic and educational value. This paper aims to analyze comparatively the different translation versions of poets and songs, from home and abroad, from the three aspects of comparison: simile, metaphor and metonymy. In doing so, this paper is expected to help understand better the comparison, provide a keen insight into the translation practice of both Chinese and foreign poets and songs, and set reference for proper appreciation and application of comparison in the future teaching practice.

Key Words: comparison; poetry; translation; appreciation

* 潘宁博士，讲师，外语教学部教师；研究方向为功能语言学与语篇分析。

比喻产生于思想的对象同另外的事物之间的类似点，说话和写文章时就用那另外的事物来比拟这思想的对象（陈望道，1976：69）。通俗地讲，比喻就是把两种本质不同的事物在相似点上进行比较，使人们通过感知产生联想，激发想象力，使语言显得生动活泼、精炼形象的一种语言艺术手法。比喻一般可以分为三类：明喻、暗喻和借喻（于辉，2017：13）。这三类比喻各有特色，皆体现了语言的艺术魅力，增强了语言的美感，使其更具有欣赏性。

中外诗歌中运用比喻历史悠久，对其翻译处理也灵活多样。下文将分别从比喻的明喻、暗喻和借喻三个不同方面，选取经典的中外诗歌，对不同版本的翻译进行对比赏析。

一、明喻的诗歌翻译赏析

明喻能将抽象的概念具体化，使深奥的事物变得浅显，令语言饱满生动，引起读者的丰富联想（谢梦慧、韩江洪，2018：556）。明喻是显性的比喻，行文中比喻的本体、标记语和喻体三个成分都显而易见。中西方的文化和语言结构特点对诗歌中明喻的翻译有着深远的影响。

1.《琵琶行》[①] 明喻汉英翻译赏析

《琵琶行》是唐朝诗人白居易（772—846）所做的一首长篇乐府诗。诗中用文字精彩地描绘出了琵琶女高超的弹奏技巧和她不幸的经历，抒发了诗人自己无辜被贬的愤懑悲凉之情。诗中多处运用了明喻手法，例如：

> 大弦嘈嘈如急雨，小弦切切如私语。
>
> （白居易《琵琶行》）

诗人将大弦的乐声比作急雨的嘈杂声，将小弦的乐声比作人们轻声交谈的耳语声。这一句诗中有两处明喻：第一处是“大弦嘈嘈如急雨”，第二处为“小弦切切如私语”。“大弦声”和“小弦声”是两个明喻的本体，“嘈杂声”和“私语声”是喻体，本体和喻体之间都用明喻标记语“如”字来连接。如此生动清晰的明喻将难以言喻的琵琶琴声形象化、视觉化，达到了观其字如闻其声的效果。

（1）《琵琶行》英译版一[②]：

> The high notes wail like pelting rain.

① 琵琶行 [EB/OL]. [2019-4-20]. https://baike.baidu.com/item/琵琶行/69544?fr=aladdin.

② 阿成今译，杨宪益等英译. 唐诗 汉英对照 [M]. 北京：外文出版社，2001. 225-240.

The low notes whisper like soft confidences.

（杨宪益　戴乃迭 译）

“high notes” 意为高音符，突出了声音的大，“pelting” 是盛怒的、猛烈的意思，“pelting rain” 为倾盆大雨，展现出琵琶乐曲声大如急雨的特点，原文中明喻的标记语 “如” 由 “like” 体现。在句式上，这版翻译采用英文完整句式，句子的谓语动词加了 “wail” 一词，体现了乐曲的悠长、沉重与悲凉。在第二个明喻中，本体 “小弦切切” 翻译成 “low notes”，喻体 “私语” 翻译成 “soft confidences”，谓语动词加了 “whisper” 一词。这一版翻译选词考究，含义丰富，生动形象，感情基调与原诗相符相配。

（2）《琵琶行》英译版二[①]：

Loud as drumming rain,
Soft as whispered secrets.

（张廷琛　魏博思 译）

译者遵照原诗人的行文风格，对仗工整地翻译。“大弦嘈嘈” 对应 “loud” 一词，开口双元音 /au/ 让人感觉声音洪大响亮。“drumming rain” 表达了急雨落地时发出擂鼓般低沉而有力的声响。“soft”一词描述出了小弦切切的细柔温婉。“whispered secrets” 对应 “私语”，令人有一种想仔细地去聆听那美妙琴声的感觉。原文两处的明喻标记语 “如” 也翻译成英语的明喻标记语 “as”。这一版翻译句式精炼、对仗整齐，既有音量又有音色的描绘，与原诗在形式和意境上都达到了基本统一。

2.《上海微风》（“Shanghai Breezes”）[②] 明喻英汉翻译赏析

在明喻的翻译过程中，东西方文化的不同造成英汉语在语言表达结构形式上有所差异，翻译时需要考虑选择符合目标语习惯的句式和结构。歌曲《上海微风》（“Shanghai Breezes”）里面有这样一句歌词：

And your voice in my ear is like heaven to me,
Like the breezes here in old shanghai。

（John Denver：*Shanghai Breezes*）

① 张廷琛、魏博思，选译 . 唐诗一百首 汉英对照 [M]. 北京：中国对外翻译出版公司，1991.154-161.

② Shanghai Breezes[EB/OL]. [2019-4-20]. http://music.taihe.com/search/lrc?key=Shanghai%20Breezes.

“voice”（声音）被比作“heaven”（天空），又被比作“breeze”（微风），两个喻体都是虚幻、无形、缥缈的，摸不着也抓不住，这样的比喻惟妙惟肖地表达了作者的思念之情。在语言表达形式上，英文采用了主系表结构，“your voice”是主语，系动词是“is”，“like heaven”和“like the breezes”是介宾结构的表语。如果我们直译成汉语，如下：

你的声音在我的耳边，就像天空对于我，如同微风在这里，在古老的上海。

这样明显不符合汉语的语言表达习惯，也没有表达出思念的意境。稍作调整之后，可以翻译成这样：

你的声音萦绕在我的耳畔，就像天籁之音，如同这古上海的微风。

这句翻译中增添了一个谓语动词“萦绕”，把“天空”换成“天籁之音”，又将介宾结构中的名词“在古老的上海”改成形容词定语“古上海的”，全句通顺很多，意境也得到了提升。我们还可以进一步调整成这样的翻译：

你的声音，就像天籁之音，萦绕在我的耳畔，如同这古上海的微风，轻轻吹拂。

此处将介宾结构“就像天籁之音”提前，句末加上动词词组“轻轻吹拂”，在不改变原意的基础上，在形式上稍作调整，把之前英语的明喻表达手法恰到好处地翻译出来，既描绘出声音的遥远空灵，又体现出作者的依恋相思之情。整句话顺耳上口，符合汉语的表达习惯。

总之，东西方文化不同，思维方式不同，导致我们在做明喻的翻译时，既要遵照原文作者做比喻的意图，又要注意两种语言在表达形式上的差异。

二、暗喻的诗歌翻译赏析

暗喻也是比喻中一种很常见的传统修辞手法。暗喻具有含蓄性、暗示性。暗喻的本体同喻体比“类似”更贴近，它们之间是一种可以成为“一体”、“等同”或“附着”的关系（李双宏，2017：81）。换言之，明喻的本体和喻体之间的关系偏向相似性，强调本体“像”喻体；而在暗喻里，本体和喻体之间的关系偏向相合性，强调本体“就是”喻体，本体与喻体相融合，本体“变成了”喻体。

1.《琵琶行》暗喻汉英翻译赏析

嘈嘈切切错杂弹，大珠小珠落玉盘。

（白居易：《琵琶行》）

诗句中，暗喻的本体是“嘈嘈切切错杂弹”，指琵琶女娴熟的琴艺和悠扬的琴声，喻体是“大珠小珠落玉盘”，中间省略了暗喻的标记语。如何解读作者的比喻意图以及灵活运用中英文的习惯表达方式，是影响暗喻翻译的主要因素。

（1）《琵琶行》英译版一：

Wailing and whispering interweave,
Like pearls large and small cascading on a plate of jade.

（杨宪益　戴乃迭 译）

译者将原来的暗喻处理成明喻，用了明喻的标记语“like”。有意思的是，译者将原文暗喻的本体“嘈嘈切切错杂弹”，暗喻性地翻译成“Wailing and whispering interweave”，变成译文中明喻的本体。这样翻译是为“私语声”与上文的“小弦切切如私语”照应，而“wail”这个词，是译文的上文中已经添加过的词。这一版的翻译自成一体，浑然天成。

（2）《琵琶行》英译版二：

Pearls of varied sizes cascaded on a tray of jade.

（张廷琛　魏博思 译）

这版翻译完全省略了暗喻中的本体，标记语没有出现，直接翻译了喻体。这样没有本体和标记语的比喻，在传统修辞里称之为借喻，这里暂不展开。如果我们现在把上文的诗句“大弦嘈嘈如急雨，小弦切切如私语”加上，英文翻译为“Loud as drumming rain，soft as whispered secrets”，就可以把这句话看成为本体，而下面的翻译“Pearls of varied sizes cascaded on a tray of jade”看作喻体，形成一个新的暗喻组合。

2.《友谊》(“On Friendship”)[①] 暗喻英汉翻译赏析

Your friend is your needs answered.
He is your field which you sow with love and reap with thanksgiving.
And he is your board and your fireside.
For you come to him with your hunger, and you seek him for peace.

(Kahlil Gibran:“On Friendship”)

这是纪伯伦(1883—1931)的散文诗集《先知》(*The Prophet*)中《友谊》(“On Friendship”)的节选。作者对友谊连续做了三次暗喻:首先他将友谊比喻成“your needs”,第二次比喻成“your field”,第三次是“your board and your fireside”。这些都是暗喻中喻体的中心成分,与其他成分共同构成完整的暗喻。

(1)《友谊》汉译版一[②]:

你的朋友是对你需要的回答。
他是你的土地,你带着爱播种,带着感恩之心收获的田地。
他也是你的餐桌,你的壁炉,
你饥饿时来到他身边,向他寻求安宁。

(李杰 译)

这版翻译将原文的三个暗喻对应翻译成三个暗喻。但根据汉语的语言习惯,第一个喻体的中心词“your needs”,在译文中被翻译成形容词“需要的”,原来修饰“your needs”的后置定语“answered”在翻译中被处理成喻体的中心词“回答”。第二个喻体的中心词“your field”,对应地翻译成“田地”,第三个暗喻的喻体“your board and your fireside”被翻译成“你的餐桌,你的壁炉”。整篇翻译在意思传达上没有太大的偏差。

(2)《友谊》汉译版二[③]:

你的朋友是你的有回答的需求。
他是你用爱播种,用感谢收获的田地。
他是你的饮食,也是你的火炉。

① On Friendship[EB/OL]. [2019-4-21]. https://en.wikiquote.org/wiki/The_Prophet#On_Friendship.
② 崔中雷,编. 名家经典双语诗歌 [M]. 哈尔滨:黑龙江人民出版社, 2006. 79-80.
③ (黎)纪伯伦. 先知·沙与沫 [M]. 长沙:湖南人民出版社, 1984. 49.

因为你饥渴地奔向他，你向他寻求平安。

（冰心 译）

译者对第一个暗喻按照英文原文的结构，将喻体处理成“需求”；第二个暗喻的翻译比上一版翻译在措辞上更精炼和考究；在第三个暗喻中，喻体“your board”被翻译成“饮食”，而不是“餐桌”，这与下文的“饥渴”相互照应，逻辑更合理。“your fireside”有“炉边”“炉火”的意思，译者将它翻译成火炉，与前文的“饮食”和下文的“饥渴”相呼应，达到了前后语义通顺的效果。

三、借喻的诗歌翻译赏析

借喻是比喻修辞手法当中较高级的形式。借喻中不出现本体，只出现喻体，用喻体代替本体（梁艳艳，2015：142）。

1.《金缕衣》[①] 借喻汉英翻译赏析

《金缕衣》是中唐时期流行的一首诗，传说是歌妓杜秋娘所作（赵璐，2013：101）。

劝君莫惜金缕衣，劝君惜取少年时。
花开堪折直须折，莫待无花空折枝。

（杜秋娘：《金缕衣》）

这首诗可以用“莫负好时光”这五个字来概括。金缕衣是缀有金线的衣服，也可以理解为对荣华富贵的比喻。诗开头告诫世人不要吝惜金缕衣，要珍惜青春；后两句真诚而又迫切地提醒人们：人生就像一株花，花开的时候不及时珍惜，最后会空留惋惜。

（1）《金缕衣》英译版一[②]：

Riches
If you will take advice, my friend,
For wealth you will not care.
But while fresh youth is in you,
Each precious moment spare.

① 刘彦．唐诗三百首 [M]. 天津：新蕾出版社，2008. 109.
② 唐正秋．中国爱情诗精选（中英对照版）[M]. 成都：四川人民出版社，2006. 92-93.

When flowers are fit for culling,
Then pluck them as you may.
Ah! Wait not till the bloom be gone,
To bear a twig away.

（W. J. B. Fletcher 译）

这版译文结构基本与原诗一致，达到了婉转反复、娓娓劝说的目的，带有单纯而强烈的韵味。但标题和译文开头都没有提到金丝挂嵌的衣服，直接把财富翻译出来，借喻的消失使得诗歌的喻义比原文少一些。

（2）《金缕衣》英译版二[①]：

Clothes of Gold
Cherish not your clothes of gold;
Cherish your time ere you're old.
Pluck your rosebuds while you may;
Wait not to pluck a bare spray.

（赵彦春 译）

在这版翻译中，原文借喻的手法得以保留，译文诗韵脚带有精巧的旋律。选词较考究，尤其“ere”古英语的用法，让诗歌充满年代感。

《金缕衣》蕴含深刻的哲理，通篇坦诚热情而又委婉含蓄地劝说世人“要爱惜时光”。这首诗被千古流传，正是因为它有这样一种耐人寻味、令人沉醉的韵味，当中借喻的修辞手法，功不可没。

2.《论读书》（“Of Studies”）[②] 借喻英汉翻译赏析

Some books are to be tasted, others swallowed, and some few to be chewed and digested.

（Francis Bacon：“Of Studies”）

这是英国著名哲学家弗朗西斯·培根（Francis Bacon，1561—1626）在《论读书》里的一句话，说的是读书要讲究方法，不同的书要不同地对待，这就是借

① 赵彦春.论中国古典诗词英译 [J]. 现代外语 1996（02）：33.

② Of Studies[EB/OL]. [2019-4-21]. https://baike.baidu.com/item/Of%20Studies/5687574?fr=aladdin.

喻的本体。培根运用了借喻的手法，将读书的方法比喻成各种吃东西的方式，使枯燥的道理趣味盎然，新颖的创意给人留下深刻的印象。

（1）《论学习》汉译版一[①]：

> 有些书可浅尝辄止，有些书可囫囵吞食，个别的书则需细嚼慢咽，充分消化。
>
> （张和声 译）

这版翻译通俗易懂，行文流畅，与原文的排列格局基本一致，但似乎少了那么一点点气韵。

（2）《谈读书》汉译版二[②]：

> 书有可浅尝者，有可吞食者，少数则须咀嚼消化。
>
> （王佐良 译）

这版翻译在借喻的翻译上没有差异，但用词较为精炼，在信达雅的翻译标准上提高了神韵。

总体来说，在借喻的结构中，虽然本体和标记语都隐藏起来，只有喻体出现，但却让人们有了更大的遐想空间。借喻使晦涩难懂的事物清晰明了，形象生动，让人有新奇感，大大增强了语言的艺术魅力。

四、结语

比喻修辞利用不同事物之间的相似点，在事物之间进行联想性的打比方。比喻使语言有很强的可读性和审美性，增强了语言表达的感染力。诗歌情感浓重，能给人美感，能给人无限遐想的空间，同时又富含哲理，寓意深厚。中外诗歌中比喻的运用普遍而广泛，同时又各具特色。东西方的文化差异和语言的不同特点决定了英汉语的比喻在意义和风格上的迥异。对比喻在中外诗歌中翻译的对比赏析有助于激发解读修辞的积极性，提高鉴赏诗歌的能力，更好地掌握修辞翻译技巧，有效提升母语和外语水平，有益于我们更灵活地、准确地运用语言表达对世界的认识，同时还可以帮助我们树立跨文化意识，培养高水平社会交际能力。

① ［英］弗朗西斯・培根著，张和声译．培根随笔集 [M]. 广州：花城出版社，2004. 77-82.

② ［英］弗朗西斯・培根著，王佐良译．培根随笔 [M]. 西安：西安交通大学出版社，2013. 147-149.

参考文献

[1] 陈望道 . 修辞学发凡 [M]. 上海：上海人民出版社，1976.

[2] 李双宏 . 临沧佤族汉语情歌比喻修辞格运用艺术研究 [J]. 重庆科技学院学报（社会科学版），2017，11：80-84.

[3] 梁艳艳 . 论借喻和语义双关的使用和异同 [J]. 现代语文（学术综合版）. 2015，9：142-143.

[4] 谢梦慧、韩江洪 .《中国文学》（1951—1966）明喻英译策略研究 [J]. 大连民族大学学报，2018，20（06）：556-559.

[5] 于辉 . 比喻的研究现状综述 [J]. 现代语文（语言研究版），2017，11：13-16.

[6] 赵璐 .《金缕衣》一诗英译文的经验功能 [J]. 河北联合大学学报（社会科学版），2013，13(04)：100-102+105.

从语言与文化、思维的关系看语言的先进和落后及其教学启示

孙　犁*

【摘要】从语言、文化和思维的关系出发，本文综述了洪堡特、博厄斯及萨丕尔·沃尔夫等语言学者关于语言、文化和思维关系的论述，具体阐释了语言的社会性和文化功能，探究评判语言先进和落后的标准及其相关的教学启示。结论表明虽然还没有一条统一和固定的标准可以来衡量不同的语言在同一时期内的先进和落后，但是基于语言、文化和思维的关系，并参考现代语言学研究者提出的新标准，本文归纳出三个可能的标准：语言表达精确程度、适应社会和文化发展的能力及“真”“善”“美”。教学启示在于应该把语言教学和文化教学有机融合起来，加强文化教学的阶段意识，切实培养学生未来发展所需要具备的语言文化素养和多元思维能力。

【关键词】语言、文化、思维；先进和落后；教学启示

Abstract: Based on the relation of language, culture and thinking, this paper reviewed the major studies of Humboldt, Boas and Sapir-Whorf. Focusing on the social function and cultural function, this paper explored suitable criteria for evaluating the advance or backward of language. The conclusion revealed that there was no definite or fixed standard which can evaluate different languages in the same time period. However, after analysing standards indicated by many other modern linguists, from the perspective of language, culture and thinking, this paper concluded three possible criteria: the accuracy of language expression, the ability to adapt to social and cultural development and the standard of “truth” “good” and “beauty”. The implications included integrating culture teaching into English class, strengthening the division of stages in culture teaching and cultivating language and cultural literacy and multi-thinking ability for the future.

① 孙犁博士，讲师，外语教学部教师；应用语言学与外语教育。

Key Word: language, culture and thinking; advance and backward; implications for teaching

一、引言

语言、文化与思维的关系一直是哲学、语言学、心理学等领域的热门话题。文化的本质是特定的价值观念和思维方式，思维是通过语言来实现和表达的。人类语言、文化和思维的发展相互渗透、互为因果，对它们的研究不能与其他两者分开进行（刘润清，2007）。要判断先进或落后的语言，必须从语言、文化和思维之间的关系入手。本文回顾了洪堡特、博厄斯、塞丕尔-沃尔夫和其他人对语言、文化和思想之间关系的论点，进一步结合现代语言学者的观点，总结出判断先进语言和落后语言的三个可能标准，并对其可能产生的教学启示进行分析。

二、文献综述

19世纪德国语言学家洪堡特的研究最早关注了语言与思维和文化之间的关系，此后，众多研究者从不同的研究视角和方法深入探讨了这一问题。洪堡特（1999）首先注意到语言对思想和文化的干预。每个国家都不可避免地将某种主观意识置于自己的语言中，从而在语言中形成一种特殊的“世界观”。这种“世界观”可能反过来限制了人们的非言语行为。与之类似，博厄斯则进一步讨论了语言与民族文化之间的相互关系，并认为语言形式是由民族文化塑造的，但民族文化并不受语言形式的限制。在此之后，沃尔夫假说（1964）关注的重点转化为人类语言对民族文化和思维方式的强大影响，这也是迄今为止最具影响力的语言和思维理论之一。

（一）洪堡特的语言世界观

洪堡特（1999）认为语言是“民族的创造”和“个人的创造”的共同产物，因此，他认为可以把语言看作一种世界观，可以把语言看作一种连接思想的方式。他认为每一种语言都包含一种独特的世界观，并指出在一个民族所形成的语言中，从人们对世界的看法中形成了最理性和直观的语言，它们被用于以最纯粹的方式重新表达了人们的世界观，因此，语言依靠其完善的形式与思想进行组合（洪堡特，1999；孙有中，2016；张莲、孙有中，2014）。洪堡特语言世界观的主要思想认为，思维能够影响语言并决定语言，而语言则凝聚思维，对思维产生巨大的反作用，即语言影响思维和思维方式。

（二）博厄斯的语言平等论

博厄斯认为任何群体的语言、文化特征由各种因素决定，是历史发展的产物。人类的文化具有多样性，而语言犹如一把钥匙，我们通过语言去了解文化。博厄斯认为人类语言千差万别，形式无穷无尽，在一个群体的文化和其语言之间没有直接关系，只不过语言的形式会受到该文化的制约和再塑造（刘润清，2007）。

（三）萨丕尔-沃尔夫假说内容

萨丕尔-沃尔夫（1964）假说有两种表述方式：（1）“语言决定论”，即语言决定思维、信念、态度等；不同的民族、不同的语言有着完全不同的思维方式。（2）“语言相对论”认为语言反映的是思想、信仰、态度等，它确实会影响认知和记忆的方式，思维模式也随着语言的不同而不同，但语言无法完全决定思维。

然而，“语言决定论”因其过分强调语言对人的思维方式和文化的决定和限制受到人们的质疑，它忽视了思维对语言的影响。但是此假说确实在一定程度上阐释了语言和思维之间的关系，使人们更深刻地感受到语言与思维和文化之间的关系，更加重视文化对语言的影响，以及语言对思维的影响。这对社会学、人类学、语言学和语言教学都具有重要意义。

三、语言的先进与落后

既然语言与文化、思维的关系如此紧密而复杂，在讨论语言的先进和落后的时候就不能抛开文化和思维，而应该从三者之间的关系出发，首先承认语言具有普遍性和多样性，再进一步分析衡量语言先进程度的标准。

洪堡特（1999）指出世界上各种语言存在着普遍一致性，而差异性或多样性是蕴含在普遍性之中的。通过对大量语言的研究，已经发现在所有语言中存在的差异背后存在许多相似或相同的特征。也就是说，语言是有共性的。语言的多样性本质上体现的不是语符和语音的多样性，而是世界观或者文化的多样性（Byram，2012；2014）。

洪堡特坚定认为语言是有先进和落后之分的，然而在博厄斯看来，世界上根本没有理想的语言形式。他认为人们不应该认为有些语言更合理些，有些语言则不合理。对于同一种语言来说，发展成熟阶段的状态相对于其他阶段的状态更为先进。但是对于同一时期内不同的语言是否有先进和落后之分，语言学家、社会学家和人类学家们众说纷纭，没有定论。其中重要的原因就在于每一种观点都是基于自己的标准，争论的各方不能统一。归纳起来看，目前评论语言先进和落后的标准主要有以下几条：

（一）标准一：语言表达精确程度

一种语言表达客观的生活实践越全面、越精确，则该语言越先进、越优越、越发展，反之则越落后、越低劣、越退化。语言的内涵与生活实践的内涵一致，语义资源是与客观的生活实践相对应的，客观的生活实践是无限复杂的并且是无限系统性的，因此，衡量语言发展退化的核心指标只能是该语言的语义资源复杂性和系统性，这才是语言发展关键。语义资源复杂性表现为数量的多少，语义资源的系统性表现在结构的完整，而语音、汉字、词汇、语法等这些语言组件都是为了语义这个核心服务的，语义的复杂性和系统性是语言得以精确表达复杂的客观生活实践的基本前提。

此外，人们常用某种语言中描述某种现象的词汇多少来试图证明该语言的精确程度，比如爱斯基摩人可以用很多种词汇表达各种各样的雪，或者阿拉伯人可以用很多词汇描述不同的骆驼，然而这种论证也是站不住脚的。由于现实环境的不同，各个民族必然有其最为熟知的客观事物，正如住在山区的人会比住在平原的人更能区分不同的山峰，靠近海边的人会比住在内陆的人更能区分不同的海浪，这并不能说明哪种语言就能够更全面、更精确地表达客观世界，而只能说明语言是与地域文化紧密连接的。

以语言表达的精确程度作为评判语言先进或者落后的评判标准，就要求以语言使用者熟悉相同的客观现实为前提，在目前的各民族之间的交流还是有限的条件下，不同语言的使用者对于非本族语语言资源的适用，尤其是对语音或者文字的组合达意功能并不能做到充分了解，因此这个前提是不可能满足的。考虑到地域文化条件导致的特定的民族语言会对某些客观现象有特别精细的反映，语言表达的精确程度这个标准既不可行，也不科学。

（二）标准二：语言对社会发展的适应能力

作为一种发展中的事物，语言毫无例外地处在变化之中。世界上的每一种语言，都在各种各样的因素影响之下产生、发展、成熟、衰落甚至灭亡。历时语言学的研究更多地关注语言不同阶段的特征，说明语言发展变化的特征已经得到大家的一致认同。评价一种语言先进或者落后，除去与其他语言种类的横向比较之外，还要看它在各个阶段是否能适应社会条件的变化，即使进行自我调整。

人类历史上曾经有过很多语言“消亡”的例子，一种语言或是因为从另一种更具有社会权威性的语言中大量引进语言的形式和结构或是因为被另一种语言取代，成为使用人数减少甚至不被使用的“死亡语”。有学者曾认为这些现象都是由社会需要引发的，“语言本身不存在可指责的方面”（傅永林、徐世红，

2000)，但笔者认为语言的生命力也应体现在适应社会发展的能力上。一种生命力旺盛的语言应该能够积极地顺应社会发展的需要，在词汇、语音甚至语法上主动做出调整，而不是被动地由社会“筛选”甚至“剔除”。

汉语也是这样的一种语言。随着社会日新月异的发展，新事物大规模涌入人们的生活，如果不能从原有的语言资源中找到表达这些新事物的语言代码，汉语就会在新时代的社会发展中力不从心。如果从国外舶来的新事物统统只能靠外语词汇来表达，可以想象汉语将会被一点点地“蚕食”。但就目前的情况来看，汉语的生命力还是非常强大的，绝大部分的外来词汇引进中国之后，很快就出现了恰当的对应词并被大众所接受。古代汉语里的很多词汇、语音和语法规则，几千年来随着中华民族和世界的发展不断发展变化，始终满足着我们反映客观世界、传递信息、交流情感的要求。社会需要对于语言的变化来说至关重要(王艳，2018)，社会需要是衡量语言变化的标准。可见，当一种语言的变化适合社会需要时，这种变化就是进步，反之就是衰退。

在现代世界广泛交流的大背景下，各种语言互相渗透成为普遍趋势，一时之间很难判断哪种语言已经显示出难以适应社会发展的趋势。即使一种语言在一段时间内借用大量的外来词汇，也很难作为本族语适应能力欠缺的标志，因为这可以看作外来词汇内化之前的准备阶段，同时也可以看作该本族语具有较强开放性、包容性的表现。如果以这条标准衡量已消亡的语言，同样会失之偏颇，因为某种语言消亡的真实原因必定复杂，难以断定“不能适应社会发展”在其中占了多大成分。

(三)标准三：“真”“善”“美”

也有少数语言学家认为，如同对于世间万事万物的衡量一样，“真”“善”“美”是衡量语言的唯一标准。在语言学中，所谓“真”指的是语言的表意功效，一方面指语言能否准确地反映事物，另一方面指语言能否用最简洁的语言表达最广泛、最深刻的含义。语言对于意义的“真”就在于准确而简练的表达。所谓“善”是指语言是否对现实世界有益。由于政治、经济等历史原因与现实脱节的词汇就是对世界无益的。无益的语言现象会被历史地储存起来，并非绝对的消失。所谓“美”是指语言引发的美感，不仅指语言本身遣词造句的形式美，还指由语言形式所产生的意义美。当语言能够以有限的现实空间呈现无限的遐想空间时，语言就体现了“美”，反之则是晦涩、单调而累赘的。

“真”“善”“美”的标准是一种流于表面的评判标准。因为就每一种语言来说，能否准确、简练地表达意义，是否对世界有益以及能否体现美感仍然缺乏固定的、显性的标尺。由于民族感情和使用习惯的原因，各种语言的本土使用者总是倾向于认为自己的母语符合“真”“善”“美”的标准，因此这条标准很难做到客观、公正，不能用来衡量以及评价世界上的各种语言。

四、教学启示

语言、思维和文化互相影响，语言承载着文化，是文化的一部分又是文化的表现形式。在进行语言教学时不能只关注语言本身，而应该把语言背后的文化现象融合其中。然而，在实际的英语教学中，语言技能课程所占学时高达近70%，严重挤压了学生对语言背后的文化知识的学习（孙有中，2017）。过于强调语言技能训练而对文化背景输入偏少的课程体系造成学生在思维、知识面和分析解决问题的能力等方面出现了不足。因此，语言技能课程必须与人文教育紧密结合，培养学生高阶语言能力需要跨文化能力的支撑。

教师虽然都能认识到文化教学的重要性，但是有关文化教学的导入活动却差强人意，根源在于教师对于英语教学中的文化教学理解和实施都存在不足。有学者关于语言和文化教学的研究曾指出，文化教学涉及一个层次问题，尽管文化和语言密不可分，文化无处不在，但是不能只在高年级才谈文化，另一方面，也绝不是不讲阶段性，让学生刚开始学习语言就马上灌输大量文化知识（胡文仲，孙有中，2006；孙有中，2015）。因此，文化随着语言水平的提高而愈加重要，文化教学的比重也应该随之加大。

此外，同一时期的语言和文化并无优劣之分，在培养学生跨文化能力、加强文化背景输入的过程中，应该让学生充分认识到世界文化的多样性，培养学生跨文化同理心和批判性文化意识、鼓励学生加强思辨，理解中外文化的基本特点和异同，既能有效和恰当地进行跨文化沟通，又能帮助不同文化背景的人士进行有效的跨文化沟通（孙有中，2016）。综上所述，在教师的教学实践中，应该把语言教学和文化教学有机融合起来，加强文化教学的阶段意识，着重培养学生的跨文化交际能力，实现对“语言、思维与文化等相关能力的综合培养”，从而培养真正符合国家、社会和个人需求的人才。

参考文献

[1] BYRAM M. 2012. Language awareness and (critical) cultural awareness-relationships, comparisons and contrasts [J]. Language awareness, 2012, 21: 1-2, 5-13.

[2] BYRAM M. 2014. Teaching and assessing intercultural communicative competence[M]. Shanghai: Shanghai Foreign Language Education Press, 2014.

[3] 洪堡特 . 论人类语言结构的差异及其对人类精神发展的影响 [M]. 商务印书馆，1999.

[4] 胡文仲、孙有中 . 突出学科特点，加强人文教育 [J]. 外语教学与研究，2006（5）：243-247.

[5] 刘润清 . 西方语言学流派 [M]. 北京：外语教学与研究出版社，2007.

[6] 李志巧 . “萨丕尔 - 沃尔夫假说” 对外语教学的启示 [J]. 海外英语，2014，(12)：238-239.

[7] 萨丕尔 . 语言论 [M]. 商务印书馆，1964.

[8] 孙有中 . 外语教育与思辨能力培养 [J]. 中国外语，2015，（2）：1，23.

[9] 孙有中 . 外语教育与跨文化能力培养 [J]. 中国外语，2016，（3）：1，17-22.

[10] 孙有中 . 人文英语教育论 [J]. 外语教学与研究，49（6）：859-870.

[11] 张莲、孙有中 . 基于社会文化理论视角的英语专业写作课程改革实践 [J]. 外语界，2014，（5）：2-10.

[12] 王艳 . 以语言能力、思辨能力和跨文化能力为目标构建外语听力教学新模式 [J]. 外语教学，2018，39（6）：69-73.

母语负迁移对大学英语六级翻译词汇层面的影响及对策

吴真贞 *

【摘要】2007 年的《大学英语课程教学要求》及 2013 年的大学英语四六级改革对非英语专业本科生的翻译能力提出更高的要求。母语负迁移是制约学习者翻译水平的一大因素。本文通过六级翻译模拟测试搜集资料，利用实例分析母语负迁移对学生六级翻译词汇层面的造成的影响，并提出相应的教学对策，希望能帮助学生避免或者减少母语负迁移对翻译的影响，从而帮助他们提高翻译能力和英语综合运用能力。

【关键词】母语负迁移；六级翻译；对策

Abstract : The College English Curriculum Requirements (2007), and the reform of CET-4 and CET-6 posed higher requirements on college students' translation abilities. Collecting date from a mock translation test, this study examines the negative transfer of mother tongue on the lexical level in college students' Chinese-English translation by examples and puts forward corresponding teaching strategies. It is hoped that this study will help to avoid or alleviate the negative transfer in college students' translation practice, and improve college students' translation abilities, as well as their comprehensive language capacities.

Key Words :negative transfer of mother tongue; CET-6 translation; strategies

为了适应社会经济的发展，教育部于 2007 年出台《大学英语课程教学要求》（简称《要求》），对大学英语教学做出新的规定。《要求》指出："大学阶段的英语教学要求分为三个层次，即一般要求、较高要求和更高要求。"（教育部高等教育司，2007：2）《要求》鼓励高等院校非英语专业本科毕业生在达到一般要求这一基本要求的情况下，"向较高要求或更高要求调整自己的学习目标"

① 吴真贞硕士，讲师，外语教学部教师；研究方向为语言学及翻译研究。

（教育部高等教育司，2007：2），并对非英语专业本科生的翻译能力做出具体的规定，提出大学生应当具有一定的篇章翻译能力。此后，全国大学英语四、六级考试委员会于2013年9月对四、六级考试进行重大的调整。调整后的英译汉考题，由此前分值5%的“半句翻译”变为分值为15%的“段落翻译”。具体到大学英语六级考试，则是要求考生在半个小时内完成180~200个汉字的段落翻译，段落的内容主要涉及中国历史、文化、经济社会发展等（程爱群，2015：366）。这一调整更助于检测学生英语的输出能力，要求学生具备更高的英语综合运用能力。但是新翻译题型实施数年来，学生普遍反映翻译考试难度大，很难取得较高的分数。出现这样的问题，很大的一个原因就是学生无法摆脱汉语的束缚，即母语负迁移的影响。

母语迁移指的是“目标与和其他任何已经习得的（或者没有完全习得的）语言之间的共性和差异所造成的影响”（Odlin，1989：27）。母语迁移分为正迁移和负迁移两种，若来自母语的影响对外语习得是有益、积极的，则称为母语正迁移，它有利于外语学习者掌握和使用外语；若该影响是不利、负面的，则称为母语负迁移，它会阻碍外语学习者掌握并正确使用外语。母语迁移现象可以影响语言的不同层面，如音系、词汇、语法、语篇等。作为连接源文本和目标文本的中介，翻译必然也会受到母语迁移的影响。正如Lado（引自王楠，2017：6）所说的，“学习是刺激与反映的强化，是习惯的形成，是新旧知识的联结，因而在外语学习中，母语这种先前语言学习的习惯会对新的外语学习产生迁移作用”。对翻译中的母语负迁移现象进行研究，有助于提高高校教师和学生对该现象的重视，避免或减少负迁移的产生，从而加强英语学习者的翻译能力，促进他们的英语综合运用能力的发展。

一、数据来源

本文对英语学习者翻译文本中的母语负迁移现象进行研究。笔者选取自己任教的四个班级共111名学生，以2018年12月次的大学英语六级考试翻译题为材料进行模拟测试，并根据测试搜集到的数据分析母语负迁移现象对非英语专业大学生六级翻译词汇层面的影响。

二、分析及结果

词汇是英语学习的基础，掌握足够的词汇并能正确使用它们是实现《要求》所规定的听力理解能力、口语表达能力、阅读理解能力、书面表达能力、翻译能力的前提条件。分析发现，在学生翻译的过程中，因母语负迁移而产生的词汇层面问题主要分为以下六类：书写负迁移、名词单复数负迁移、冠词负迁移、词性负迁移、搭配负迁移、语义负迁移等。

以下对上述六方面的问题作具体分析：

（一）书写负迁移

在学习者的翻译实践中，书写错误是母语负迁移带来的最基础的影响。学习者的书写错主要体现为两种：大小写错误和词汇拼写错误。中文的书写不存在大小写之分，而英文句子的首字母和专有名词的第一个字母都需要大写；中文里的逗号（，）可以用来连接多个整句，而在英文中，每个完整的句子都必须以句号（.）结束，并且下一句的首字母需要相应采用首字母大写；中文的每一个汉字都有固定的发音，而在英文词汇中，多个字母或字母组合可能发的是同一个音；英文词汇中还存在许多不发音的字母。中英文的这些差异给英语学习者的词汇学习带来一些障碍。例如：

（1）中国的公共图书馆数量在逐年增长。

（错误）The number of public library in china develops year by year.

（纠正）The number of public library in China develops year by year.

China 属于表示国别的专有名词，其首字母必须大写。

（2）不少博物馆还举办在线展览，人们可在网上观赏珍惜展品。

（错误）Some museums also make exhibitions online, people can enjoy the exhibition on Internet.

（纠正）Some museums also make exhibitions online. People can enjoy the exhibition on Internet.

这句话的原文用逗号（，）连接两个结构完整的句子，但是在将中文翻译成英文的时候，逗号（，）前后的两部分应当译为两个独立的句子，且都应当以句号结束。

（3）中国越来越重视公共图书馆。

（错误）China pays more and more attention to public librery.

（纠正）China pays more and more attention to public librarys.

其中，“librery”应当为拼写为“library”。出现这种错误，是因为在英语中，

音位 /e/ 对应的字母或者字母组合很多，如 e、a、o、er、ar、ure 等，音位和字母的不对等给以中文为母语的学习者记忆词汇带来很大的干扰。

(4)许多体育馆通过应用现代信息技术大大提高了服务质量。

(错误) Many gyms improves their service by using tecnology.

(纠正) Many gyms improves their service by using technology.

英语词汇 technology 中的字母 h 不发音，学习者在书写的时候易于遗漏。

(二)名词单复数负迁移

汉语中的名词没有单复数之分，名词的“数”通过名词前面的数量词来体现。而在英语中，名词分为可数名词和不可数名词两大类，可数名词在使用中存在单数和复数之差。同时英语名词的“数”还会影响到与之对应的动词形态。受到母语负迁移的影响，英语学习者在翻译的时候常常会忽略名词单复数的变化，因此导致错误的发生。例如：

(1)新近公布的统计数字表明，中国的公共图书馆数量在逐年增长。

(错误) Recently published statistics showed that the number of Chinese library is rising year by year.

(纠正) Recently published statistics showed that the number of Chinese libraries is rising year by year.

(2)在一些广受欢迎的博物馆门前，排长队已很常见。

(错误) In front of some popular museum, these is always a long line.

(纠正) In front of some popular museums, these is always a long line.

上述两个例子中，学习者在将中文“博物馆”翻译成英文时，都没有结合上下文，将之转换成正确的复数形式。

(三)冠词错误

冠词错误也是受母语负迁移影响而出现的常见错误之一。汉语中的名词不需要与冠词搭配使用，“且汉语中的名词自身没有复数变化，复数概念依赖名词前的数量词来表现，这诸多方面的差异造成中国学生使用英语冠词系统时把握不定，这一问题既属句法问题，也是词汇问题”(曾文华、覃江华，2011：381-382)。英语名词需要与冠词搭配使用。英语中的冠词分为不定冠词、定冠词和零冠词，用于说明名词所指的人或事物。因此，受母语负迁移的影响，学习者常常会遗漏或错用冠词。例如：

（1）近年来，中国政府进一步加大体育馆建设投资。

（错误）Recently, Chinese government give more and more investment to build gyms.

（纠正）Recently, the Chinese government givesmore and more investment to build gyms.

（2）近年来，中国越来越多的博物馆免费向公众开放。

（错误） In recent years, more and more museums in China have been opened freely to public.

（纠正）In recent years, more and more museums in China have been opened freely to the public.

（四）词性误用

汉语是汉藏语系的一个分支，属于孤立语。汉语的词汇没有曲折变化，其语法关系主要通过词序的变化和一些虚词的使用来实现。英语属于印欧语系，属于屈折语，其词性的变化主要通过曲折变化来实现。受到汉语的影响，英语学习者常常会忽略或者混淆英语词汇的词性，因此导致词性误用的错误。例如：

（1）许多图书馆通过翻新和扩建，为读者创造了更为安静、舒适的环境。

（错误）Many libraries create a quieter and more comfortable environment for readers through rebuild and expand.

（纠正）Many libraries create a quieter and more comfortable environment for readers through reconstruction and expansion.

在这个例子中，“翻新和扩建”在汉语中既可以做名词使用，表示“翻新行为和扩建行为”，也可以做动词使用，表示“进行翻新和扩建”。分析这句话的汉语原文，其意思应当是“通过翻新和扩建措施”，在将原句翻译为英文的时候，应当选择其名词形式，即“reconstruction and expansion”，而非动词形式“rebuild and expand”。

（2）大型公共图书馆不仅提供种类繁多的参考资料，而且定期举办讲座、展览等活动。

（错误）Big public libraries not only provide various referring materials, but also hold lectures and exhibitions regularly.

（纠正）Big public libraries not only provide various reference materials, but also hold lectures and exhibitions regularly.

汉语中“参考”常常做动词使用，但在例（2）中，“参考”为“资料”的修饰语，意为“供人参考的”，在翻译成英语的时候，应当转化为形容词形式。如果根据平时汉语的使用习惯，在翻译时选择动词形式的“referring”，便是犯了词性误用的错误。

（五）搭配错误

搭配错误也是母语负迁移带来的词汇层面错误中极为常见的一种。“汉语和英语的词汇搭配有很大的差异，汉语用词较为笼统含糊，英语用词则更为具体确切。”（引自法小鹰，2010：68-71）若英语学习者没有掌握扎实的词汇基本功，掌握的词汇量不够，就容易在翻译的时候出现搭配不当的错误。另外，英语中存在大量的介词，很多词汇都是与固定的介词搭配使用的，而汉语介词的数量、功能和词汇意义都大大逊于英语介词。受到母语负迁移的干扰，固定短语中介词的使用也是英语学习者常犯的错误之一。例如：

（1）不少博物馆还举办在线展览……

（错误）At the same time, quite a few museums also make online exhibition…

（纠正）At the same time, quite a few museums also hold online exhibition…

汉语口语中可以将“举办展览”说成“做展览”“办展览”。但是在英语中，“make an exhibition of sb”是一个固定表达法，意为“让某人出洋相”，而非字面上的“做展览”意思。此外“做”在汉语中是一个很笼统的动词，搭配范围很广，例如做老师、做衣服、做好事、做饭，等等，但是在翻译成英语的时候，需要根据具体语境选择更确切的动词，如 be/work as a teacher、make clothes、do a good deed、cook the food 等。在例（1）所处的语境中，翻译成“hold”更为符合英语的搭配习惯。

(2)近年来，也出现了许多数字图书馆……

(错误) Recent years, many digital libraries also appeared.

(纠正) In recent years, many digital libraries also appeared.

英语中，recent years 为时间名词，应当与相应的介词“in”搭配充当时间状语。

(六)语义误用

初级的英语学习者喜欢依赖汉语词条来记忆英语词汇，他们往往只能掌握词汇形式上的信息，没有理解词汇的英语释义，忽略词汇的内涵，不了解词汇的感情色彩、正式与否、固定搭配等附加意义(周碧怡等，2016：120-122)。在翻译的时候，它们常常认为汉语和英语词汇是一一对应的，倾向于用汉语的语义来套用英语，这就容易出现望文生义或选词不当的错误。例如：

(1)博物馆展览次数和参观人数都明显增长。

(错误) The number of exhibitions and visitors are increasing obviously.

(纠正) The number of exhibitions and visitors are increasing remarkably.

在这个例子中，“显著增长”在中文里可以理解为“明显的增长”，英文 obviously 虽然也有“明显地”这一释义，但根据牛津词典的定义，它一般“用于说明某种情况或事实显而易见、不言而喻”。此处生硬地将“显著”翻译成“obviously”并不合适。而 remarkably 的含义为“数量或者程度不同寻常、惊人”，更符合中文想要表达的意思。

(2)近年来，中国政府进一步加大体育馆建设投资……

(错误) Recently, the Chinese government further improve the investment in gyms.

(纠正) Recently, the Chinese government further enhanced the investment in gym construction.

improve 有提高、改进之意，表面上看似符合原文要表达的意思，但是牛津词典对其英文的解释为“to become better than before; to make sth/sb better than before”，一般用于表示质量方面的改善，因此此处用 improve 不够恰当，改为 enhance 则更合适。

（3）可以预见，随着运动设施的不断完善……

（错误）We can prophesize that with the further improvement of sports facilities...

（纠正）We can predict that with the further improvement of sports facilities...

prophesize 和 predict 二词都有“预言”的意思。牛津词典对前者的定义是“to say what will happen in the future (done in the past using religious or magic powers)”，可见 prophesize 专门指通过宗教或迷信手段进行预言。predict 则仅仅表示预测未来会发生的事情。因此，此处采用 predict 才是合理的。

三、教学策略

从上述分析中可以看出，母语负迁移给学生翻译的词汇层面造成很大的影响。在日常教学中，教师应当对这一现象给予足够的重视，并采取相应的教学策略，以消除或减少母语负迁移对学生翻译的影响。

（一）重视传授基础知识

分析显示，翻译过程中词汇层面因母语负迁移而出现的错误很大一部分是因为学习者的英语基础知识掌握不牢固引起的。英汉两种语言在拼写、断句、名词单复数、冠词使用、词性变化、介词使用等方面都存在很大的不同。忽视两种语言的差异，英语学习者（尤其是初级水平的学习者）很容易就会受到母语负迁移的影响，出现种种的错误。在日常教学中，教师应当加强基础知识的传授，有意引导学生注意英汉两种语言的差异，让学生对翻译过程中的基础性错误“知其然，知其所以然”，而不是仅仅将它们归结于“粗心犯错”。巩固学习者的英语基础知识，可以有效提高学习者的翻译水平，避免大量因母语负迁移而产生的错误。

（二）鼓励使用英英词典

许多学习者在记忆英语词汇的时候，喜欢借助中文释义来记忆，在翻译的时候，也常常使用汉英词典乃至简明在线词典来寻找某个汉语词组的“对等”英文词汇。但是中英两种语言的词汇并非一一对应的。汉语词汇较英语词汇更为笼统模糊，一个中文词汇在不同的语境下往往需要翻译成不同的英文；有时候将与中文文本“对等”的英文单词一一组合起来，却会得到意义迥然的短语。学习者若不注意英汉语言的这些差别，必然会导致翻译出现搭配错误、词不达意等问题。在日常教学中，教师应当鼓励学生多加使用英英词典，利用英语来思考，减少汉语思维的影响，更准确、更深刻地把握英文词汇的内涵意义，尽量降低母语负迁移对翻译的影响。

（三）传授必要的翻译技巧

掌握一定的翻译理论知识，可以避免翻译过程的“盲目性和随意性”（法小鹰，2010：68-71），帮助学习者提高翻译水平。但是由于大学英语课程课时有限，翻译教学更是常常处于“边缘化”的地位，即便在教学中涉及翻译，也多是进行为数不多的翻译实践和错误分析，或者将翻译视为操练和巩固新词汇、新句型的方式，教师很少向学习者传授必要的翻译技巧。在教学中，教师应当强化翻译训练，并向学习者传授必要的翻译理论知识，如拆句法、转换法、增减译法等。用理论指导实践，让学习者的翻译实践变得“有法可依，有章可循”。

四、结语

汉语和英语在语音、词汇、语法、篇章等方面存在巨大的不同，学习者的翻译水平必然会受到母语负迁移现象的影响。本文对正在备考六级的学生进行翻译模拟测试并分析学生的答案，发现母语负迁移对学习者词汇层面的影响主要包括书写错误、名词单复数错误、冠词错误、词性错误、搭配错误、语义错误等。在日常教学中，教师应当强化基础知识的传授，引导学习者注意英汉两种语言的异同点，鼓励学习者多加使用英英词典，深刻理解英语词汇的内涵意义，并在加强翻译实践的同时，向学习者传授必要的翻译技巧，以此来避免或者减少母语负迁移对学习者翻译的影响，提高学习者的翻译水平，从而提高其英语的综合运用水平。

参考文献

[1] 程爱群 . 从四六级翻译题型变化中看 ESP 教学前景 [J]. 佳木斯职业学院学报，2015，7（152）：366-367.

[2] 邓炎昌、刘润清 . 语言与文化 [M]. 北京：外语教学与研究出版社，1994.

[3] 法小鹰 . 母语负迁移对中国学生翻译学习的影响 [J]. 湖南第一师范学院学报，2010，6，（10）：68-71.

[4] 教育部高等教育司 . 大学英语课程教学要求 [Z]. 北京：高等教育出版社，2007.

[5] 王楠 . 探究大学英语写作中母语负迁移现象及对策：以哈师大西语学院英语教育本可毕业生论文为例 [D]. 哈尔滨：哈尔滨师范大学，2017.

[6] 魏旭峥 . 母语负迁移对中式英语的直接影响及应对策略 [J]. 南京广播电视大学学报，2010，1（58）：53-56.

[7] 曾文华、覃江华 . 汉英翻译中的错误与母语负迁移 [J]. 内蒙古农业大学学报（社会科学版），2011，13（57）：381-382.

[8] 周碧怡，等 . 英语专业学生汉英互译的母语迁移研究 [J]. 教育教学论坛 , 2016, 29：120-122.

[9] ODLIN T. Language Transfer [M]. Cambridge: Cambridge University Press, 1989.

汉语流水句英译情况调查及教学启示

叶 塑*

【摘要】流水句是汉语中一种结构与逻辑关系都比较复杂的复句。流水句的英译水平一定程度上影响着中国学生英语写作的水平。本文将从汉语流水句的基本特征讲起，对其英译难度与策略做一些探讨，再联系学生翻译实例去发现问题、解决问题。

【关键词】流水句；小句；复句；主语指认；翻译教学

Abstract: Chinese run-on sentence is a type of complex sentences which is complicated in its syntactical structure and logical relationship. The English writing ability of Chinese students is partly determined by their proficiency in translating run-on sentences. This paper will first introduce basic features of Chinese run-on sentences and possible difficulties in translation, and then analyze some sentences translated by college students with an attempt to find problems and adjust teaching strategies accordingly.

Key Words: run-on sentences; clause; complex sentences; subject identification; translation teaching

一、引言

流水句是汉语中十分常见的一类复句。它在句法上有别于英语的复句，且句式与逻辑关系都比较复杂，所以将它翻译成英语并不是一件易事，学生往往会落入汉语"陷阱"中。同时，中国学生在英文写作时习惯先用汉语打腹稿，再逐句译成英语，写作过程等同于做翻译。因此，他们在英译流水句时易犯的那些错误往往被迁移到了英语作文中，比如句子成分缺失、简单句与短句的滥

* 叶塑硕士，讲师，外语教学部教师；研究方向为英汉翻译。

用、逻辑关系混乱等问题。当然，要避免这些错误，得先充分了解什么是汉语流水句。

二、汉语流水句的界定与特征

流水句的重要性，可以从吴竞存、梁伯枢（1992：316）的评价“在相当程度上反映了汉语句法结构某些带本质的侧面”中看出一二。

那么，什么是流水句？

吕叔湘（1979：31）说汉语流水句是“一个小句接着一个小句，很多地方可断可连”的一类句子，且“小句是基本单位，几个小句组成一个大句即句子”。由于邢福义（2001：1）将含有两个或两个以上分句的句子定义为复句，我们可知，流水句是一种由多个小句构成的复句。但有一些汉语句子非常长，一句中包含十多个小句，又或者几个句子间联系紧密，读起来十分顺畅，恍如一个句子。这两种情况是否属于流水句呢？徐思益（2002：10）认为流水句的研究范围“仍限定于句子，而不是超句子的句组”。所以上文所述的第一种情况属于流水句的范畴，第二种情况则超出了该范畴。

除了复句这一句法属性外，流水句还有哪些具体特点呢？王文斌、赵朝永（2017c：171）从汉语空间性角度进一步界定了流水句：“句段与句段之间结构松散，不借助显性的关联词语，多个主语或隐或现，并常出现跨句段指认，短语和小句共现频繁。”

其中，流水句不用关联词这一特性被认为恰好与汉语重“意合”的特点相吻合。所谓“意合法”，王力（1946：171）认为是两个以上的句子以意会的方式相互联系的句子形式。“意会”指不明说而领会，也就是不通过使用有形的关联词来彰显关系。郭圣林（2004：96）甚至直接将流水句定义为不借助关联词语而完全凭“意合法”构成的复句。举例说明：

例（1）（我家的阿姨是钟点工。她在我家已做了十多年，因家境渐渐宽裕，她辞去别人家的工作，单做我一家。我信任她，把铁门的钥匙也分一个给她拴在腰里。）①我们住医院，②阿圆到学校上课，③家里没人，④她照样来我家工作。

（杨绛《我们仨》）

例（1a）①（由于）我们住医院，②（且）阿圆到学校上课，③（因此）家里没人，④（但）她（阿姨）照样来我家工作。

括号内是上文，例（1）中有 4 个小句，都省略了关联词，但结合上文内容，句意并不难理解。若添上关联词，则如例（1a）所示。何为意合，何为形合，一目了然。另外，该例句也正好表现出王文斌、赵朝永所说“多个主语或隐或现，并常出现跨句段指认”的特点。小句④中的她，既不指①中的“我们”，也不指②中的“阿圆”，而是指代前句中的“阿姨”。

除此之外，流水句还有一大特点，即包含多层逻辑关系。比如下句：

例（2）①现在外面的人什么样子你知不知道，②坏人很多，③让人欺负了你都不会告状，④告了状也没人理你，⑤你还不快回家去！

（苏童《桥上的疯妈妈》）

例（2a）①现在外面的人什么样子你知不知道，②（而且）坏人很多，③（即使）让人欺负了你都不会告状，④（即使）告了状也没人理你，⑤（所以）你还不快回家去！

例（2）中仅有5个小句，却包含了4层逻辑关系。若给句子添上关联词，便如（2a）所示。第一层是小句①②间的补充关系，第二层是小句③内部的假设关系，第三层是小句④内部的假设关系，第四层是①②③④与⑤间的因果关系。如此复杂的多层次复句阅读起来却很轻松，是因为我们早已习惯了汉语“话题—说明”的非线性句式，只要话语围绕话题展开，纵使其中逻辑关系千回百转，也不影响理解。

综上所述，流水句归属于复句，其研究对象是单个句子而非句组，其内部主要以“意合”的方式进行连接。流水句最突出的三大特点是：不用或少用关联词；省略主语或多主语；含多层逻辑关系。这几个特征常同时存在于一个句子中。比如例句（2）既缺失关联词，又包含多层逻辑关系。

三、流水句英译难点

上文所述流水句的三大特点，也正是英译的难点所在，其对应情况见下表：

表1　流水句英译难点

流水句特点	英译难点
（1）不用或少用关联词	时间顺序与逻辑关系模糊
（2）省略主语或多主语	主语指认困难；句子重点不突出（难辨主句）
（3）含多层逻辑关系	逻辑分层困难；句子重点不突出（难辨主句）

1. 时间顺序与逻辑关系模糊——主要由时间和关系标示词的缺失造成。

例（3）①他烧开了水，②泡上浓香的红茶，③热了牛奶（我们吃牛奶红茶），④煮好老嫩合适的鸡蛋，⑤用烤面包机烤好面包，⑥从冰箱里拿出黄油、果酱等放在桌上。 （杨绛《我们仨》）

例（4）①你不去，②别人也不去，③事情重要，④我去。

（转引自王文斌、赵朝永，2017c）

例（4a）①（由于）你不去，②（于是）别人也不去，③（但是）事情重要，④（所以）我去。

例（4b）①（因为）你不去，②（而且）别人也不去，③（由于）事情重要，④（所以）我去。

例（3）中除了小句①②可由内容得知先后关系外，③～⑥没有明显的时间顺序，即使把各小句调换顺序也完全成立。再比如例（4），连词缺失导致小句间逻辑关系模糊，可做例（4a）理解，也可做例（4b）理解，主要区别在①②间是因果还是并列关系。

时间和关系标示词的空缺，使流水句在时间和逻辑上都趋于模糊，甚至可逆，这与英语句法特征是相违背的。英语有“重时间、轻空间的主导性倾向……每个句段的语义成分都需以连词明示，具有明显的勾连性和延续性”（王文斌、赵朝永，2017b：34）。因此，流水句的英译涉及将具有块状性与离散性特征的汉语句子转变为具勾连性与延续性特征的英语句子，其难度可想而知。

2. 主语指认困难——主要由多主语并存或主语缺失造成。

我们知道，在以“主语—谓语”为基本框架的英语句子中，主语是不可缺少的。而上文提到，汉语流水句的主语时隐时现，且跨句段指认是常态。王文斌、赵朝永（2017a：38）认为，“主语指认是解析流水句句段结构、语义和逻辑关系的关键……只要厘清主语指认情况，流水句的结构特点便能清晰起来”。可见，要想翻译好流水句，弄清每个句段的主语是前提，小句间有时通过主语产生联系。比如下面这句：

例（5）①除了一盆菊花，②还有一把檀香扇与她亲密无间，③熟人都认识疯妈妈的檀香扇，④暗黄色的，⑤镶嵌着金线，⑥柄上拖着绿色的穗子，⑦隔了好远也能闻到它的香气。

（苏童《桥上的疯妈妈》）

例(5)中有3个主语,由于小句②④⑤⑥的主语都是“檀香扇”,可以在翻译时将它们归在一处,而由于小句⑦的主语未做明示,只能跨句段寻找,或译者自行补充。

3. 句子重点不突出——主要由主语不明确或多层逻辑关系造成

汉语句子在英译时很难保持“形散而神不散”。因为英语复合句的形式比较固定:一类是并列复合句,即“简单句+并列连词(and, but, or, so)+简单句”;一类是主从复合句,由一个主句和一个或一个以上的从句构成,从句通过关系副词或代词与主句产生联系,反映因果、假设、让步等逻辑关系。可见,英语译句非但保持不了“形散”(绝不可能出现“简单句+简单句”的形式),还必须做到“形合”。

所以翻译流水句时,要么切分为多个简单句,要么译为并列复合句,要么译为主从复合句(即立一个主句,将其余降为从句)。但并列复合句的句式较为呆板,且重点不突出,不宜过多使用,相比之下,句式多变的主从复合句是更好的选择。在这种情况下,主句的选择至关重要。而流水句多主语或无主语,以及逻辑关系复杂的特点,常常让译者在选择主句时感到无从下手。比如下面这句:

例(6)①站在屋子西边的丝瓜架边,②朝北边望去,③看到雨后的香炉山上,④到处冒出白色亮丽的烟岚,⑤轻如白纱。

(转引自徐文思,2018)

在这个省略主语的句子中,即便通过上文得知小句①②③的主语都为“我”,但该把主语译进哪个小句中,也就是该立哪句为主句,是需要译者自行决断的难题。因此,主语不明确很可能导致主句难辨识,增加翻译难度。

再比如,例句(2)有4层逻辑关系,该如何翻译成一个完整的复合句呢?该立哪个小句为主句呢?这都是令译者颇伤脑筋的难题。

四、大学生流水句英译调查

为调查大学生英译流水句的情况,本文向来自厦门大学的80位大一学生发放了问卷,要求他们将3个汉语流水句翻译成英文。这3个句子及翻译难点请见下表:

表 2

汉语流水句	英译难点
例(4)你不去,别人也不去,事情重要,我去。	关联词缺失,逻辑关系模糊
例(2)现在外面的人什么样子你知不知道,坏人很多,让人欺负了你都不会告状,告了状也没人理你,你还不快回家去!	关联词缺失,含多层逻辑关系
例(7)她向声音来处望去,只见板壁上伏着几十只苍蝇,一动不动,她十分奇怪,凝神注视,却见每只苍蝇背上都插着一根细如头发的金针。(金庸《书剑恩仇录》)	多主语交替出现,句子重点不突出

由于本文主要从句子结构和逻辑关系的层面研究流水句英译情况,故暂且忽略学生译句中的词汇问题。下面是几个有代表性的译句:

例(4)你不去,别人也不去,事情重要,我去。

译(4a)Other folks won't go there unless you go. Whereas, if there's anything essential, I will go there.

译(4b)If you don't go as well as others, I will go because of its importance.

译(4c)You don't go, neither do others, but the things are crucial, I will go instead of you.

译(4d)① You do not go, ② others do not go. ③ Provided that there are crucial things, ④ I go.

译(4a)与(4b)是比较优秀的译句。不仅语法、语义上无误,还都表现出了多层逻辑关系。只是由于原句逻辑模糊,又脱离语境,译者只好根据自己的理解来翻译,因此呈现出不同的逻辑关系。译(4c)与(4d)则反映出学生英译时的普遍问题——中式直译:译句句序完全遵照原句,且同样省略关联词,因而语法上不成立。比如译(4c)选择译为并列复句,却缺少并列连词;译(4d)的小句①②间同样缺少并列连词,违背语法规则。

例(2)现在外面的人什么样子你知不知道,坏人很多,让人欺负了你都不会告状,告了状也没人理你,你还不快回家去!

译(2a)① Do you know what the people outside look like now? ② There are an army of bad people. ③ If you are bullied, you won't report and no one will care you even if you report. ④ So you have better hurry up to go home.

译（2b）You don't know what kind of citizens outside are, maybe an army of bad guys, and though you are being bullied, you won't dare to report, even though you have reported, there's no folks preferring to talk with you, so hurry home back!

译（2c）Do you have any idea how people think these days? There are so many bad sorts. If they gang up on you, you won't be able to report them, and even if you did, they'd ignore you. Why don't you go home? (Josh Stenberg 译)

译（2a）是比较优秀的学生译句。该生根据原句的 4 层逻辑关系将译句切分为 4 个大句。其中大句①②以一问一答的形式体现补充关系；句子③内部由连词 if 与 even if 体现出两层让步关系；句子④以连词 so 体现该句与前文的因果关系。句子切分不仅有助于逻辑分层，也更容易突出重点。译（2b）中尽管译者用 maybe、though、even though、so 等词反映多层逻辑关系，但从并列复合句的角度来看，依旧存在缺少并列连词的语法错误，此外，句子未经切分，又没有主从句之分，简单句接简单句，读起来重点不突出。译（2c）是汉学家 Josh Stenberg 的译句，其翻译策略与译句（2a）类似，即根据原句的逻辑层次进行句子切分，一句变多句，每句突出一个重点。

例（7）她向声音来处望去，只见板壁上伏着几十只苍蝇，一动不动，她十分奇怪，凝神注视，却见每只苍蝇背上都插着一根细如头发的金针。

译（7a）① She looked at the voice, ② and there were dozens of flies on the wooden partition, ③ and she was stranger and more staring. ④ And I saw every fly is stuck on its back with a golden needle as thin as a hair.

译（7b）① Looking through the sound, ② she saw dozens of motionless flies lay prone on the wooden partition. ③ She stared at them with doubt, ④ only to find a golden needle that is as thin as hair penetrated through each fly's back.

译（7a）与（7b）均为学生译句。译（7a）是简单句串联的并列复合句，句式单一，重点不突出。译（7b）虽有两处词形错误，但比前例更能突出叙述重点。译者将原句切分为两个主从复合句，立小句②与③为各自主句，再将其他小句处理为伴随状语从句和结果状语从句。这样既有层次又有重点，句式变化也带来了一定的节奏感。

总结来说，多数学生在英译流水句时都有“形合”的意识，懂得通过添加关联词来凸显逻辑关系。但不足之处主要有两点：(1)很多学生不懂通过切分句子的方法来进行逻辑分层，一味照搬原句句序和标点，容易造成缺少连词或多主句并存的语法错误，比如译(2b)与(4d)；(2)短句、简单句过度使用，句子重点不突出，比如译(7a)。究其原因，一方面与学生的英语能力有关，对稍微复杂一些的主从复合句使用不熟练，会读不会写；另一方面是学生过分依赖关联词，并未真正理解句中内在的逻辑联系。换句话说，过分重视“形合”而忽略了“意合”。

五、对中翻英教学的启示

针对上面出现的流水句英译常见错误，本文试提出以下几点教学建议：

(1)培养正确的翻译习惯，从“理解”到“重构”。

这里说的“理解”包括两个阶段：理解意思与理解关系。理解意思指的是理解能指与所指，理解每个小句的意思，也就是回归语言本身。“翻译是因语言而起，以语言作结的活动，语言研究始终都应该是翻译的核心和出发点”(朱恒，2015：5)。理解关系即是理解小句间的逻辑关系。比如翻译例句(2)之前，先理清句中的4层逻辑关系，再尽力将其呈现于译句中。

有了“理解”做基础，才能实现句子“重构”。重构的策略包括：句子切分，一句变多句，比如译句(2a)与(2c)；添加关联词，加强句段间逻辑联系，比如译句(4a)与(4b)；译为复合主从句，抓住主句，突出重点，比如译句(7b)。

(2)以阅读促翻译，加强英语语感与语境意识。

中翻英做不好的一个原因是思维模式服从语言习惯，中文的“形散”导致了思维的“意散”。这种思维模式下写出的英文句子也具有了中文流水句的特点，比如句段多，层次多，主语多，切分少，连词少，让人读起来颇有一种云里雾里的不明晰感。

若学生能多阅读英语文章，增加词汇与句式的积累，加强英语语感，就能避免因母语习惯的迁移而写出英语流水句来。同时，在阅读中学习语言，会比单纯背单词和句型的方法更能让学习者体会到语境的重要性。毕竟，“语境是语义解释的背景条件”，也是制约人类语言的三大原则之一(徐思益，2002：11)。

(3)关注两语差异，加强跨文化意识。

让学生有意识地去了解英汉两语的各自特点。比如汉语惯用“隐含”的修辞手段，喜欢制造出“表达经济”却又“意味深长”的效果(杨玉晨，2005：80)，再比如英语中“形合”是“意合”的逻辑前提。有了这样的认识，就更明白翻译重点该落于何处，在英译流水句时懂得将隐性逻辑内联转变为显性的逻辑关系。

参考文献

[1] 郭圣林．同一话题流水句否定辖域的决定因素 [J]. 福建师范大学学报（哲社版），2004，2：96-98+103.

[2] 吕叔湘．汉语语法分析问题 [M]. 北京：商务印书馆，1979.

[3] 王力．中国语法纲要 [M]. 上海：开明书店，1946.

[4] 王文斌、赵朝永．汉语流水句的分类研究 [J]. 当代修辞学，2017a，1：35-43.

[5] 王文斌、赵朝永．中国学习者产出英语“流水句”现象剖析：英汉时空差异视角 [J]. 外语界，2017b，1：30-37.

[6] 王文斌、赵朝永．论汉语流水句的句类属性 [J]. 世界汉语教学，2017c，2：171-179.

[7] 吴竞存、梁伯枢．现代汉语句法结构与分析 [M]. 北京：语文出版社，1992.

[8] 邢福义．汉语复句研究 [M]. 北京：商务印书馆，2001.

[9] 徐思益．关于汉语流水句的语义表达问题 [J]. 语言与翻译，2002，1：10-14.

[10] 徐文思．流水句英译中“母语负迁移”现象探析 [J]. 海外英语，2018，4,：225-226.

[11] 杨玉晨．英文写作中的汉语思维模式和逻辑推理——中国学生英文习作案例分析 [J]. 外语学刊，2005，6：79-81.

[12] 朱恒．语言的维度与翻译的限度及标准 [J]. 中国翻译，2015，2,：5-10.

大学英语语音教学的必要性研究

张　丽*

【摘要】在现阶段的大学英语课堂中，语音知识的教学常常处于被忽视的状态。教师认为学生已经有基本的语音知识，不需要利用宝贵的课堂时间再对其进行语音方面的培训。鉴于此，本研究通过对50名学生进行问卷调查，旨在考察大学非英语专业学生对于语音教学的需求与态度及其当前的语音知识掌握情况。研究发现，学生普遍认为良好的语音知识能促进其听说能力的提高，但是由于没有受过系统的语音教学，学生的相关语音知识较为薄弱。因此，研究指出在大学英语课堂中有必要对非英语专业学生进行系统的语音教学，并提出了相应的建议。

【关键词】大学英语；语音教学；非英语专业学生；必要性

Abstract: Phonetic teaching is often neglected in the present college English classroom because teachers think that there is no need to spend precious in-class time teaching phonetics due to the fact that students have already had the basics of phonetics. In response to this situation, the study is aimed at exploring college non-English majors' need for phonetic teaching, their attitude to it and their command of phonetics through questionnaires. The study finds that students, generally speaking, contend that a good command of phonetics can increase one's listening and speaking abilities. However, students are lacking in relevant knowledge of phonetics without a systemic phonetic teaching. Thus, the study points out that it is necessary to teach phonetics systematically in the college English classroom, and put forward some suggestions.

Key Words: college English; phonetic teaching; non-English majors; necessity

* 张丽硕士，讲师，外语教学部教师；研究方向为二语习得。

在大学英语教学活动中，语音教学一直处于较为尴尬的境地。教师在设计教程时默认学生在过去的学习中已经获取了相当的语音知识，这些知识足以满足其日常交流的需要。可是，笔者作为一名大学英语老师，在实际的教学工作中发现，学生在进行听说练习时常会有语音方面的困扰，如听录音材料时听不懂元音音素之间的连读音，朗读文章时不懂句子重音以及停顿不当等等。这些困扰都或多或少会阻碍其听说能力的发展。2007 年教育部颁布的《大学英语课程教学要求》指出，大学英语的教学目标是“培养学生的英语综合应用能力，特别是听说能力，使他们在今后学习、工作和社会交往中能用英语有效地进行交际”。由此可见，目前，英语听说能力是大学英语教学的重点。语言是交流的工具，如果不能满足基本的交流需要，谈何学习语言的意义。既然听说能力的培养与提高是大学英语学习的重中之重，那么，在日常的大学英语教学中，教师应该着重从各个角度提高学生的听说能力。语音教学从二十世纪七十年代的衰落，到八十年代的复苏，或许在今日的大学英语教学中，应该再次成为不可忽视的一环。

Gimson（1980）曾指出，一个人想要讲任何一种语言，需要掌握 50%~90% 的语法，1% 的词汇，但却需要掌握将近 100% 的语音。语音是语言的外在表现，没有相应的语音知识，何谈提高听说能力。诚然，作为非英语母语者，英语学习者们没有必要也不可能讲一口完美的英语，但语音水平的高低却关乎交际的顺畅，甚至是交际的成功与否。然而令人遗憾的是，目前的大学英语教学中，教师认为学生在入学前即有充分的语音知识，不需要再利用宝贵的课堂时间对其进行语音教学。那么，实际情况是否如此？有没有必要对大学非英语专业学生进行语音知识教学？带着这些问题，笔者对于大学非英语专业学生进行相关问卷调查，论证在大学阶段对学生进行相关语音教学的必要性。

一、大学英语语音教学现状

在目前的大学英语教学中，语音教学常常处在被忽视的地位（罗立胜，张莱湘，2002：23）。教师往往认为，既然学生已经有了基本的语音知识，其语音面貌不影响课堂上的沟通，就无须耗费宝贵的课堂时间，对学生进行较为完整的语音知识教学（何春燕，2018：296）。只有当个别学生出现语音面貌妨碍其与他人交流的情况，或者学生无法正确读出某个单词的读音时，教师才会进行干预，对其进行相应语音教学。因此，学生的语音知识主要来源于过往的学习经验。然而，由于学生常常来自不同省份，以往的学习中教师主要侧重于对于学生音标知识的教学和拼读规则的训练，而对于语音的其他知识（例如意群等）较少涉及。这就会造成学生语音知识的盲区，他们不了解英语本族语者交际中常常涉及的语音知识，影响其听说能力和交际能力的发展。

那么，到底有没有必要在大学阶段对学生进行英语语音知识的相关教学呢？为此，笔者设计了此次有针对性的研究，试图回答此问题。

二、研究设计

研究问题

1. 大学非英语专业学生的语音知识是否全面？

2. 大学非英语专业学生对语音教学的看法是怎样的？

3. 是否有必要对于大学非英语专业学生进行语音知识的相关教学？

研究对象

研究对象为 50 名大学非英语专业学生。其中，47 人为大一新生，3 人为大二学生；男生 22 人，女生 28 人。这些学生来自全国各地，其中，38% 的学生来自福建，占比最高。18% 的学生高考时英语考试没有听力题。高考中英语成绩从 115 到 146 分不等，大多集中在 130 分左右。

研究工具

本次研究采用问卷形式。问卷在问卷星网站发布，学生可以匿名回答。问卷旨在调查学生过往接受的语音教学、现有的语音知识和对语音教学的看法与需求，由 20 个问题组成，共分四部分。其中，前 7 个问题属于第一部分，主要采集学生的相关个人信息，例如高考成绩，性别，高考所在省份等等；8 至 9 题涉及学生的过往语音教学经历，旨在调查是否有教师曾经对其进行较为全面的语音知识教学；10 至 13 题旨在获悉学生对于语音教学和语音知识的态度与需求；最后个问题意在调查学生目前的语音知识掌握情况。问卷第一和第二部分以单选题进行；问卷的第三、第四部分采用李克特五点量表，区分了从 1 到 5 五种程度（1 为非常不了解或者非常不重要等，5 为非常了解或非常重要等）。

研究步骤

学期初，教师通过问卷星发布问卷，要求学生匿名作答。问卷发布有效期为一周，之后教师查看问卷结果。

研究结果与分析

问卷共分四部分，第一部分主要涉及学生背景信息，因此，该分析结果主要针对第二、三、四部分。

在第二部分的两道题目中，当学生回答“从学习英语以来，是否有老师对你进行过较为全面的语音知识教学”时，58% 的学生答案为是，42% 的学生回答为否。由此可见，有四成的学生没有接受过较为全面的语音知识教学。在被问到曾经对其进行过较为全面语音教学的老师是谁时，有 8% 的学生回答是小学老师，36% 的学生表明是初中老师，12% 的学生指出是高中老师，12% 的学生回答是大学老师，10% 的学生表明是辅导班老师，还有 22% 的学生表示没有。

在这部分的答案中，表明没有老师对其进行较为全面的语音知识教学的学生的百分比前后不一致，前面为 42%，后面为 22%。笔者认为，这部分存在不一致的原因在于部分学生没有很好地读第二题的题目，忽视了"全面"两个字，认为只要是进行较为完整的语音教学就可以称为"全面的教学"。所以，譬如小学老师讲解了相关的拼读规则和音标知识，就视为是"全面的语音知识教学"了。

在第三部分涉及学生对于语音教学和语音知识的重视程度和需求方面，共有四道题目。第一，针对是否语音知识是专业人士才需要考虑的问题，有 18% 持非常不赞成的态度，66% 的学生认为不是。第二，有 72% 的人认为学习英语语音知识对于提高英语听力水平、口语能力非常重要，24% 的人认为重要，只有 4% 的人不确定。这表明学生认为语音知识教学很重要，能够提高其听说能力。第三，当被问到"在平时的英语学习中，你会关注到相关的语音知识吗"这个问题时，如图 1 所示，学生从非常关注到关注、不确定、不关注、非常不关注的人数百分比依次为：14%、46%、20%、20%。虽然 96% 的学生觉得语音知识对于提高听说能力很重要，但是在平时的学习中，仍有 40% 的学生对此抱有无所谓或者不关注的态度。

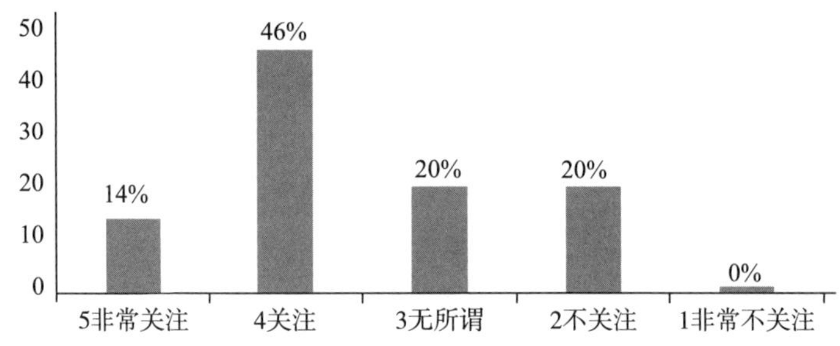

图 1　平时学习中对语音知识关注与否

第四，在学生对于语音教学的需求方面，分别有 48%、46% 的学生非常希望或希望老师能够对其进行语音的评价与指导；同时，分别有 48%、44% 的学生非常希望或者希望老师能够进行英语语音教学。由此可见，非英语专业的学生对于语音知识的需求非常强烈。

本问卷第四部分旨在检测学生现有的语音知识。本部分共有七道题目。

第一，在拼读规则方面，6% 的学生自认为非常了解英语拼读规则，56% 的学生认为自己了解英语拼读规则，22% 的学生不确定，14% 的学生觉得不了解，2% 的学生非常不了解。第二，在遇到新单词时，20% 的学生可以看到音标就很轻松地读出来，48% 的学生可以轻松地读出来，16% 的不确定或者非常难读出来。第三，在问及是否了解英语中的连读规则时，只有 6% 的学生认为自己非常了解，22% 的学生自认为了解，50% 的学生表示不确定，11% 的学生表明不了解。第四，对于英语的弱化消音现象，6% 的学生回答自己非常了解，9% 的学生认为了解，40% 的学生表示不确定，34% 的学生表示自己不了解，1% 的学生表示自己非常不了解。第五，对于英语语音的同化规则，4% 的学生认为非常了解，6% 的学生了解，42% 和 44% 的学生表示不确定或者不了解。第六，对于句子重音，6% 的学生表示自己非常了解，24% 为了解，44% 为不确定，18% 为不了解，8% 为非常不了解。第七，对于意群这个概念，只有 6% 的非常了解，其余的学生不是不确定就是不了解。

第四部分的答案也印证了笔者之前对于学生在第二部分里“全面语音教学”的误解。在第二部分里，58% 的学生认为自己曾经接受过“较全面的语音知识教学”，而在本部分，只有在对拼读知识的掌握方面，持肯定观点学生的百分比与第二部分基本相当，而在其余几个问题中（连读、弱化消音、同化、句子重音、意群），持肯定观点的学生的百分比都大大低于第二部分中持正面观点的学生的百分比。这说明学生认为音标教学和拼读规则就等同于“较全面语音教学。”

三、问题与对策

研究结果表明，大学非英语专业学生重视语音知识，对于英语语音的系统学习仍有较强需求。同时，他们的语音知识仍然比较薄弱，除了拼读规则以外，大多数同学对于语音层面的其他知识知之甚少。这些语音知识包括连读、弱化消音、语音同化、句子重音和意群。然而，这些语音知识对于学生听说能力的提高却不可或缺。例如，笔者曾经在课堂上进行过连读的教学，讲解在何种情况下英语本族语者会连读。在讲到元音与元音连读时，学生茅塞顿开，意识到为什么以前听到“How are you”时英语本族语者的发音与自己不同。这既能提升学生学习外语的兴趣又能促进其听说能力的发展。

然而，与学生较弱的语音知识基础和较强的语音知识需求相对应的是，学生过去的学习经历表明很少有教师对这些方面的内容进行系统教学。所以，笔者认为有必要在大学阶段对非英语专业学生进行语音知识的教学与训练。在教学中，应该注重以下几方面：（1）系统性。在教学初始，就应该把所要涉及的语音知识纳入教学计划中，不要遇到哪方面知识都只是在临时讲解几句，草草了事，这样学生无法在头脑中构建完善的知识体系。（2）实操性。在讲解时，要注意与实践有机结合，让学生可以马上将所学应用到平时的听说实践中。例如，笔者在讲解句子重音时，与听力考试相结合，让学生关注到句子重音部分常常就是出题的部分。讲练结合，强化印象。（3）渐进性。语音知识的掌握是一个循序渐进的过程，教师不能操之过急，要在教学中反复强化，让语音知识内化于心，进而真正促进学生听说能力的提高。（4）多样性。在教学中，可以结合配音、英语歌曲、绕口令等多种趣味性较强的方法。“研究证明，在语音教学中将多种方法结合起来，多管齐下，有助于学习者全面提高语音能力。”（高琳，2018：115）

四、结语

从问卷结果可知，目前大学非英语专业学生在语音知识方面仍有较强的需求。然而，在大学英语教学中，教师较少进行语音知识的系统教学，教师只是在教学材料有时体现某一语音知识时临时介绍一下相关内容，这种不系统的讲解无法满足学生更进一步提升自己听说能力的需要。因此，笔者强烈建议大学英语的从业者们可以抽出课堂的一点时间对学生进行系统的语音教学，良好的语音知识基础可以帮助学生在语言输入与输出过程中更好地理解真实的语料、产出更自然地道的语言。

参考文献

[1] 高琳 . 英语专业语音教学方法研究 [J]. 高教学刊，2018，17：113-115.

[2] 何春艳 . 大学英语语音教学的必要性与可行性研究 [J]. 教育现代化，2018，14：295-297.

[3] 教育部办公厅 . 大学英语课程教学要求 [EB/OL].（2007-07-10）. http://www.moe.gov.cn/sresite/A08/s7056/200707/t20070710_110825.html.

[4] 罗立胜、张莱湘 . 英语语音教学的回顾及对目前英语语音教学的几点建议 [J]. 外语与外语教学，2002，10：21-23.

[5] 张静 . 大学英语语音教学方法新探 [J]. 山东外语教学，2010，3：60-63.

[6] GIMSON A C. An Introduction to the Pronunciation of English[M]. 3rd edition. London: Edward Arnold, 1980.

作为块茎和游牧空间的大学英语文学课堂

朱美琳 *

【摘要】在后现代和后结构主义的语境下，大学英语文学课堂实际上是一个块茎、一个游牧空间。在块茎概念和游牧思想指引下设计的课堂是不断生成的块茎课堂，在这样的课堂里，学生生成教师，从而使课堂成为事件，成为后现代的平滑空间和游牧空间。

【关键词】块茎；游牧空间；大学英语文学课堂

Abstract: In the context of postmodernism and post-structuralism, literature class in College English is in fact a “rhizome” and nomadic space. The rhizomatic class is continually becoming, and it is student-becoming-teacher that renders the class an event and a postmodern smooth and nomadic space.

Key words: rhizome; nomadic space; literature class in College English

文学教学在英语专业教学中应该扮演重要角色已是不争的事实，然而对于非英语专业的语言教学来说，文学不可避免地处于尴尬地位。虽然提高人文素养不容置疑，然而无论是教师教学还是课程设置，都会面临来自学生甚至部分教师的质疑：我们到底是学英语还是学文学？实际上，这两者并不矛盾，反而因为语言本身具有感性特征和文学文本涉猎广泛而相互促进。更重要的是，在后现代和后结构主义的语境下，文学课堂实际上是一个后现代空间，也是德勒兹和瓜塔里所谓的“块茎”（rhizome），也称“根茎”。

在《块茎体》和《千高原》中，德勒兹和瓜塔里向我们描述和展示了块茎概念和游牧思想。经过国内外学者的研究和阐释，块茎概念和游牧思想在哲学、文学、政治学、社会学和城市研究等各个领域都有渗透。何为块茎？块茎是一种与根和胚根不同的植物样态，块茎思维对应的是西方思想文化领域的传统树

* 朱美琳硕士，讲师，外语教学部教师；研究方向为英美文学、比较文学。

状思维。树有树根、树干、树枝、树叶，是一个层级分明、井然有序的系统；与树不同，块茎不是一个范围固定的层级系统，“它没有逻辑的组织结构，只有不受约束的随意链接，是流动的、离散的、不能完全把握的”（张玫玫，2008：146）。块茎不断衍生差异，形成多元和撒播，因此有着“强烈的反结构、反再现、反中心、反总体、反系谱、反层级、反意指等倾向，而又有着随意性、差异性、异质性、多样性、活动性、可逆性等后现代特征”（程党根，2005：77）。

当今的世界既处于互联网＋时代，又属于后现代社会，在后现代的多维空间中，瞬息同步、虚拟互动的赛博空间代表着后现代的“空间转向”，这不仅体现在宏观和哲学层面，也体现在微观和具体层面。德勒兹和瓜塔里的“块茎思维”正可与数字文化和赛博空间的主要特质相互阐释、相互补正。电子新媒介不断介入社会生活的方方面面，赛博文化方兴未艾，在此语境下，电子网络并非简单地为语言学习者提供了重要的信息交流传播平台，更重要的是，其瞬息同步性、超链接性、虚拟性和互动性等蕴含着无限的可能性和开放性。如果我们将大学英语文学课堂看成这样一个后现代空间，一个块茎，那么这样的课堂究竟是一种怎样的存在和生长过程（a process of existence and growth）或者说“生成”（becoming）呢？在游牧思想指引下设计的大学英语文学课堂与传统的大学英语课堂又有何不同呢？笔者将从三个方面进行呈现：

一、块茎课堂的特征

作为块茎的课堂到底有何特征呢？课堂是什么，有无主客体，由什么组成，从块茎的角度来讲都不重要；重要的是它的功能，它与外部的关系（包括教师、学生、教学内容、文本、教学设施、教学方法、教室空间等之间的关系）。结合德勒兹和瓜塔里在《千高原》中描绘的块茎的四个特征（此处用程党根的翻译版本）来看，课堂的确是块茎：

（一）连接和异质混合原则。作为块茎的大学英语课堂把各种各样独具个性的人聚拢到一起，他们不仅背景不一样，英语水平和学习能力有差别，还带来了不同的关系，如班级、专业、同乡、社团、宿舍、闺蜜、球队、游戏、男女朋友等。基于这些关系，他们中的任何一人都能够而且必须与任何其他人连接，从而构成课堂这个块茎。构成块茎的成分是异质的，却能“把各种各样的领域、平面、维度、功能、效果、目标和目的归总起来”（陈永国，2004：28）。

（二）多样性原则。作为块茎的课堂具有多样性，“这种多样性既没有主体也没有客体，既无中心也无整体，只有诸种决定因素、量值和维度”（程党根，2005：77）。传统的课堂，不管是以教师为主导的教学模式，还是以学生为中心的教学方法，都跳不出教与学、主体与客体的二元对立，实际上忽视了多样性的存在。要打破这种二元对立，就要让块茎的多样性显现出来。在块茎课堂这样的“平滑空间”里，不仅有老师和学生，还有人、人与人之间的关系、互联网、课程设置、语言环境、大学校园、教师科研等。课堂是块茎，教师和学生是块茎，每一个人、每一节课、每一个文本都是块茎。

（三）无意指断裂原则。作为块茎的一切会发生无目的、无意图、无原因的断裂，并且断裂后可以随意连接。“块茎在异质因素中运作，从一条路线向另一条路线跳跃，不遵循树状的进化图式，不同路线之间的横向交流搅乱了树的谱系。”（程党根，2005：77）在大学英语的课堂里，教师的中心地位、课堂教学的安排、学生的学习计划、课程的整体设置都有可能因为不同路线之间的横向交流而走向断裂，这种断裂并非坏事，正是课堂作为块茎的强大生命力的体现。

（四）绘图和贴花原则。块茎是反结构的，它没有生成轴和深层结构，就像地图，是打开的，它所有的维度都可连接、可拆解、可颠倒、可修改，有无数的入口和出口，有自己的逃逸线，可以随意与其他块茎相连。

二、学生的“生成教师”（becoming-teacher）

“块茎”概念实际上是德勒兹“生成学说”的具体例子，所谓的“生成”（becoming）是像马铃薯一样的“球状块茎”的生长过程。这个生长过程是块茎在地表上的蔓延，扎下临时而非永久的根，并借此生成新的块茎，然后继续蔓延。这样的运动过程不关心“生成什么”的问题，因此也不涉及模仿或再现，更重要的是，“生成总是分子的，穿越和重新排列克分子‘整体’，开拓一条道路，让能量从这些‘整体’内部泄露出来”（陈永国，2004：29）。

我们所能感知和理解的是一个由外部事物构成的世界，而大部分情况下我们都感知不到生成。以外语学习的课堂为例，现实世界中的课堂一定包含“教师”和“学生”这两个对立角色的存在，我们所有关于课程设置和教学方法等的理解和思考都离不开这种二元对立。然而，在互联网 + 和赛博空间的时代，学生（学习者）的能量和权力不断得以生产，学生的“生成教师”在不知不觉中发生。这种生成不是基于学生对教师的模仿，不是基于教师与学生的相像，也不是学生扮演教师的角色，而是涉及起中介作用的第三个条件，是与主体相关的其他事物。例如，它可能是传统课堂以外的慕课（MOOC），或是 TED 演讲，也可能是家教，或是学生会的工作，甚至是小时候的梦想，最近阅读的一本书，也可能是参加的社团，所处的空间等。因此，如果块茎和游牧成为指导我们设计“大学英语文学课堂”的概念和思想，我们就应该以寻找生成的这第三个条件为指引，进而利用第三个条件来激发和展现块茎课堂的生命力。

在课堂这个封闭的系统或空间里，学生并不能真正成为教师，偶尔的角色转换也不能打破二元对立，只有从不拒绝生成的块茎课堂才能爆发出生命力。这是因为德勒兹式的生成是能动的、块茎的。其一，能动生成精神“提供了一种思考新的生成模式的方式——不是作为某个主体的生成，而是面向他者的生成，一种面向差异的生成，以及一种透过新问题而产生的生成”（索迪瑞，2018：169）；其二，块茎根系的蔓延、密集的扩展，就像薄荷、杂草这类植物一样，“每个根茎都顺着自己独有的方向岔开，并和其他的根茎、蠕虫、小虫、石块或不论什么东西彼此纠缠，形成一个充满活力的结合体”（索迪瑞，2018：170）。

三、作为“逃逸线”的文学文本

前面提到，生成总是分子的，能够穿越和重新排列克分子“整体”，如阶级、种族、性别、社会角色的划分等，从而开拓一条道路，这样的“道路”（paths）被德勒兹和瓜塔里称为“逃逸线”或“逃亡路线”。把现实分成主体和客体，把课堂里的人分成教师和学生，或者好生和差生，分成擅长语言学习的人和不擅长语言学习的人，都是严格切分的路线或称“分层”，此为第一条路线。但在当今关系网络复杂的块茎课堂里，还有一条流动性较强的分子路线，即存在一个生成、变化、运动和重组的过程，这是第二条，例如翻转课堂中教师和学生身份的模糊，教与学的翻转、教学与科研结合等都可以看成是第二条。如果在第二条的基础上，“能够越过特定的界限而到达事先未知的目的地，构成逃亡路线，突变，甚至量的飞跃”（陈永国，2004：29），也就更具有游牧性质，可谓第三条“逃逸线”。文学文本的阅读刚好为我们提供了这样一条逃跑路线，也正是本文着重强调的对象。

大学英语的课堂无非是为了提高非英语专业学生的听、说、读、写、译等各项语言技能和跨文化交际的能力，所面临的问题包括选用什么教材、采用什么教学方法和考核方式、如何利用各种软硬件设施、如何对待师生关系、如何处理专业学习和外语学习的关系等。然而，在块茎课堂里，这些问题不成为问题，因为教师、学生、教学大纲、考核方式、电脑、专业、语言技能等因素或维度都是块茎上的点，能跟任何其他点连接，从而生发新的可能性，这种变化、运动或重组就是一种“生成”，而不是一种静止的存在状态。文学文本的阅读刚好可以轻而易举地解构这些问题内在的统一性、整体性和二元对立，因为文学文本能够打破诸如教材好坏、话题深浅、教学或者阅读方法的优劣、技能培养的主次等矛盾，开拓出各种各样的“逃跑路线”。

其一，文学文本的块茎特性从内部打破了教材选择的单一性。教材的多样性在于内容和话题本身的异质性。因此大学英语课的教材选择不必局限于专为非英语专业的学生编写的大同小异的统一教材，教师可以根据自己学校的实际教学情况自己编写，或者选用各领域的经典文本安排教学活动。经典的文学文本无疑是一个很好的选择，其因涉猎广泛而为教师和学生带来了更广阔的空间。《西南联大英文课》（原名《大学一年级英文教本》）就是一个很好的例子，它本身是一个块茎，具有无限繁殖的特性。这本书收录了四十三篇课文，涉及文学、教育学、政治学、哲学等；选文多样，有小说、散文、论说文、传记等；作者都是中外名家；其语言优美，充满了深邃的思想、睿智的对话和审美的体验。这本块茎式书籍中的任何一篇都具有超链接性，可与书中其他文章相连，也可以与读者和外部世界连接。以“What Is a University?”为例，其可以指向任何一篇，如“What Shall We Educate for?”“Habit”“Technological Civilization”“The Durable Satisfactions of Life”“Liberty and Discipline”，甚至是“Birth of a Sister”或“The Riddle of Hitler”，学习者不必刻意追问这之间有何具体逻辑关系，只需在不同的文本之间游走，在自由的阅读中豁然开朗，在修养提升的基础上以“高山仰止”或“一览众山小”的姿态对抗打着提高语言技能招牌的工具理性。

其二，文学文本的阅读方法是逃逸线生成的空间和维度。通过打破各种二元对立，新的教学方法不断产生。近年来，慕课的兴起和翻转课堂的流行让一些老师不知所措，也给有志于教学改革创新的教师提供了机遇。以“英语短篇小说阅读课”为例，其创新性体现在无主体无中心、超链接性、游牧和未知性等方面。

小说阅读过程中，学生生成教师，教师的权威地位消失，退而成为引导者，甚至是课堂块茎中与其他任何一点相连的一个点。阅读没有特定的主题、目的或方式，只是一个随时断裂和重新连接的过程；课堂设计因文学文本的特殊性也很可能千差万别，具有超链接性；在这样的课堂上，老师和学生都可以自由游走在概念、观点和想法之间，调用自身的一切共同生成课堂。以英国小说家赫克托·门罗（Hector Hugh Munro）的小说《敞开的窗户》（“The Open Window”）为例，其整个阅读过程和课程设计可归结为：我们来读一篇小说。文本固然存在，教师也有选择和设计，但能达到什么效果是难以预料的。教师因为先一步对故事有所了解，一开始可能会告诉学生这是一篇经典的“鬼故事”，阅读可能以“鬼神是否存在”的讨论开始；而实际上这个故事并非一个鬼故事，而是一个“中国盒子”，与“小说叙事策略”息息相关，作者真正的意图可能是以“故事套故事”的方法告诉读者什么是“故事”或“小说”，顺便讽喻当时的社会现实。这样的文本阅读在多个层面体现出超链接性，如鬼故事与《聊斋志异》，“中国盒子”与中国传统文化，小说叙事与日常生活，阅读小说与讲故事，讲故事与自我表达，叙事学与阅读理解，小说与翻译，阅读与自我认识，说话策略与交流技巧，心理描写与性格养成……同时，听、说、读、写、译等各项语言技能也在这样的课堂中不自觉地得到训练和养成。

尽管德勒兹氏块茎的断裂和连接是无目的、无意图、无原因的，但在这种游牧的状态中，人实实在在地学习着、生活着、体验着，所谓无为之为、无用之用。

四、结语：大课堂与大事件

普通的大学英语课堂不能像哲学家的成名课程一样，成为一个大事件（great event），但任何课程都可以被认为是一个事件，因为一切事物都以特定的、不可思议的方式成为事件。詹姆斯·威廉姆斯在谈到德勒兹的关键概念时，对“事件”进行了清晰的描述：“一个事件就是一个过程（process）。它不懂得限制，因而任何一个事件都彼此相连。作为过程，事件也透过新奇的事物而涉及深远的变化。……有些东西压制了它们持续的转换并扼杀了变化。它们有愧于作为事件的自己（LS：149）。这样的事件紧贴着同一性和相同性，就像每年在不同的但又同样无聊的课堂上重复的陈词滥调。”（威廉姆斯，2018：118）

在威廉姆斯看来，德勒兹式的课堂是个事件，因为它是一件正在发生的事情，是一项“公共的工作”（a common new work），是“通过某种共同的努力（一种共同的但又相异的力量的聚集）”而生成的，而非“通过一整套观念、事实、信息和意见的传播”而存在，这其中，某些东西产生了变化。正如威廉姆斯所说：“一堂作为事件的课就是和它所连接的一切事物的一种独特联系，也是对它所连接的一切事物的新的转变。如果我们按照德勒兹的教学方式和对事件的定义方式，那么一切事件都彼此触碰。它们因此在一个大事件中相遇，在一种囊括一切的奇特变化中相遇，好像它们都被表现在‘一’中。”（威廉姆斯，2018：119）从事英语文学研究的教师、热爱文学又需要学英语的学生、多媒体教室和互联网、翻转的教学方法，以文学文本为主的教材、游牧的哲学思想等相异力量的聚集促成了“大学英语文学课堂”。这样的课堂是块茎式的，与其他课堂相连，不断生成。每一堂课都是新事件，因为每个事件都是一项新的工作。

参考文献

[1] 陈永国．德勒兹思想要略 [J]. 外国文学，2004，4：25-33.

[2] 程党根．游牧 [J]. 外国文学，2005，03：74-80.

[3] 帕蒂·索迪瑞．生成 - 女人 [M]// 查尔斯·J. 斯蒂瓦尔，编，田延，译．德勒兹：关键概念：原书第 2 版．重庆：重庆大学出版社，2018.

[4] 詹姆斯·威廉姆斯．事件 [M]// 查尔斯·J. 斯蒂瓦尔，编，田延，译．德勒兹：关键概念：原书第 2 版．重庆：重庆大学出版社，2018.

[5] 张玫玫．作为战争机器的女同性恋书写：从德勒兹的“生成论”观照威蒂格的写作实践 [J]. 外国文学研究，2008，1：145-151.

课堂教学行动研究

英美报刊在高校公共英语教学中的应用策略

陈国卿 *

【摘要】为服务新时代国家对外开放战略，大学公共英语教学改革势在必行。由于大学英语教材的编排存在滞后性，陈旧过时的内容对大学生的英语学习产生了很多负面影响。时效性强的英美报刊以广泛的题材、丰富的内容以及独特的语言优势培养学生的批判性思维能力。从不同的角度，不同的侧面对同一个主题或中心问题展开论证的教学模式有助于学生习得思辨的技巧。将“微课与翻转课堂”与英语教学相结合，使适合翻转课堂的报刊基本理论、新闻背景知识与适合现场授课的语篇分析形成有机的统一。

【关键词】英美报刊；思辨能力；微课和翻转课堂

Abstract: The existing mode of College Public English teaching must be revamped for the better service to China's strategy of opening-up as the outdated content and delayed information of current English teaching pruduce a negative impact on English study at colleges and universities. English newspapers and magazines feature timeliness, broad coverage and rich information contributing todevelop students' capacity of critical thinking by providing them with latest ideas and up-to-date vocabulary in a logic way. Different types of arguments for or against the same topic from avariety of perspectives help students obtain rigorous thinking and reflection skills. The micro-class and flipped classroom also have become a new channel for English newspapers and magazines stduy for they unite in a harmonious way the extra-curricularvideo aided background introduction and on-site classroom teaching.

Key Words: English newspapers and magazines; critical thinking; micro-class and flipped classroom

* 陈国卿硕士，讲师，外语教学部教师；研究方向为应用语言学。

一、引言

为了进一步提高学生的英语阅读理解能力与批判性思维能力，2000 年教育部在《高等学校英语专业英语教学大纲》中规定“英美报刊选读”作为高校英语的专业课程之一，目的是提高学生的英美报刊阅读能力，让学生学会如何在注重篇章布局的基础上，以娴熟的语言技巧流畅地表达自己的思想观点，同时做到善于运用各种文体修辞。《教育部关于进一步深化本科教学改革全面提高教学质量的若干意见》（教育部高等教育司，2007：3）强调：“充分运用优质教学软件和教学资源，深化大学英语教学内容和教学方法改革，推动高校建立网络环境下的英语教学新模式，切实促进大学生英语综合应用能力的提高。”当前的高校英语教学环境与 20 年前相比，最显著的变化是互联网的崛起带动即时通讯的革新，新概念、新产品层出不穷，信息的积累与传播可以在瞬间完成。高科技的革新对传统的英语教学模式带来颠覆性的冲击，教师无法在课堂上垄断英语知识，学生通过互联网随时可以接触最新的科技前沿，并用智能 AI 即时翻译外语。

时代在迅速向前发展，与之相比高校公共英语教学模式日益显得落后与过时，其所传授的知识已经无法满足社会的需求。例如《全新版大学英语综合教程》（修订版）第四册第二单元仍然惊叹于智能汽车中的 GPS 应用，而当前智能手机的导航技术已经令此篇文章无论从形式上还是内容上完全沦为鸡肋，只能在教学实践中被淘汰废弃。经统计，《英语综合教程》全四册中的英语课文内容普遍节选自 10 年甚至 20 年前的文章，过时的文章以及与现实脱节的内容造成学生对大学英语学习失去兴趣，而教学的无效性反过来打击教师的工作积极性，无法有效地引导学生拓展知识面和提高语言能力。问题的核心在于传统的公共英语教材编写模式已经过时，无法满足高校英语教师与学生的需求。公共英语教材只能保证英语学习的系统性和连贯性，但这是建立在牺牲时效性以及趣味性的基础上。它既不能像专业英语那样选用经典的文学篇章作为赏析的对象，因为教材编写的时间滞后，也无法提供最前沿的资讯与最新的观念，更不用说旧教材中充斥大量类似鸡汤文的文学作品，根本无法培养学生的批判性思维能力。因此大学英语教学的当务之急是放弃传统的教材，利用互联网的便利性，采取微课、翻转课堂以及慕课等多样化形式，以报刊英语的最新热点题材为中心，全方位打造公共英语教学新模式。

二、英美报刊的特点

首先，从英美报刊文章的题材来看，其选材范围十分广泛，题材多样，既有传统的政治、经济题材，还包括最新科技发展动态、世界各国的文化，以及全球娱乐、体育，远及军事战争、近有生活时尚等等。随着“一带一路”各种项目建设的落实，我国开展了各种国际交流项目。为了获取外界信息，了解世界的最新动态，培养大学生阅读外报外刊的能力越发显得重要。同时为了向世界宣传中国的理念，占领舆论的阵地，也需要各种专业人才以国外受众能够接受的方式在英美报刊上阐释观点，这些对大学生的英语思维与表达提出了更高的要求。

其次，从英美报刊文章的英语语言来看，报刊英语与文学英语在用词的选择上具有不同的考量。报刊英语语言新颖，不断涌现出新概念、新表达，属于接地气的语言，具有蓬勃的生命力，而文学语言囿于文学的主题形式，在日常生活中使用显得不合时宜。但由于报刊题材范围广泛，当内容涉及社会的各个领域时，国外读者所熟知专业词汇与表达方式恰好是国内学生英语知识体系中的薄弱之处。这些专业词汇以及背后所蕴含的专业知识超过学生的认知范围，形成报刊阅读理解上的障碍。同时，报刊英语大量应用各种修辞手法，这些具有西方文化底蕴的表达方式正是中国学生所欠缺的，如果没有机会在西方社会中从小接受熏陶，大量阅读西方报刊文章不失为一条出路。

再次，从报刊英语的实用角度看，报刊文章更能够体现英语的逻辑思维模式。对于刚考入大学的中国学生来说，勉强掌握 4000 ～ 6000 个四六级基本词汇（被动词汇），却被要求在本科期间能够培养出英美经典文学的鉴赏能力，未免强人所难。更为致命的是本科毕业后，文学英语在商业社会中难以找到用武之地，学生要花费额外的时间和精力重新建构一个实用英语体系。但报刊英语文章的框架结构以及背后支撑的逻辑思维模式能够与商业社会的实用要求无缝衔接，一篇深度而又全面的商业报道很容易转换成一份公司的业务报告。学生可以从报刊英语中学习如何用简练生动的语言描述事件，提出一个精炼的主题思想，利用不重复、不遗漏的逻辑分类原则，对某个现象进行深度分析。

最后，从报刊英语的获得途径看，互联网是报刊英语材料最大的集散地，学生不必到大学图书馆借阅过时的期刊。西方各大媒体都设有独立的门户网站，实时更新新闻报道以及专题分析。英国的《经济学家》甚至率先推出了新闻周刊的音频，为那些没有时间阅读的商业政界人士提供有声版，这些电子版和有声版成为国内报刊英语教学与学习的最佳素材。更为关键的是，网络搜索同一个主题可以找到不同的报道文章，从各个角度对同一个事件进行全方位的分析。对于习惯从“一分为二”的角度看待事物并养成僵化思维的中国学生来说，阅读这些观点互相对立却又能够做到言之有据并逻辑自洽的语言素材不啻一次次眼界的扩展和思维水平的提高，有利于自身综合素质的培养。

三、英美报刊的课程设置

首先，从报刊英语的开设角度看。一般来说，很多高校把报刊英语设置在大学的三、四年级，不但课时少而且采用的是时效性滞后的编写教材。公共英语由于大纲的限制也无法在开学即引入报刊英语课程，只能够在高级班或者校选中开设，但优于专业英语的一点是教师能够自行决定教材的取舍。两者都面临同样的困境，即课时太少，课堂时间不足以涵盖教学中的难点与要点。得到高校的支持而增加课时是最好的结果，如果课时数量无法保证，那么最佳解决方案即是课堂解惑与课后在线预习复习两者结合以达成教学任务。教师将网络收集来的相关主题的音频与视频作为课前预习材料发送给学生以便让他们了解文章主题的文化背景知识，课程结束后，以学生提交音频或视频的形式回答课文问题，教师也可以用微课和翻转课堂的形式补充课堂上来不及教授的内容。

其次，从授课教师的角度看，很多教师对于报刊英语有畏难情绪。承担报刊英语教学任务对教师的压力比较大在于课程对教师要求比较高。如果不采用市面上编写好的教材，教师势必要在前期投入大量的时间和精力备课，自己编写习题和答案。在课堂上教师需要熟悉各种题材的文化背景，在分析文章的篇章结构的同时，揭示其修辞手段和逻辑思维模式，总结归纳写作技巧，让学生应用到自己的写作中去。更为麻烦的是，为了紧跟时代的潮流，教师无法重复利用过去准备好的课件，不断地更新授课文章意味着每学年都要重新备课，这对学术压力越来越大的高校老师来说会成为得不偿失的负担。高校应该转变公共英语的教学思路，重视报刊英语的课程设置，可以选择教学经验丰富并有志于报刊英语的教师，专门从事这个领域的教学。理工班级可以根据专业补充大量科技类主题的素材，对文科班则可以提供大量的人文社科类报刊文章。

最后，从报刊英语的内容角度看，绝大多数市面上的报刊英语教材都是采用分门别类的方式编写，其内容不外乎划分为政治经济、社会科技、两性情感、文化教育等类别，每个类别包括 4~5 篇文章，或者分为 A 类课堂精读，B 类课后阅读的形式。此类编排虽然门类齐全，但是主题分散，具有知识的广度，却达不到知识的深度。如果能够自行决定教材内容的取舍，那么教师可以考虑采取以话题为核心，从多个角度探讨同个话题的模式。例如针对“啃老族”的话题，可以从政治角度探讨美国市场经济对“啃老族”无所作为，北欧高福利制度有利于缓解“啃老族”以及日本少子化现状导致政府对“啃老族”的忧心忡忡；还可以从经济角度探讨美国资本对世界经济的掠夺不成功，导致美国国内年轻人的工资不足以支付房租和生活；还可以从文化角度探讨“啃老族”与父母之间的冲突与妥协。因此报刊英语的话题范围可以逐渐扩展，但务必对每个话题的探讨达到深入而完备的程度，这样学生虽然无法做到深入了解所有的话题，但是对于他所学过的话题可以做到充分的阐释和表达。

四、英美报刊的授课策略

英美报刊课程的核心诉求是培养学生的批判性和创造性思维。其教学法以学生为主导，利用各种教辅手段调动学生的积极性，教师在此过程中不但承担起知识的传授者，同时也作为课堂活动的一名组织者、课后的咨询者、学生表现的评价者，旨在开发学生的思辨能力。学生不仅在课堂上通过各种教学活动获得了直接经验，还通过大量阅读同个主题下不同角度的文章获得了大量的间接经验。在此过程中，学生能够学会从复杂繁多的感性材料中抽象出一般的普遍原则，然后以原则为前提进行逻辑严密的演绎推理。学生在认知目标之外，亦可以同时兼顾情感目标与行为目标。英美报刊的授课策略在课堂上的运用大致可以分为以下几个阶段：

（一）准备阶段。这个阶段是教师的备课阶段：教师了解授课的主题，收集同个话题不同角度的分析文章，结合学生的英语习的水平撰写主题引导文，尽量采用教学视频和音频为主要载体介绍主题的文化背景知识。以“毒品上瘾”（《大学英语阅读与思辨》3，2015：38）这一课为例，教师课前把 TED 演讲视频“你对上瘾的所有认知都是错的”群发给学生预习，授课时以 BBC 与 PBS 等纪录片视频介绍毒品主要分为镇定和兴奋两个种类以及毒品的产地、吸毒的危害等背景知识。学生通过这一系列学习了解到 20 世纪以前，上瘾在社会认知中长期被当作道德的腐化和堕落，直到美国国父之一提出上瘾是一种疾病，但囿于当时的科技水平而无法证实。

（二）授课阶段。教师分析文章的框架结构，引导学生熟悉“以结论为核心”的论证模式，而不是拘泥于唯物主义的“一分为二”的辩证思维，或者中国传统的“从客观实际出发得出主观结论”的思维模式，让学生理解并应用“归纳法”与“演绎法”等主要逻辑推理手段。

同样以“毒品上瘾”这一课为例，第一部分先以上瘾的“道德”角度为前提，提出反驳它的“疾病”理论，这个立论指出上瘾是一种疾病，并用一系列证据论证其观点，如上瘾符合慢性疾病的特征，它带来大脑病理性变化，是可控不可愈的终生慢性病，终生复发，需要密集治疗和长期护理和监控；从基因角度看某些群体更容易上瘾；可以利用药物阻断毒品在大脑中产生多巴胺以治疗上瘾。在此处教师提出课文所采用的论证方法是“归纳法”，以及分析所应用的逻辑分类，并指出反驳“归纳法”的方法是找出它的反例。

第二部分，教师提供三个反例的视频，提出上瘾的“选择”理论。第一个反例视频是越战士兵在战场染上毒瘾，当回归社会时，只有 7% 的人复吸，经过戒毒最后只剩 1%~2% 的人出现反复；第二个视频是“老鼠乐园”实验，证明老鼠在改善生活环境以及获得配偶的情况下，不再吸食毒品；第三个视频介绍葡萄牙的社会性实验，通过给瘾君子介绍工作和社区关怀，法律的压力以及家庭的支持，极大降低社会吸毒比例。这三个反例都证明上瘾者没有经过医学干预也可以戒毒，说明上瘾是一种选择。教师在此处组织学生进行讨论，如何站在“疾病”论的立场反驳“选择”论。经过分组讨论，学生提出“基因”决定论导致士兵能够自动戒毒，因此第一和第三个反例还是属于“疾病”论范畴；也有同学提出老鼠大脑和人的大脑没有可比性，人类具有复杂的强烈的情感驱动力，所以“老鼠乐园”的实验未必能代表人类。

第三部分，教师提出一个综合性的辩证观点：上瘾是“路径依赖”说。上瘾既不属于“疾病”论也不属于“选择”，因为任何大脑的器质性变化不能够决定引起这个变化的原因都是疾病，人类一切学习活动和情感变化都会引发大脑变化。同时上瘾也不是一种“选择”，所谓的选择必须是出于自由意志，并在清醒和理智的情况下做出决定，因此只有第一次吸毒算是出于自由意志，其后的复吸行为已经不符合自由意志的选择标准。生物科学证明，人的行为先于意愿，因此当人们受到特定环境条件刺激时，他的行为首先是一种神经自动反射行为，而后意识才构建意愿，给人造成一种个人意志在掌控一切的假象。因此上瘾即成为一种后天习得的行为，也可以称之为“路径依赖”，戒毒首要是置换人的生活环境，通过养成习惯性的行为建立新的“路径依赖”。此处教师要求学生以此理论为基础，就“手机成瘾”这一话题撰写一篇小论文，或者录制 3 分钟演讲视频，探讨“手机成瘾”的原因以及对治办法。

最后部分，教师提出上瘾的文化属性。教师通过视频和 PPT 展示让学生了解美国社会的“嬉皮士”风潮，指出日本的禅宗和印度的瑜伽在当时美国社会风靡一时，为了追求对现实的超脱，美国年轻人大量实践禅定和静坐，但是获得解脱并享受禅定快乐的人毕竟是少数，大多数人为了达到这种所谓“涅槃”的状态而采取作弊的行为，即用迷幻药来强行获得解脱的体验，成为导致毒品在美国社会泛滥的原因之一。

（三）检查阶段。鉴于报刊英语课时不足以完全覆盖所学知识的重点，因此课后学生在互联网上自主学习变得越发重要。其中建立在微课基础上的翻转课堂受到大学的广泛关注，教师也积极探索这种通过信息技术组织教学的新形式，并取得长足的进步，有益于学生吸收课堂外的文化知识，提高阅读与表达能力。“微课”的全称是“微型视频课程”。2008 年，美国新墨西哥州圣胡安学院的戴维·彭罗斯首创了微课概念，他运用建构主义的方法，以在线学习或移动学习为目的，以某个简明的主题或关键概念为教学内容，通过音视频录制 60 秒课程（关中客，2011：17）。微课主题的选择范围包括语言学知识（linguistic knowledge），语言技能（language skills）和非语言知识（non-linguistic knowledge）（王志慧，2015：14）。而翻转课堂（flipped classroom），又称反转课堂或颠倒课堂，即教师利用现代教育技术将片段化的知识制成微视频，学生在课前观看视频中教师对知识点的讲解。

报刊英语课程的教学内容主要包括报刊基本常识和阅读实践，因此翻转课堂的教学内容可以覆盖报刊基本常识方面，如英美报刊概况、报刊基本术语、新闻标题的特点等。此类常识由于更新速度缓慢可以重复利用，通过微视频的形式让学生课前反复观看。这样教师在课内就可以节省下大量时间来对不同题材的文章进行语篇分析，而把报刊文体、背景介绍、新闻特色词汇等纳入微课教学主题。总而言之，微课与翻转课堂教学模式课适用于学习报刊的基本理论和新闻背景知识，有利于学生课前预习与课后复习。

四、结语

报刊英语课程的教学重点在于培养学生的思辨能力。通过阅读英语报刊文章，学生掌握阅读英语报刊的技巧和方法，养成批判性思维的习惯，训练用严密的逻辑论证自己的立场和观点的能力。传统的英语教材内容具有严重的滞后性，无法激发学生的学习热情，高校教师可以把传统英语教材文章当作课后阅读材料，在阅读课、听力课、翻译课中使用同个主题不同视角的报刊英语文章。随着信息技术的进步，微课和翻转课堂可以为大学英语教学改革提供了新的契机。在实践中，教师可以把微课和翻转课堂的视频、音频和课内 PPT 制作以及课堂活动相结合，这样既能够激发学生学习积极性，又能促进他们有效地吸收知识。

参考文献

[1] 高等学校外语专业教学指导委员会英语组 . 高等学校英语专业英语教学大纲 [Z]. 北京：外语教学与研究出版社，2000.

[2] 教育部 . 教育部关于进一步深化本科教学改革全面提高教学质量的若干意见 [S].（2007-02-17）. http://www.moe.gov.cn/srcsite/A08/s7056/200702/t20070217_79865.html.

[3] 关中客 . 微课程 [J]. 中国信息技术教育，2011，17.

[4] 王志慧 . 试论大学英语微课内容选择范围 [J]. 才智，2015，（14）.

[5] 丁燕蓉 . 大学英语阅读与思辨 3[M]. 厦门：厦门大学出版社，2015.

[6] 方琼 . 英美报刊在高校英语教学中的应用 [J]. 湖北第二师范学院学报，2014,（10）：110-112.

[7] 曹荣荣 . 行为导向型教学法在英美报刊阅读课堂中的应用 [J]. 开封教育学院学报，2016,（11）：112-113.

“2+2”教学模式与学生自主学习能力的培养

范小玫*

【摘要】本文对“2+2”教学模式进行了梳理，分析了该模式实施过程中存在的问题，探讨了应对的策略，提出了3点建议。笔者最后就“2+2”教学模式下如何培养学生自主学习能力提出了自己的看法。

【关键词】“2+2”教学模式；大学英语教学；教师的作用；自主学习能力

Abstract: This paper first reviews the “2+2” teaching mode, explores the problems that might exist in its practice, and suggests 3 ways to solve them. Then the author offers her view on how to cultivate students’ autonomous learning ability under the “2+2” teaching mode.

Key Words: “2+2” teaching mode; college English teaching; teacher’s role; autonomous learning ability

一、引言

“为响应教育部关于大学英语要实施教学改革，提高教学质量的号召，为了因地制宜，因材施教”，我校的大学英语课程进行了重要的改革，“于2013年起全面实施基于课堂和网络及课外自主学习的多模态教学模式”（江桂英，2013：4）。如今，改革进行了五六年，我校的大学英语教学取得了一些可喜的成绩，也获得了有关各方的认可。但不可否认，在这场教学改革中，还是存在一些需要完善和加强的地方。

在前几年我校出版的教学论文集中，同事们探讨了大学英语教学中各自遇到的问题，总结了相应的经验，但其中少有涉及“2+2”教学模式的论文。笔者在知网和百度也没有搜到太多相关的文章和信息。笔者认为有必要在教师中大

* 范小玫博士，副教授，外语教学部教师；研究方向为英美文学，外语教育。

力开展对该教学模式的研究，从而助力教师教学水平的提升，为我校的大学英语教学改革做出应有的贡献。本文拟对“2+2”教学模式进行梳理，分析该模式实施过程存在的问题，并探讨应对的策略，其中尤为关键的问题在于如何培养学生的英语自主学习能力。

二、“2+2”教学模式

所谓的“2+2”教学模式是一种面授和自主学习相结合的教学模式，其中2课时是由教师组织实施的课堂教学时间，另外2课时为学生课堂外的自主学习时间。在自主学习时间，学生完成教师制定的课后作业，或在教师的指导下，根据教学要求和自己的水平及兴趣通过网络进行自主学习。“2+2”教学模式应遵循以下原则：“强调网络学习以输入为主，课堂面授以输出为主；网络学习以操练为主；课堂面授以交际为主；网络学习解决一般性的问题，课堂面授解决重点和难点；网络学习创造个性化学习的机会；课堂面授创造合作与交流的机会。”（江桂英，2013：4）在多媒体网络技术高度发达的时代，这个教学模式可以说是完全顺应了时代的发展要求，完全符合以人为中心，以学生为中心的教学理念，“使英语教学朝着个性化和自主性的方向发展”（江桂英，2013：5）。

然而，“2+2”教学模式在具体的实施过程中出现了一些问题。首先，在课堂教学中，有些教师依然采用传统的教学方式，进行“满堂灌”，教学内容落后，教学方法缺乏创新。其次，在课后的自主学习中，有些教师缺乏积极、主动和有针对性的指导，对学生自主学习缺乏有效的监督和管理。学生方面也存在一些问题。比如，有些学生把课后2小时用于完成其他功课的任务，拖延甚至不完成教师布置的课后作业，也没有其他的自主学习活动和在线提问。

为什么会出现这些问题呢？原因很多，不过可以归结为以下两点。第一，教师对“2+2”教学模式认识不透。就拿本人来说，笔者对“2+2”教学模式的认识更多来自外语教学部制作的、面向新生的“2+2”模式的视频。而早在2013年，《厦门大学大学英语课程指南》中就有详细介绍“2+2”模式，但是很多教师都没见过这本小册子。由于对“2+2”模式实施的意义认识不足，导致有些教师还依然采用传统模式下的教学方法，影响到新模式的教学效果。第二，学生的自主学习能力低，特别是低级别的学生，英语基础差，对英语缺乏兴趣，导致课堂教学参与度低，课外自主学习的积极性低。对于基础差的学生，2课时的课堂教学太少，因为需要老师讲授的内容太多，而2课时的课外自主学习时间又嫌太多，因为他们根本就不知道怎样进行有效的自主学习。

为了更有效地实施“2+2”教学模式，继续推进我校的大学英语教学改革，笔者有以下3点建议：

首先,学校的支持是“2+2”教学模式得以成功实施的前提。

我校的大学英语教学改革离不开学校出台利好的政策和给予的雄厚资金支持。目前学校购买了作文批改网和 itest 测试平台,为课后 2 小时的自主学习提供了技术保障。教师可以在平台上布置作文、翻译、听力、阅读和四六级测试题。由于网络留痕,教师能够对学生的学习过程进行观察、评估和监督,及时反馈,能有效促进学生的自主学习。学生也能根据自己的水平和兴趣灵活安排自己的课外学习,进行听、读、写、译的训练。

但是,这些平台无法让学生进行口语训练。每周 2 小时的课堂教学难以保证所有学生有机会进行说的练习。特别是级别起点低的班级,不太容易进行师生、生生互动。假如有这么一个平台能像入学分级考试一样,让全部学生进行口语测试,来判断每个学生的口语能力,从而进行因材施教,分类指导,有效监管。学生也能依靠平台,根据自身的水平和不足,进行相应的操练。希望学校能划拨资金支持研发或购买类似的平台。

此外,在课程设置方面要允许力度更大的改革。目前除了四级是必选课,其他的级别都是必修课,使用统一教材,参加统一考试。这种设置有助于教学管理,但是对于基础弱的学生效果并不好。笔者认为,在预备级和一级,应该允许教师根据学生的实际需要开设不同内容的必选课,给学生补缺查漏,激发学生的英语兴趣,养成正确的学习方法,为进一步的学习奠定基础。

其次,教师是“2+2”教学模式有效实施的关键。

(1)教师培训

定期举办大学英语教学研讨会,探讨“2+2”教学模式下的教学理念和教学方法以此来帮助教师提高教学水平,即“在学科建设中提升教师的科研能力,在课程建设中提升教师的教学能力,在现代信息技术与外语教学深度融合中提升教师的外语教育技术能力,以及构建外语教师学术共同体”(王守仁,2017)。

(2)教师的自我发展

目前我校教师面临巨大的科研压力,大家忙着申请课题,发表论文,年轻教师还要攻读博士,都在为生存而努力。但是作为大学英语教师,教学才是我们的根本。在拼科研的时候,一定不要怠慢自己的教学,一定要想办法努力提高自己的教学能力。“教学能力并不等同于单纯的上课能力,而是有比较丰富的内涵,包括专业理论和知识、课程建设能力、选择教学内容的能力、调整教学方法和手段的能力、教学改革与研究能力、与学生共同发展的能力、现代教育技术能力”(王守仁,2017)。教师要把课上好,让学生有获得感,就要认真备课,做终身学习者,不断充实自己,用先进的教学理念和新的信息技术知识武装自己,与时俱进,同时不断总结经验,使自己的教学能力得到不断的提高。

（3）教师的角色定位

在“2+2”教学模式中，教师的角色要重新定位。教师不能像在传统模式中那样，课堂教学对教材过度依赖，教学方法机械单调，否则难引起学生的兴趣。在2课时的课堂教学中，教师不能惯于做知识的搬运工。“教师的作用重在学习方法和技能的传授，通过讲解、示范、师生交流、学生互动和检查等形式，引导学生完成学习任务。”（江桂英，2013）“2+2”教学模式可以让老师使用翻转课堂，将课程的重点、难点和部分新知识融合，创建相关教学视频，在上课前上传到网络平台；学生利用课后2学时下载教师上传的教学视频，通过观看教学视频，自主学习新的课程，实现知识传递的过程；之后，学生根据教学视频自主完成在线测试，对新知识进行吸收内化，然后带着学习过程中得到的感悟、发现或疑问“去课堂上参与师生、生生之间的互动交流、合作、共享与讨论，实现其对新知识的完全理解和熟练掌握，从而完成学习的过程”（崔艳辉，王轶，2014）。在这个过程中，教师的角色变为教学资源的设计者、建造者和提供者，学生自主学习的引导者、协调者和合作者。

最后，培养学生的自主学习能力是“2+2”教学模式成功实施的基础。

在以多媒体课件为基础的课堂教学和基于网络技术的课后学习中，学生要成为英语学习活动的主体，要主动、积极地去参与学习过程，“从传统课堂中的知识被动接受者转变为语言知识的主动学习者、实践者和意义建构者”（王雯秋，2008）。如果没有学生的积极参与，2小时的课堂教学又会成为传统教学模式的填鸭式教学。如果学生没有按要求在课下2学时进行英语的自主学习，这个模式就违背了初衷。“2+2”教学模式是在“减少学分和压缩课时的背景下”开始实施的，在多媒体网络技术的支持下，能确保我校的大学英语教学“减量不减‘价’”，“学分少了，学的内容不少；课时少了，学的东西一样不缺”（胡永洪，2013）。假如学生在课下不去完成老师布置的作业，不利用各种网络平台进行操练，遇到问题不主动寻求老师的帮助和指导，不去真正做实课下的2学时，仅凭2学时的课堂学习，那学生又能学到多少东西？又怎样达到我们的教学要求？又何谈提高我们大学英语的教学质量？

“2+2”教学模式的有效实施不仅需要学校在政策、资金和技术方面给予支持，更需要教师做个终身学习者，更新教学理念，努力提高自己的教学科研能力，成为教学资源的设计者、建造者和提供者，成为学生自主学习的引导者、协调者和合作者。整个教学活动都要以学生为中心，学生要在教师的引导下，成为英语学习的主体，根据自己的能力、兴趣和时间，选择合适的学习内容和策略，借助计算机技术的帮助，进行自主学习，使自己的英语水平在减少学分和面授课时的情况下依然可以稳定地提高。

自主学习在"2+2"教学模式中的重要性是显而易见的，这关系到大学英语教学的成败。学生的自主学习能力是其自主完成学习任务，实现学习目标的重要条件。同时，培养自主学习能力也是我国大学英语教学的目标之一。我国教育部2004年颁布的《大学英语课程教学要求（试行）》就明确指出："大学英语的教学目标是培养学生的英语综合应用能力，同时增强其英语自主学习能力"，"教学模式改革的目的之一是促进学生个性化学习方法的形成和学生英语自主学习能力的发展"（教育部高等教育司，2007）。新修订的《大学英语教学指南》也把发展学生的自主学习能力视为大学英语的教学目标之一（王守仁，2016）。

那么什么是自主学习？如何促进学生的自主学习？在大学英语教学中如何培养学生的自主学习能力？笔者将在以下部分进行探讨。

三、如何培养学生的自主学习能力？

"自主学习"这一概念最早由Holec引入外语教学，是一种与传统接受性学习相对应的学习方式。"它以学生作为学习的主体，通过学生独立的分析、探索、实践、质疑、创造等方法来实现学习目标，体现着教育主体的自主性发展；是以学习论为核心的现代教育教学理念；反映了动态的、结构化的知识观"，是学生负责自己学习的一种能力。Holec认为，它"表现在确立学习目标、确立内容和进度、选择方法和技巧、监控习得过程以及评估学习结果五个方面"。（转引自黄敏，2018）

在"2+2"教学模式下，我们应该如何设法促进学生的自主学习，培养学生的自主学习能力呢？

首先，教师要在思想意识上重视学生自主学习能力的培养。教师应该通过参加教师培训、借阅图书等方式，主动学习自主学习理论的相关知识以及如何在不同的课型中实施自主学习的理念，提高自己的认识，并用这些知识、理论指导自己的教学实践。说实话，笔者以前没有认真去学习有关自主学习方面的理论，也不太重视学生自主学习能力的培养，上课经常是为了完成教学任务，忙于课文的重点和难点的讲解重要知识的传授，轻策略、技巧和能力的培训。《大学英语课程教学要求》和《大学英语教学指南》都把学生的自主学习能力培养作为课程的一个目标，可是又有多少大学英语教师真正去学习了教育部的这两个文件并领会了其中的精神呢？

其次，在教学实践中教师要做引导者，不是包办者。笔者曾教过一级起点的大学英语三级课程，这些学生已经修完了一年的大学英语，然而还是像中学生一样，没有自主学习的意识，学习全靠老师。课前不预习，课后不复习，只在老师通知小测时才会去复习一下词汇，听一下老师布置的听力材料。一个学期才学 5~6 篇课文，听力和阅读在学期开始就布置了重点篇章，可是到期末复习仍需要教师再划重点，否则就不会复习。笔者认为，从大一新生开始，教师要根据学生的不同情况引导学生进行自主学习，不要等学生修完了大学英语课程，仍不知如何自主学习英语。因此，每一位担任大一新生英语课的教师一定要在教学中灌输自主学习的理念，引导学生养成良好的自主学习习惯，把培养学生的英语自主学习能力作为自己教学的首要任务。

学生自主学习能力的发展受许多因素的影响，有诸如学习策略、动机等内因影响和诸如教师、教育技术、同辈群体、学习环境等外因影响。因此，教师首先应该利用课堂内外的机会加强对学生的学习策略的训练和引导，因为“学习策略是促进自主学习的关键”（徐锦芬，2014）。其次，“学生自主性的培养是与学习动机密切相关的”（卢敏，2015）。教师在设计教学活动时要以学生为中心，难度要循序渐进，多以探究性和合作性为主，让学生尽可能参与到学习活动中去，体验参与的快乐，收获成功的喜悦，使自信心得到增强，从而激发学习英语的兴趣和动机。有了较强的兴趣和动机，学生就会更加积极主动地学习英语，从“要我学”变为“我要学”。最后，在“2+2”模式中，教师要充分利用课下的 2 学时，对学习有困难的学生进行面对面的帮助和辅导，手把手地引导学生进行自主学习。这种面对面的个性化指导和推心置腹的交谈还能增进师生感情，从而使学生对英语学习产生移情作用，由外向内推动学生的英语自主学习。

四、结论

“2+2”教学模式是在网络技术快速发展和课堂面授课时大幅减少的形势下我校自己摸索创建的一种教学模式。根据教务处的反馈，该模式实施 6 年以来，我校四六级英语成绩并没有下降，反而稳中有升。在全国性的英语竞赛中，我校学生也频传佳绩，勇夺大奖。当然，为了更好地推进我校大学英语教学改革，推动大学英语教育的发展，“2+2”教学模式还有很多需要大家去完善的地方。特别是在培养学生自主学习方面，需要教师去努力学习、探索和研究，以多途径、多方法去培养学生的自主学习能力，使其具有自主学习意识、自主学习策略和自我诊断与评估的能力。自主学习既是“2+2”模式有效实施的前提，也是大学英语的一个教学目标。

本文主要基于文献阅读和个人经验写成，缺乏足够的实证支撑。笔者希望能够抛砖引玉，有更多的同行参与到“2+2”模式的研究中来，进行更多的实证研究，助力我校的大学英语教学改革。

参考文献

[1] 崔艳辉、王铁 . 翻转课堂及其在大学英语中的应用 [J]. 中国电化教育，2014，11：116-120.

[2] 胡永洪 . 大学阶段英语学习的目标和发展 [M]. // 江桂英，主编 . 厦门大学大学英语课程指南 . 厦门：厦门大学出版社，2013. 28-29.

[3] 黄敏，2018. 大学英语自主学习：教师信念与教师行为的视角 [J]. 外语教学理论与实践，2：57-64.

[4] 江桂英 . 厦门大学大学英语教学大纲 [M]. // 江桂英，主编 . 厦门大学大学英语课程指南 [Z]. 厦门：厦门大学出版社，2013. 4-5.

[5] 教育部高等教育司 . 大学英语课程教学要求 [M]. 北京：高等教育出版社，2007.

[6] 王雯秋 . 基于建构主义理论的大学英语多媒体自主学习教学模式 [J]. 四川外语学院学报，2008，3：133-137.

[7] 卢敏 . 学习者个体差异与外语教学 [M]. 济南：山东大学出版社，2015.

[8] 王守仁 .《大学英语教学指南》要点解读 [J]. 外语界，2016，3：2-10.

[9] 王守仁 . 高校外语教师发展的促进方式与途径 [J]. 外语教学理论与实践，2017，2：1-4.

[10] 徐锦芬 . 我国大学生英语自主学习能力现状与思考 [J]. 语言教育，2014，2(4)：2-7.

大学英语翻转课堂实践
——以“大学英语进阶课程”为例

刘 岩*

【摘要】翻转课堂教学模式以互联网为媒介，以学科知识为基础，以学生为中心，目的是培养学生的自主学习能力，提升学生的综合素质。本文以厦门大学张龙海教授带领的慕课团队在中国大学慕课网平台上开设的“大学英语进阶课程”为例，分享了授课团队在该校本科大学英语三级水平的学生中进行翻转课堂教学的一些探索和实践经验，希望能为接下来翻转课堂的全面展开提供有益的借鉴和帮助。

【关键词】慕课；翻转课堂；大学英语

Abstract: Based on computer technology, flipped classroom helps cultivate students' autonomous learning and promote students' all-round development. This paper briefly reviewed the design and application of the MOOC "Advanced Course for College English" produced by the teaching team of Xiamen University led by Prof. Zhang Longhai. The teaching team integrated the MOOC into the real classroom teaching among non-English major students (Band III) in Xiamen University. In general, the paper discussed the feasibility and the challenges of flipped classroom, hoping to provide evidence for the future development of flipped classroom in college English teaching.

Key Words: MOOCs; flipped classroom; college English teaching

一、引言

慕课是大规模在线公开课（Massive Online Open Courses）的简称，是互联网+时代依托信息技术和多媒体技术的教育改革和发展的新方向。慕课的蓬勃

* 刘岩硕士，讲师，外语教学部教师；研究方向为认知语言学。

发展为课堂教学实现翻转教学模式奠定了基础，提供了大量的线上视频资源。翻转课堂指的是将线上微课或慕课和线下课堂教学相结合的教学手段，其基本方式是教师把教学材料录成视频放到慕课平台，布置给学生自主学习，然后在课堂上进行答疑讨论和合作学习（李亚元，2015：55-60）。在这种教学模式下，教师不再是知识的传授者，而是课堂活动的组织者和引领者；学生也不再是知识的被动接受者，他们掌握了学习的主动权，成为学习的中心。

为了推动广大一线教师充分利用慕课资源，开展有效的混合式翻转教学，我们不但要有理论上的积累和观点上的思辨，更需要大量的教学研究和实践活动来为教师提供思路和方向。国内针对大学英语课程翻转教学的案例分析和实践总结还不多见。在2013年11月至2019年4月间，在中国知网上以“翻转课堂”“大学英语教学”为主题的文献仅有837篇。

本文将以“大学英语进阶课程”这门慕课的制作和线下使用经历为例，对从课程制作到课堂实践的整个过程进行总结与反思，为探寻大学英语课堂在互联网+时代的变革和创新提供一手数据，并从实践角度具体分析大学英语基础课程通过慕课教学的意义。

二、课程设计

“大学英语进阶课程”慕课是由厦门大学外文学院张龙海教授主持，共六位教师参与的大学英语综合类课程。该课程于2017年被评为福建省级精品课程，自2017年开课以来，开课四轮，选课累计人数8万余人，在线讨论答疑超过1000条。

慕课选用的参考教材为上海外语教育出版社出版的《全新版大学英语综合教程》第四册，该教材为“十二五”普通高等教育本科国家级规划教材。考虑到慕课教学的特点和时长要求，课程团队选择了其中的五个主题作为主要讲授内容（见表1），配以教学视频、辅助阅读材料、讨论话题、问卷调查、线上小测等资源，以培养学生听说读写译等各方面基本英语技能为主，兼顾围绕五大类主题的话题讨论与写作拓展。

表1　课程基本框架

学习周	主题
1—2	Human & Nature（人与自然）
3—4	Job Interview（工作面试）
5—6	Globalization（全球化）
7—8	The Pace of Life（生活节奏）
9—10	Terrorism（恐怖主义）

“大学英语进阶课程”慕课每两周讲授一个单元，每单元包括七个部分的内容（见表2）。除Language Points之外的其他六个部分，都分别录有一段5~10分钟的讲解视频。每单元的第一周都由教学视频引领学生进入本单元的话题并介绍跟本话题相关的背景知识，之后是对课文的文本分析和词句重难点学习；每单元的第二周主要帮助学生操练听说技能和写作技能。整个学期学生需要学习单元视频，阅读辅助材料，参与在线讨论，完成单元小测、作业互评、期中作业和期末考试等项目才能完成学习，获取证书。

表2

<table>
<tr><td rowspan="7">Unit
（单元）</td><td rowspan="4">Week 1
（每单元第一周）</td><td>Lead-in Activities（导入活动）</td></tr>
<tr><td>Text Analysis（文本分析）</td></tr>
<tr><td>Language Points（词汇学习）</td></tr>
<tr><td>Difficult Sentences（长难句学习）</td></tr>
<tr><td rowspan="3">Week 2
（每单元第二周）</td><td>Listening Practice（听力练习）</td></tr>
<tr><td>Topic Discussion（口语讨论）</td></tr>
<tr><td>Writing Strategy（写作技巧）</td></tr>
</table>

三、课程实施

慕课与传统课堂教学不是替代而是互补的关系。只有将其和课堂教学相结合，才能让各自发挥最大的作用（North et al., 2014：69-72）。“大学英语进阶课程”慕课的线下对应课程是厦门大学大学英语三级必修课，目标人群是非英语专业的三级本科生。该课程具有广泛的学生基础，讲师团队授课经验丰富，有助于翻转课堂的开展。翻转式教学法的实施主要分成课前准备、课堂教学和课后拓展三个部分。我们以第一单元“Fighting with the Forces of Nature”第一周的课程为例，讨论一下各部分的实际操作情况。

（一）课前准备

1. 明确教学目标

每周上课之前在本门慕课的平台上会发布公告，让学生明确本周的教学目标和教学重难点，以便学生更有针对性地开展预习活动，激发学生的学习动机。比如，第一单元讨论的是人与自然的关系，重点是理解自然对人类生活的影响，特别是对战争起到的决定性作用。通过本单元的学习，学生能够习得一些关于自然的表达法，描述人与自然的关系，了解目前国内外对于自然、环境和可持续发展等话题的政策和努力方向。

2. 观看慕课教学视频

在第一周的导入活动中，授课教师通过一段自然灾害的视频导入人和自然的关系，探讨人与自然如何和谐相处。在文本分析版块，授课教师用对比法详细分析了课文结构和课文中提到的两场战争，说明自然对两场战争起到的决定性作用。在长难句学习版块，授课教师对课文中的部分长难句进行了讲解。

3. 自主完成词汇学习中词语和表达法的学习

4. 完成话题讨论

在第一周的"课堂交流区"里，教学团队布置了一个口语讨论话题"Share your own experience of being shocked by nature, either by its power or by its beauty"，并给出了一些学生可以用得上的参考词汇和表达法。学生需要到"课堂交流区"回答这个问题。他们可以看到其他人的答案，互相学习借鉴，老师还可以对学生的留言给予点评和反馈。

5. 完成线上小测

每周，学生通过自测可以及时了解自己的知识点掌握情况，针对薄弱环节重新学习相关慕课视频或者查阅更多文献资料，并且可以将自学过程中的疑问整理出来，准备课上向同学和老师提问。

（二）课堂教学

1. 本单元知识测试

教师根据慕课线上学生的小测情况和线上"老师答疑区"的留言情况，设计测试卷。利用"雨课堂"等课堂测试软件，教师可以当堂检测学生的课前任务完成情况及理解程度并得到即时的反馈。

2. 知识点回顾

针对本单元的学习目标和课堂小测的反馈，教师可以简要回顾本节课的重难点。

3. 课堂活动设计

教师可以根据单元特点和学生水平设计丰富多样的课堂活动，比如利用师生互动（提问、点评学生发言、分组指导、集体指导）和生生互动（小组练习、小组自 / 互评、小组讨论、小组汇报）等形式，不断加深学生对单元知识的理解，共同解决学生存在的疑问，培养学生的沟通能力和团队合作能力。

4. 课堂答疑、总结

学生可以根据自己的自学和课上操练的实际情况，把自己仍然存疑的部分提出来请老师解惑。在这种情况下，老师的答疑比起传统的灌输式教学模式更有针对性和指向性，容易启发学生的进一步思考，增加学生的学习趣味和动力。

学生在老师的讲解过程中可以提出新的问题，与同伴和老师探讨，这样的交流可以帮助学生进一步理解主题，锻炼思维能力。

（三）课后拓展

为了进一步加强学生对知识的理解和应用，弥补课堂时间不足学生发言机会少的问题，教师可以鼓励学生在慕课“老师答疑区”继续发问，或在“课堂交流区”或“综合讨论区”就某一话题展开进一步的讨论。教师也可以向学生提供拓展训练材料或布置相关作业。比如第一单元第一次课结束后，教师可以布置学生课后分小组搜集关于人类保护自然的案例、各国保持经济与环境平衡发展的政策、可持续发展等话题的资料，准备第二次课上做小组展示。

四、思考与启发

（一）利用慕课开展翻转课堂的优势

从教学模式来看，翻转课堂是对传统课堂一定程度的颠覆，在批判和继承基础上的“微创新”（容梅等，2015：108-115）。传统的教学模式是：学生课前预习——教师课上讲授＋操练——学生课下完成作业；利用慕课开展翻转课堂的教学模式是：学生自主学习微课或慕课上的知识点——课堂学生成果展示、教师答疑、师生互动——学生课下知识拓展，变知识为能力。利用慕课开展翻转课堂的优势，主要体现在以下三个方面：

首先，课前的教学视频学习和在线讨论可以极大地调动学生的参与度和学习积极性。慕课学习平台的利用有助于增加师生之间的个性化沟通与互动，以便于教师根据学生的不同水平进行个别指导，因材施教。

其次，教学视频的本身并不能促进学习的改善，但可以节省课堂上教师讲授的时间，使教师可以更多利用课堂时间组织学生互动和合作学习（Delozier et al.，2016：1-11）。课上的师生互动、生生互动，能提升学生之间的团队合作和沟通能力，加强学生解决问题的能力。通过学生发言、小组展示和小测的反馈，教师可以及时了解学生知识的掌握情况，从而有的放矢地授课，有效地促进课堂教学质量的提高。

最后，课后主题的拓展可以加强学生对某一主题的深度、广度学习，变被动学习为主动学习，有助于学生自主学习能力的培养。

（二）存在的问题和不足

在利用慕课进行课程翻转教学的过程当中，仍然存在一些问题。

首先，大多数慕课教学视频的设计仍以传统教师讲授形式为主，无法兼顾到所有学生的学习风格和特点。

其次，如果学生的自主学习能力不高，很容易出现课前预习不到位的情况。

再次，有的学生因怕“丢面子”不爱主动发言，或因自身水平不够而不敢开口。因此，在翻转课堂教学模式的课堂实践中，课堂教学经常难以达到预期的积极互动的效果（孟范英等，2018：90-91）。

最后，受课堂时间的限制，师生互动和生生互动容易流于形式，无法充分展开。

五、结语

翻转课堂教学模式实现了以学生为主体，以能力塑造为目的的教学目标，提升了学生的自主学习能力和学习积极性。然而，目前翻转课堂的教学模式在我国尚处在起步阶段。教师仍要不断加强对课堂互动和课后自主学习两个环节的有效监督，并对课堂设计实施过程中所出现的问题进行及时的反思和调整。随着慕课的大规模发展和更多翻转课堂的实践分享，广大一线教师应结合线上课堂和线下课堂的优势，整合资源，进一步探讨如何设计出多种形式的视频呈现方式，如何更有效地组织课堂互动，更好地帮助学生将知识吸收内化，以逐步建立一个可持续性的翻转课堂教学模式，从而将我国外语教学改革推向一个新的发展阶段。

参考文献

[1] 李亚员．国内慕课研究现状述评：热点与趋势 [J]. 电化教育研究，2015，7：55-60.

[2] 孟范英、邵晶晶．翻转课堂在大学英语课堂教学中的有效应用 [J]. 文化创新比较研究，2018，36：90-91.

[3] 容梅、彭雪红．翻转课堂的历史、现状及实践策略探析 [J]. 中国电化教育，2015，7：108-115.

[4] DELOZIER S J & RHODES M G. Flipped classrooms: a review of key ideas and recommendations for practice [J]. Educational psychology review, 2016, 29(1): 1-11.

[5] North, S. M., Richardson, R. & M. M. North, 2014. To adapt MOOCs, or not? That is no longer the question [J]. Universal Journal of Educational Research, 2: 69-72.

研究生项目式英语学术论文写作课程的需求分析与构建研究

马晴虹 *

【摘要】在高等教育国际化背景下，研究型大学越来越重视学生国际竞争力和学术能力的培养。通过厦门大学研究生问卷调查，结果表明，学术英语的学习需求是非常迫切的。本研究将项目式教学法与英语学术论文写作课程相结合，以“做中学”（learning by doing）为原则，讲授和演练英语学术论文的结构，思辨性阅读和写作技巧，试图找到适合研究生学习的英语学术论文写作教学模式和方法。

【关键词】需求分析；项目式教学法；学术论文写作；课程构建

Abstract: In the context of internationalization of higher education, universities pay more and more attention to cultivate students' international competitiveness and academic abilities. The results of the questionnaire show that postgraduates are in an urgent need for academic English learning. Based on the principle of "learning by doing", supported by the project-based teaching method, the Academic English Essay Writing Course teaches and practices the structure of English academic essays, and tries to develop the teaching method suitable for graduates.

Key Words: needs analysis; project-based learning; academic essay writing; curriculum construction

一、引言

随着我国高等教育国际化步伐加快，国际交流机会越来越多，研究生积极参与国际性的学术和文化交流活动，然而，研究生英语教学尤其是英语学术论文写作能力仍然滞后，难以满足社会对于人才的需求。因此，要“培养大批具有

* 马晴虹硕士，副教授，外语教学部教师；研究方向为应用语言学。

国际视野、通晓国际规则、能够参与国际事务和国际竞争的国际化人才”(《国家中长期教育改革和发展规划纲要》, 2010), 就急需提高研究生学术英语能力, 设立英语学术论文阅读和写作课程, 以系统训练研究生收集科研信息的阅读能力和科研论文写作能力, 助力这些未来的科研工作者在国际期刊发表论文。

课程设置必须基于合理的需求分析。通过对 2012 级和 2017 级学术型硕士研究生访谈和问卷调查, 我们发现, 研究生对学术英语的学习需求是明确的、急迫的。为此, 我们引入项目式教学法, 构建项目式英语学术论文写作课程, 试图找到适合研究生学习的英语学术论文写作教学模式和方法。

二、英语学术论文写作课程的需求分析

1. 需求分析理论回顾

需求分析是外语课程设计不可或缺的启动步骤。(束定芳, 2004)它是设置外语课程、确定教学目标和方法、课程内容设计和实施以及课程检查和评估的理论依据。《朗文语言教学与应用语言学词典》(Richards et al., 2003)指出, 需求分析为(语言教学中)确定个别学生或一组学生的语言需要并将其按轻重缓急的次序进行排列, 是课程设计工作的一部分, 通常需在编写语言教学大纲之前进行, 主要涉及以下几个方面的信息: 将来语言使用的场合(包括语言使用的对象)、使用语言的目的和作用、使用语言的交际类型(如书面、口头、正式、非正式)、要求达到的水平等。

通常情况下, 外语教学需求分析是指学生目前的外语学习要求及社会或未来职业对学习者外语水平的要求和期望, 也就是说他们在学完外语课程将如何应用这门语言。(束定芳, 2004)教师应通过对这两方面的分析研究及时发现外语教学过程中所存在的问题以便更好改进今后的教学。

2. 我校研究生英语教学的需求分析

为了解我校研究生对于英语学习的需求, 完善研究生英语课程的设置并建构合理的教学模式, 我们对在学研究生做了问卷调查和访谈。2012 年研究生教研室组织大型的问卷调查和访谈活动共发放问卷 960 份, 回收有效问卷 770 份。调查结果显示: 问及学习英语的动机时, 74% 的学生选择“以英语为工具, 掌握更多的专业知识”; 相当比例的学生认为对英语的需求主要在用英语撰写科研论文(72%)和检索专业文献(60%)等方面。2017 年, 笔者针对授课的 5 个班级、共 148 名学术型硕士研究生进行了问卷调查, 发放问卷 148 份, 回收有效问卷 146 份。结果表明: 91% 的学生认为能够用英语直接搜索和阅读本专业文献资料非常重要; 86% 的学生认为, 能够用英语写摘要、文献综述、实验报告、小论文对学习和研究非常重要; 79% 认为本课程收获大。因此, 研究生对于英语

学术论文写作的学习需求是迫切的，写作水平急需提高。

三、项目式英语学术论文课程构建

1. 项目式教学法概述

项目式教学法（Project-based Learning，简称 PBL）是指教师和学生通过共同实施一个“项目”工作来完成教学活动的方法，其特点在于以学生为主体、以项目为依托、以产品为主要目标。该教学法是受到美国实用主义教育家杜威的理论影响应运而生的，他认为学习是一个发现问题解决问题的过程，单纯的“老师讲学生听”而没有学生自身的体验不是真正的学习。项目式研究法中，教师让学生成为学习的主体，自己则变成协助者、帮助者。其目的在于激发学生的学习兴趣、促进学生的自主学习、利用他们动手能力强、想象力强的长处，通过对项目探索，联系理论知识，最终提升专业综合能力。项目教学的教学活动以项目为中心，围绕项目收集和阅读大量相关资料，展开采访调查和分析研究，得出结论，完成项目并向全班报告。

项目式教学法不仅能够激发学生学习兴趣和求知欲望，通过相关学科内容的研究提高他们的学术语言能力，而且还能发展他们的自主学习能力、团队协作能力、分析和解决问题能力以及批判性思维能力等终身受益的能力。

2. 英语学术论文课程构建的必要性

Flowerdew（1999）指出，书面学术交流能力在当今社会越来越重要。据了解，世界上许多大学都开设学术英语写作或学术论文写作课程，旨在提高学生的书面学术交流能力。我国一些大学越来越重视学生学术英语写作能力的培养，目标在于培养学生用英语支撑专业学习及进行学术交流的能力（如文献阅读与综述、学术研讨、国际会议发言、研究论文写作等）。针对厦门大学研究生的问卷调查结果表明，绝大多数学生（91%）愿意选修学术英语写作及相关课程。因此，为学生开设英语学术论文写作课程是非常必要的。

通过培养学生的英语学术论文写作能力，增强逻辑思维能力，掌握学术论文的语义结构和修辞手法，严格遵守学术论文写作要求的行文结构，学会用证据说话、用文献说话，势必有助于学生拥有国际竞争力和国际话语权，将科研人员的创新思想和研究成果准确地、符合国际规范地发表出去，为国际同行所接受。

3. 项目式英语学术论文课程构建

Hyland 认为，学术英语课程的成功在于三要素：“学术英语能力，学术文本阅读以及学术英语写作实践”（Hyland，2006：22）。事实上，项目式教学法（PBL）有效结合三要素，让学生通过项目研究方式来解决一个学科上的问题。

（1）课程设置：分为两个阶段，第一个阶段以指定项目为基础，教师讲授英语学术论文写作技巧（各小组完成同一个项目，边学习边实践），第二个阶段是实践阶（自选项目，各小组自行完成）。

（2）具体步骤：建立研究小组，确定话题，选定项目，收集资料，分配任务，撰写研究报告。我们要求学生从课程一开始结成项目研究小组，为每个班级提出六个项目。各小组共同讨论并选定项目，然后根据自己的专业背景和学术兴趣选定研究课题。规定是在整个课程期间，每个学生必须完成和自己项目相关的一定数量的文献资料阅读（并写出300词左右的文献综述，进行课堂报告），以及至少3个相关的学术讲座（并记笔记和写摘要），最后写出1500词以上的小论文作为项目成果，并于期末进行演示陈述。

（3）课程内容：学生自主学习内容包括输入和输出两部分。输入部分是指阅读材料和视频讲座。阅读材料以国外知名期刊发表的、通识型主题的论文为主课文，包括摘要、引言、方法、结果、讨论和参考文献这些学术论文基本要素。输出部分是以三分钟演讲的形式将阅读材料和TED讲座的内容进行复述和项目式英语学术论文写作实践。教师授课内容分为两部分：一是Bhatia提出的学术论文基本结构IMRD（Introduction-Method-Result-Discussion）的特征和运用；二是学术写作基本技巧，如句子转述、总结段落、概述全文、注明参考文献、恰当使用模糊限制语等。

（4）检查评估：先由学生评估自己的工作结果，再由教师检查评分。

4. 项目式英语学术论文课程的优点

（1）学生思辨性阅读量剧增。在项目式英语学术论文写作实践中，学生需要大量阅读、独立思考，发现作者的论点、论据和结论，形成自己的观点和结论，即提出问题和解决问题的能力。

（2）学生英语写作水平提高。在完成项目过程中，学生为了写报告或论文而阅读资料，发现合适信息再概述或转述到报告或论文中，这就促使学生不断掌握新的语言点，提高自己的英语写作水平。事实上，英语写作水平很大程度上取决于阅读材料的质量和数量以及阅读过程中对语句用法的关注度，因此读写结合，互相促进，才是写作水平提高的关键因素。

（3）学生的英语学习兴趣和能动性高涨。在项目式英语学术论文写作中，学生成为研究的主体，而教师成为协助者。学生必须独立学习、独立思考、独立获取知识，同时还要与小组同学共同讨论，协同努力，才能完成学术论文写作任务。这符合知识获得和能力培养的规律，也有利于培养学生的集体观念和团队精神。

四、结语

项目式英语学术论文课程对学生的英语学习产生了积极的影响。期末反馈问卷结果表明，三分之二的学生认为该课程让他们收获了很多，该课程帮助他们有效地了解和演习英语学术论文的结构、特征和写作技巧，这对他们未来的专业学习和研究有很大帮助。但在学习过程中，学生仍存在一些不足之处，例如小组汇报时语言准确性和演讲技巧需要提高，PPT 制作需要改进，需要增加与听众之间互动等。对于这些不足之处，教师应该及时进行深刻反思和研究，以期在未来的教学活动中帮助学生改进。首先，小组汇报之前必须提交完整结构的论文，教师批阅并就语言问题和论文展示环节提供更细致的指导。其次，项目选择上要有一定难度，学生必须花一定时间和完成一定的任务，有一定的思想深度。因为有难度的任务才能促使学生积极利用已有语言知识或学习语言知识。有深度的任务会促使学生思考和研究，分析他人的观点，寻找论据支撑自己的观点。最后，增加中期检查环节，确保学生分工落实到位，师生共同讨论评判项目工作中出现的问题、学生解决问题的方法以及学习行动的特征。

总之，本研究将项目式教学法应用到英语学术论文写作课程中，发现学生在学习自主性及学术英语写作能力都有显著的提高，这门课程也深受学生的欢迎。但为了更好将项目式教学法应用在教学实践中，教师需要深入探究项目设计对语言学习的支撑作用以及项目评估细则，使项目研究在学术英语教学中发挥更大的作用。

参考文献

[1] 束定芳 . 外语教学改革：问题与对策 [M]. 上海：上海外语教育出版社，2004.

[2] 蔡基刚 . “学术英语” 课程需求分析和教学方法研究 [J]. 外语教学理论与实践，2012,（2）：30-35.

[3] FLOWERDEW J. Writing for scholarly publication in English: the case of Hong Kong [J]. Journal of second language writing, 1999, 8(2): 123-145.

[4] HYLAND K. English for academic purposes [M]. London & New York: Routledge, 2006.

[5] RICHARDS J C & SCHNIDE R. 朗文语言教学与应用语言学词典 [M]. 北京：外语教学与研究出版社，2003.

个性化学术英语写作教学模式探讨

徐姜琴 *

【摘要】本文探讨了一种个性化的学术英语写作教学模式。该模式利用密歇根大学高水平学术论文语料库(MICSUP)和人工智能技术，在教师的引导下，通过小组合作，对学生的习作进行个性化反馈，目的就是为了提高不同层次和不同学科学生的学术英语写作能力。

Abstract: The authors of this paper discusses a personalized teaching model of English Academic Writing (EAW). The mode, using the Michigan Corpus of Upper-level Student Papers (MICUSP) and artificial technology, under the guidance of teachers, through the team cooperation, provides personalized feedback to students, with the purpose to improve the students' competence of academic writing.

一、引言

学术英语写作(English Academic Writing，简称 EAW)是学术英语(English for Academic Purpose，简称 EAP)一个主要分支。根据 Hyland 和 Hamp-Lyons(2002)的观点，EAP 主要是针对在学术环境中某一特定群体的交流需求和行为而进行的教学，是基于对某一学科认知、社会和语言等方面的需求而进行的教学，如学术文章阅读，实验报告写法，学位论文和期刊论文的撰写。全球化进程使英语成为国际学术交流通用语之一，我国越来越多的研究人员在国际期刊发表英语学术论文，根据中国科学技术协会统计，2012 年科学来源(SCI)期刊论文总数达 159.67 万篇，其中我国学者发表的科技论文 19.01 万篇，数量仅次于美国。 但是根据 *Nature* 的报告，中国科技论文数量虽大，但整体质量却不高，国际论文的影响力、引用率偏低，这与我国研究人员英语学术写作能力不强有

* 徐姜琴硕士，助理教授，外语教学部教师；研究方向为二语习得。

直接关系。中国科研人员文章的拒稿率较高，除了“研究课题不新，对现有课题的推进度不大”这方面的原因，另外还有语言问题，如“中国一些学术论文的英文在语言表达上不够清晰”（王庆怀，2012）。

Swales（1987）认为重视 EAW 教学，就像给了灰姑娘一张舞会的门票，能够帮助英语学习者传播其学术思想、扩大其学术影响力。国内一些高校已经为本科高年级、硕士和博士开设学术英语写作课程。2017 年，复旦大学为 20 多个学生开设了期刊论文写作暑期班，学生反映效果很好。（Yongyan Li，2018）但是在实际教学中，英语教师负责的学生数量较多，很难在合理的工作量范围内为学生提供“个性化”的写作训练。而且，由于学生来自不同的学科，目前的范本讲解然后训练的模式也很难为学生提供他们学科所需的训练。

鉴于此，我国高校英语教学界亟须根据学生的兴趣、能力和需求，开发和构建具有“个性化”的 EAW 教学模式。此模式应充分利用人工智能和现有高质量的语料库，为学生提供个性化的写作指导训练。

二、文献回顾

系统化和多角度的学术英语写作研究为国外教学提供了理论支撑。即使是英语为母语的学习者，众多国外高校仍然专门开设 EAW 课程，帮助学生了解和掌握 EAW 规范和技能，进而提高其写作能力。教学模式各有不同，但都强调以学生为中心，使学生能掌握使用有效的写作技能和策略。在美国已形成学术论文撰写的基本模式，在众多模式中，IMRD（Introduction-Method-Result-Discussion）模式（熊丽君等，2009）是目前最常用的结构。Hyland（2004）通过使用语料库，把体裁分析教学法用在写作教学中，该教学法勾画了语篇的整体结构和顺序，所以学生有必要清楚地了解不同体裁文章的结构和写作方法。Swales（1990）专门针对论文“导言”进行了语步分析，Hopkins 等则描述了论文“讨论”部分的语步特征。写作能力不是自然习得，需要接受有效的写作学习指导。写作不是简单地把想法转化为文字，而是一个复杂的认知过程。熊丽君等（2009）学者认为美国 EAW 一般是从学术阅读开始的，写作之前广泛的英文文献阅读是 EAW 教学必须进行的首要步骤（罗娜等，2011；吕长竑等，2016）。蔡基刚（2019）指出通过有意识的显性教学，如基于语类分析和语料库大数据归纳的语步结果和语言使用规律的教学，其效率会更高。因此，开展 EAW 教学训练重要且可行。

随着计算机、网络和人工智能产品等现代化信息技术在教育领域的发展日益应用，基于大数据的语料库已经在外语教学中广泛使用。人工智能技术也逐渐被引入英语教学，国外有些高校建立了语言学习的人工智能教学系统，例如美国的田纳西州立大学。我国也高度重视发展人工智能，教育部于2018年4月颁发了《高等学校人工智能创新行动计划》，此计划旨在引导高校把人工智能和教育紧密联系起来。目前有200多所高校正在使用批改网进行写作训练，批改网是结合语料库和云计算的智能导师系统，能够在语法和词汇方面给予学生很好的帮助（周建设等，2017）。

因此，本文提出利用人工智能和语料库辅助学术英语写作教学，构建一个个性化的教学模式，旨在有效地提高来自不同学科、不同层次学生的学术写作能力。

三、个性化的学术英语写作教学模式

（一）语料库的使用

在语言教学中结合语料库，可以有效提高教学成效。对于中国英语学习者而言，语料库海量中真实的语料恰好可以弥补语言环境的缺失，也可以帮助老师为不同学科的学生提供阅读材料，作为对标的目标语语料库。目前，可以公开免费使用的学术英语语料库有英国学术写作英语语料库（BAWE）、美国密歇根大学高水平学生论文语料库（MICUSP）等等。本文的写作教学模式利用的是MICUSP，它由密歇根大学英语学院开发，收集了829篇高水平学术论文，内容覆盖人文艺术、社会科学、生物医学和自然科学四个主要的学科领域。

除了目标语语料库，教师还应鼓励学生尝试自己创建自己的小型写作语料库，引导学生利用该语料库分析自己以往的作文中容易犯的错误，收录易犯错误的例证，或者收集在阅读过程中遇到的优美语句，以备学习和参考。学生自建语料库时可以利用现有的软件，如AntConc、Wordpilot语言教学和学习工具软件。

（二）人工智能的辅助运用

目前语言学习的人工智能产品越来越多，例如机器（人工智能）批改等工具不仅能评定习作的分数，还能提供多元反馈，大大激发了学生反复修改习作，不断提高写作能力的热情（吕菁，2016）。基于人工智能辅助写作的方式可以发挥导师的个性化引领作用，也可以履行助手辅助写作的职责，例如英国剑桥在线英语故事写作平台和美国匹兹堡城市图书馆在线英语故事写作平台的应用。本文试图探讨利用人工智能辅助学术英语写作，人工智能在此教学模式中能对学生最初的写作能力进行判断，然后给出阅读建议，并对学生的习作进行测评并给出反馈。这样就可以最大限度地进行“个性化”指导，解决由英语教师学生众多，学科背景不同导致的基本不能一对一指导的难题，还可以在一定程度上弥补由于英语教师没有学科背景而带来的教学困难。

（三）教学模式的具体操作

1. 初期模仿阶段

本文构建的教学模式试图根据学生的初始写作能力推荐适合学生阅读的学术论文材料，并且给出经典的范文，以便学生在写作初期进行模仿。这些文章都来源于 MICUSP，每个学科都有其固定的写作体例，而教师应指导学生从语料中归纳能够反映题材分析理论的语言特征。早期的模仿有利于学生掌握其学科论文的写作特点，例如学术词汇、语篇结构、语言特征。学生在进行学术英语论文写作之前，需要对各自学科论文的体裁有清晰的认知，这样才能在以后的写作训练中始终保持清晰的头脑，不离核心。

2. 教师引导，小组合作

首先，每个班的学生按照学科专业分为几个学习小组，根据机器的测评和推荐，从 MICUSP 中选取一篇与其专业相关的学术论文。在实际写作训练前，教师在课堂上向学生介绍 Swales 和 Hopkins 的论文 IMRD 语步分析理论，让学生对各自学科论文的体裁结构有清晰的认知（陈夜雨、项歆妮，2015）。然后，教师布置小组学习任务，让学生根据学习过的体裁分析理论，以语料库中的论文为语料，分析各自学科论文的体裁结构以及语言特征。

小组成员首先要独立阅读、分析语料，在教师提供的交流平台上进行讨论交流，最后归纳出本学科学术论文的体裁结构以及其他的特征，例如学术论文的“方法”部分在学科间差异较大，但在同一学科内则有一定的共性。

由于学术论文的篇幅比较长，教师在课上和课下可以把论文按照其结构分为几个大的部分（例如摘要、引言、讨论、方法、结论），给学生化整为零地讲解和分配任务。

学生完成每一部分的写作后，可在小组成员内进行互评和机器测评。小组互评可充分调动学生的积极性，凝聚集体的智慧，归纳总结出学科体裁结构、语言特征，而机器测评可以给出关于词汇语法等方面的详细反馈。学生根据这两个测评结果进行修改，这是一个反复循环的个性化教学过程。在这个过程中，机器还会不断搜集学生在词汇、语法、搭配等方面的问题，作为自建语料库素材。

四、结语

基于语料库和人工智能辅助的个性化学术英语写作教学模式是一次有意义的尝试。利用语料库和人工智能辅助学术英语写作教学，教学手段更先进，教学资源更丰富，教学目的更明确。本文构建的教学模式就是探索如何有效提高我国不同层次、不同学科的英语学习者的学术英语写作能力。在此教学过程中形成的理论和实践方法，对于其他语言的学习过程也具有借鉴意义。

但是，在人工智能辅助教学方面还有很多需要改进的地方，例如论文各部分的机器测评。如果机器能够设计更多内容检测方面的参数，那么学习者就可以得到更好的反馈和修改建议。

参考文献

[1] 蔡基刚．国际期刊论文写作与发表：中国研究生必修的一门课 [J]. 学位与研究生教育，2018，4：10-15.

[2] 蔡基刚．中国高校实施专门学术英语教学的学科依据及其意义 [J]. 外语电化教学，2019，2：40-47.

[3] 陈夜雨、项歆妮．基于语料库的学术英语写作教学研究 [J]. 现代教育技术，2015，12：84-89.

[4] 罗娜、肖巧玲．硕士研究生学术英语习得模式探索——武汉科技大学某研究所硕士生EAP 习得个案研究 [J]. 外语教学理论与实践，2011，3：80-86.

[5] 吕长竑、李京肽、周军，等．美国高校学术写作课程体系调查研究 [J]. 外语界，2016，4：43-49.

[6] 王庆怀．中国学术论文如何打好国际牌 [N]. 光明日报，2012-01-31（05）.

[7] 熊丽君、殷猛．论非英语专业学术英语写作课堂的构建——基于中美 EAW 的研究 [J]. 外语教学，2009，（2）：50-56.

[8] 周建设、张凯、罗茵，等．2017. 语言智能评测理论研究与技术应用——以英语作文智能评测系统为例 [J]. 语言战略研究，2017，5：12-19.

[9] HYLAND K & HAMP-LYONS L. EAP: issues and directions [J]. Journal of English for academic purposes, 2002, 1: 1-12.

[10] HYLAND K. 2004. Genre and second language writing [M]. Ann Arbor, MI: The University of Michigan Press.

[11] Nature Publishing Group. Chinese scientific research in transformation [EB/OL]. http://www.nature.com/press_releases/turning_point_cn.pdf.

[12] SWALES J. Utilizing the literatures in teaching the research paper[J]. TESOL quarterly, 1987, 1: 41-68.

[13] SWALES J. Genre analysis [M]. Cambridge: Cambridge University Press, 1990.

[14] LI Y Y, FLOWERDE J, CARGILL M. Teaching English for research publication purposes to science students in China: a case study of an experienced teacher in the classroom [J]. Journal of English for academic purposes, 2018, 7: 116-129.

小组合作模式在主题任务型教学中的应用
——以“商务英语视听说”课程为例

许紫红*

【摘要】随着大学英语改革的进一步深入，能提供多元的课程模式、满足不同学习者的需求的ESP(English for Specific Purposes)教学在大学英语课程改革中的地位日益凸显。笔者开设的“商务英语视听说”课程是以国际商务环境这一特定领域为背景的英语教学，旨在培养学生在各种商务环境下熟练运用所学的英语知识与技能进行听说交际的能力。本文结合“商务英语视听说”课程教学设计、课堂流程及课外活动等实例，探讨了小组合作模式在主题任务型教学中的应用。

【关键词】商务英语视听说；小组合作；主题任务型教学

Abstract: In recent years, ESP (English for Specific Purposes) teaching that provides diverse curriculum models to meet the needs of different English learners has become increasingly prominent in the reform of college English curriculum. Based on the specific field of the international business, the course “Business English: Viewing, Listening and Speaking” offered by the author aims to develop students’ communicative skills in various business environments. This paper explores the application of group cooperation mode in task-based teaching by analyzing the curriculum design, classroom process and extracurricular activities in the teaching of “Business English: Viewing, Listening and Speaking”.

Key Words: Business English: Viewing, Listening and Speaking; group cooperation mode; task-based teaching

* 许紫红硕士，副教授，外语教学部教师；研究方向为英语词汇学，外语教育。

一、“商务英语视听说”课程背景及小组合作的必要性

众所周知，任务型教学（task-based learning）的目的是使学生通过用语言完成任务的方式学习语言。笔者所教授的“商务英语视听说”课程属于必选课，授课对象是已先行修完大学英语 1 级至 3 级课程的大学本科非英语专业的学生，他们中大多数人已通过全国大学英语四级考试，具备一定的英语听说交际能力，能用英语完成老师布置的各项主题任务。正如教学大纲所述，“商务英语视听说”课程为全英语授课，是一门实践性很强的课程，在教学过程中通过大量商务情景活动的视听说训练、讨论不同商务活动的交际技巧、案例分析、演讲及角色扮演等来提高学生的语言、文化、商务方面的知识，为学生提供将交际技巧及语言知识结合起来加以应用的机会。

著名的语言学家克鲁姆认为，成功的外语课堂教学应当为课内创造更多的情景，让学生有机会运用所学的语言材料参与课堂实践活动。由于大学英语具有课时少，学生多，语言环境较差，训练口语的机会较少的特点，在教学过程中建立小组进行有效学习（group work）也就成了商务英语课程必不可少的一个重要环节。

二、小组合作模式在任务型教学中的应用

俗话说“好的开始是成功的一半”。每学期第一堂课的教学管理在以后的教学中起着决定性的作用，也对学生语言习得有重要影响。笔者所使用的教材是由马龙海、李毅主编，外语教学与研究出版社出版的《商务英语视听说》。全书共有 16 单元，每单元紧扣一个主题，涵盖了常见的商务活动如公司会议、产品介绍、商务旅行、询盘报价及订货付款等。每个单元融合了“交际技巧”“语言知识”和“商务实践”三大模块。在任务型教学中，学生的任务都必须以活动的形式，通过在同伴之间合作、交流、探究的方式进行。

（一）基于学习小组而完成的主题任务

任务型教学提倡的是以教师教学为主导、以学生的学习为主体的教学活动。为了有效地激发学生对商务英语视听说课程的学习热情，必须建立以学生为中心的课堂模式，采用互动式教学，利用多媒体设备和网络资源，设计有效的课堂活动。因此，笔者以课堂组织者和引导者的身份，根据课文提供的不同场景，设计各种主题的讨论、辩论和案例分析，拓展学生的思维能力，提高学生在商务英语环境中的语言能力运用。

1. 学习小组的建设

为了方便课堂活动的开展，建立学习小组是教师在开学第一堂课必须完成的任务。通畅将班级（一般40人左右）分成6~7组，每组由大约6名学生组成。为了优化小组构成，最好将不同英语能力、不同学院、不同性别的学生分到同一组中，这样有助于英语交际能力强的学生帮助那些较差的学生，也有助于学生在课外提高日常交际能力。每个小组应选择一名英语水平较高、责任心较强的学生作为小组长或负责人，确保小组成员在课堂内外完成老师布置的任务。此外，老师可以通过小组长了解学生的学习需求和学习过程中的心理变化，实现因材施教。在小组成员完成自我介绍相互认识之后，就可以正式开启小组学习活动了。

2. 主题热身预习任务（warming-up activities）

根据教学进度的计划，笔者必须在每周（“2+2”课时内）完成《商务英语视听说》一个主题单元的内容。要使学生能在有限的英语课时内牢记每个单元的知识点，掌握相关的语言技巧和商务交际技能，课外的预习是非常重要的。在正式开始单元学习前，老师要提前告知学生本单元的学习目的，再根据本单元的教学内容布置具体的任务要求，敦促学生以小组为单位做好预习工作。例如，在上《商务英语视听说》第一单元“Job Interviews”之前，笔者将班上的学生分成六组，分配了以下的课外预习活动。

a. 第一、二组：向班上其他同学介绍求职信和简历的格式和内容。

b. 第三、四组：介绍求职面试的程序和注意事项。

c. 第五、六组：编一段求职面试的短剧（role play）。

在小组长的带领下，学生在预习的过程中不仅熟悉了课文的内容，而且还积极查阅各种求职面试的资料，包括如何撰写求职信和简历等。在充分准备后，学习小组在课堂上向同学展示了他们的预习成果，也交流了在完成任务期间所遇到的困惑和挑战。这种以小组为单位的多元化热身预习活动在一定程度上避免了课堂内容的单一枯燥，大大地激发了学生的求知欲和表现欲，培养了他们的独立思考能力和团体合作精神，也扩大了他们的知识面，为成功的英语课堂做了铺垫。

3. 课堂主题讨论

“商务英语视听说”课堂教学活动主要采用视听话题讨论、提问、问答、演讲等形式，课堂活动内容紧扣单元主题，要求学生课前认真准备（pre-listening / pre-viewing preparations）、在课堂上积极发言参与讨论（post-listening / post-viewing activities）。

在“商务英语视听说”课程的教学设计中，学生以小组为单位，在上课前必须完成以下几项任务：

a. 参照课本每单元所提供的 Language Focus 的内容，自学本单元相关语言表达；

b. 学生准备老师布置的 pre-listening / pre-viewing 的问题，上课时进行小组讨论交流；

c. 观看教学光盘中的模拟音频和视频并完成视听练习；

d. 每节课上课前由组长负责检查同组学生的作业完成情况并向老师汇报。

鉴于我校 "2+2" 的大学英语课程设置和进度安排，只有把语言输入的任务从课堂上延伸到课外，让学生自行完成语言点操练和视听练习才能确保使学生能在有限的课时内掌握课文的语言点和相关的商务知识，最大限度地优化课堂效果。《商务英语视听说》教材课件所提供的音频和视频能让学生在一种模拟真实的情景中体会语言的应用，并结合课本中 Language Focus 里的词汇和句型完成必要的语言输入，唤起学生既有的语言知识。当然，正如语言学家 Herbort H. Clark 说，"Language is for doing things"，在主题任务型英语学习中，学生掌握词汇和语法的目的是为完成主题任务而服务的。学生在课前熟悉主题并充分准备的基础上，按照事先的分工，进行灵活多样的课堂活动。例如在学习第四单元 "At the Meeting" 时，笔者要求学生在课外观看两场会议情景，然后在课堂上以小组为单位进行讨论，讨论的内容包括：(1)对比评价视频中不同会议主持人的优劣表现；(2)讨论成为合格的会议主持人所应具备的素质。在笔者的引导下，学生还探讨了如何撰写会议议程(meeting agenda)和会议记录(meeting minutes)。作为每一周的作业，各小组必须完成一篇会议议程和一篇会议记录。

笔者认为，为了巩固扩展学生所学的商务英语技能，单元主题任务的设计应该由简到难，前后衔接紧凑，每个单元由数个任务构成一系列的"主题任务链"(theme task chain)，层层递进，先有输入后有输出(input comes before output)，课内课外学习活动相结合，才能增加课堂的趣味性，丰富学生的商务知识。同时，为了提高课堂效率，笔者在教学过程中采用了单人提问、双人或三人讨论、小组总结等多种教学形式来激发学生的学习兴趣，改变学生被动接受知识的学习方式，学生在完成多种不同的主题任务中获得商务英语知识，同时也增强学生的团队合作能力和团队凝聚力。

(二)网络资源对小组合作模式的影响

在主题任务型的教学中，现代网络资源的充分利用将为"商务英语视听说"课程的教与学提供充分的施展空间。丰富的网络资源有助于激发学习小组的课外学习合作热情，培养学生的商务英语交际能力，深化大学英语教学改革。

1. 鼓励学习小组充分利用网络资源，加强语言输入

“商务英语视听说”课程教学的主要目的是培养学生在各种商务环境下熟练运用英语知识与技能的能力。但一个不可否认的事实是：“商务英语视听说”课程课时少，每周只有4个学时（课堂2学时+课外2学时）；语言环境较差（平均每班学生数都在40人左右），学生的课堂语言实践的机会较少；同时由于笔者较多从事大学英语教学，商务实战经验不足，学生如果仅靠课堂上的英语教学是不可能有效地掌握商务英语知识和商务交际技巧的。幸运的是，现代化的网络技术为学生学习商务英语提供了取之不尽的网上资源。例如，学生只要登录经济学人（The Economist）网站，各种各样的英语资源将满足学生提高阅读能力、拓展商务知识的需求；TED英语学习网站和英语演讲网站也提供了商务领域杰出专业人士的演讲视频供学生选择使用。为了引导学生更好地利用网络资源，笔者要求每个学习小组每周都必须轮流提供一篇与商务英语相关的阅读素材和一个网上演讲视频作为课外学习材料在班级QQ群里与其他小组的成员们分享。例如，在学习第八单元“Product Presentation”中，学生在网上分享了2018年美国苹果公司新品春季发布会的英文视频。通过视频，同学们研究了苹果CEO库克及苹果公司对苹果产品的推介技巧，分析了销售人员向潜在客户介绍新产品的过程和步骤。然后每个小组结合课文内容，按照老师所布置的主题任务完成了不同的产品推销策略的演讲和角色扮演。

在有限的英语课时内，教师的作用也是有限的，教师只有根据课堂教学的内容，通过学习小组推荐一些以商务交际和实践为目的的课外学习素材，鼓励学生积极地有意识地把自己置身于商务英语环境中，才能发挥学生的英语潜力，最大限度地提高学生的商务英语水平。

2. 合理利用QQ和厦门大学网络教学综合平台，增加师生互动，对小组活动进行总结评价

在商务英语视听说的教学过程中，QQ班级群平台和厦门大学网络教学综合平台服务是传递信息、增加师生交流、提高教学效果的重要工具。学生借助现代网络平台，不仅能够及时上交作业并得到老师的反馈意见，还可以向老师反映自己的学习心得及需求。老师也可以通过QQ或厦门大学网络教学综合平台向学生发布教学信息、布置并批改课外作业、上传各种与教学相关的文件材料，根据学习小组长所反馈的意见了解学生的学习进展情况和他们的需求，并以此作为依据，调整教学的内容和进度。同时，在“商务英语视听说”教学中，老师对各个小组所完成的任务进行反馈和评价是增强学生自信心、激发学生努力提高商务英语交际水平的重要手段。在完成每个单元的教学后，笔者会在网上向每个学习小组布置不同的主题演讲任务。小组成员在课外完成紧张的查阅

资料、编辑文稿、排练后轮流选派一些成员代表小组在课堂上完成演示任务，老师在课堂上根据学生的任务完成情况做出相应的评价。但由于课堂时间的限制，另一部分小组的演示任务只能借助网络技术来完成。学生通过网上学习平台提交文稿和录制好的音频，老师在接收到文件后根据学生任务完成情况，在演讲内容、词汇与语法的应用、表达流畅度和适切性、语音语调等方面给出相应的批改和评价，然后通过网络学习平台向学生提供反馈意见。

网络平台是课堂的自然延伸，网络资源的合理利用有助于充分调动学生学习的积极性和主动性，提高学生的课堂活动参与度。教师在课堂和线上交互式的评价和反馈也有利于教师比较及时客观地了解小组合作模式的进展情况，对于教师的教学和学生的学习都能够起到积极的作用。

三、结语

在“商务英语视听说”教学中，由各式各样的活动所组成的主题任务通过小组合作模式得以完成。笔者认为，小组合作模式有助于改变学生被动接受知识的学习方式，提高了学生的学习兴趣和课堂参与积极性，有效地改善了课堂教学效率。同时，网络和课堂相结合所构造的多元开放的学习环境，为小组合作提供了多渠道获取商务英语知识并将所学知识应用于实践的机会。

参考文献

[1] EDGE J (ed). Action Research—Case Studies in TESOL Practice Series[M]. Teachers of English to Speakers of Other Languages, Inc.

[2] SHOEMAKER C L, SHOEMAKER F F. Interactive techniques for the ESL classroom[M]. London: Newbury House, 1991.

[3] 蔡文君 .“商务英语视听说”项目式教学存在的问题与对策 [J]. 兰州教育学院学报，2012,（2）：65-66.

[4] 胡忠青 . 合作学习理论在商务英语视听说教学中的应用 [J]. 科技视界，2014：133，212.

[5] 马龙海、李毅 . 商务英语视听说 [M]. 北京：外语教学与研究出版社，2009.

“对分课堂”对激发非英语专业学生学习动机和交际意愿有效性的实证研究

杨　何[*]

【摘要】本研究旨在验证“对分课堂”教学改革模式有利于提升英语学习动机并激发目标语交际意愿这一假设。118名非英语专业大一学生分别在新学期开学第一周和第八周填写了基于网络的学习动机和交际意愿的调查问卷。统计分析结果表明，经过八周的实验，实验组的英语学习动机明显高于对照组，但两组在目标语交际意愿方面不存在显著差异。

Abstract: This study was aiming at exploring to what extent the PAD Class would enhance EFL learners' motivation for studying English and their willingness to communicate (WTC) in the target language. 118 non-English major university students answered the web-based survey examining their motivation and WTC at the first week of a new semester. Seven weeks later, they answered the same survey again. Results show that the students in the experimental group demonstrated higher motivation than their counterparts in the control group, while no significant difference in their WTC was found.

一、引言

动机决定人们行为选择的方向（即追求或避免的目标）及努力程度（Dörnyei & Ushioda, 2011）。学习动机影响外语学习的过程和最终结果（Ellis, 2015）。因此，二语习得研究领域关注如何促使学习者在其语言发展过程中，无论是处于高峰还是低谷阶段都始终保持积极的学习动机。然而，在世界范围内大多数的二语学习都是在正规的课堂环境中进行，学生只有相对较长时间不间断的努力才能在考试中取得理想的成绩。在我国，高校非英语专业大学生学习

* 杨何博士，讲师，外语教学部教师；研究方向为二语习得。

英语主要为了通过四六级考试（孙红叶，2016），几乎不需要使用目标语进行交际。尽管有些学生的英语学习行为是受外部调节驱动动机（externally-regulated motives）的影响，但多数学生缺乏利用目标语进行交际的主观意愿（MacIntyre，2007）。如何利用课堂教学改革的新模式来激发学生的学习动机和交际意愿是我们教育者应该认真思考并加以实践的问题。

二、文献回顾

针对当前高校课堂存在沉闷枯燥、“虚假学习”和“游离学习”等现象，结合讲授式课堂和讨论式课堂的优点，复旦大学心理学教授张学新（2014）提出了“对分课堂”的课堂教学改革新模式。他指出对分课堂的核心理念是把一半课堂时间分配给教师进行讲授（presentation），另一半分配给学生以讨论的形式（discussion）进行交互式学习。对分课堂借鉴我国传统的讲授式课堂的优势，强调教师先教，学生后学；同时，它积极学习西方讨论式课堂的长处，鼓励课堂上生生、师生充分互动，强调课下学生自主学习的重要性。对分课堂的关键创新在于把讲授和讨论时间错开，让学生在课后有一周时间自主安排学习，进行个性化的内化吸收（assimilation）。其考核方法强调过程性评价，并关注不同学生的学习需求。由于对分课堂把教学分为讲授、内化吸收和讨论三个过程，因此简称为 PAD 课堂。

2014 年对分课堂最初在复旦大学心理系本科生课程上得以实践，随后迅速传播到我国大部分省的许多学校进行了试点教学（张学新，2017）。一线教师反馈，对分课堂能够有效增强学生学习的主动性，利于带动学生主动思考、发现问题和解决问题，课堂氛围得到改善，教学效果良好（付爱玲，2018）。截至 2017 年底，各地教师以对分课堂为题获得 140 多个教学改革立项（张学新，2017）。已经公开发表的研究成果包括对这一教学模式的学理分析（田青，闫清伟和张学新，2017），对其具体实施与开展所需具备的条件的探讨（邱爱梅，2016）等。其中与英语教学相关研究表明，对分课堂对提高大学英语阅读能力（王霞，2015）、写作水平（赵华芹、张秀芹，2018）和思辨能力（付爱玲，2018）等有积极作用，具体表现为学生学习兴趣、自信心增强，交际能力和合作学习能力提升，学生的学习热情和积极性得到调动。然而，以上研究大多将学生的学习动机的变化作为其语言能力提升的事后解释，很少有研究将英语学习动机和交际意愿（willingness to communicate）作为变量，检验对分课堂的实施对其产生的影响。因此，本研究旨在验证“对分课堂”教学改革模式有利于激发学生的学习动机和交际意愿这一假设，具体研究问题如下：

（1）在大学英语教学中，实施“对分课堂”模式是否能够显著提升非英语专业学生的英语学习动机？

（2）该教学模式是否能够激发学生利用目标语交际的意愿？

三、研究设计

1. 研究对象

选取厦门大学2018级三个大学英语教学班为被试，共118名大一学生参与了网络问卷调查。实验组由67名少数民族预科班学生组成，而对照组则由两个大学英语一级起点教学班的51名同学组成。实验前，对两组学生的高考英语成绩、上学期期末英语成绩以及他们的学习动机和交际意愿分别进行了独立样本 t 检验。数据分析结果表明：（1）两组的英语成绩不存在显著差异，说明两组的英语水平整体相当；（2）两组的学习动机和交际意愿不存在显著差异。

2. 研究工具

本研究采用定量研究方法，检验在大学英语课堂教学中，为期八周的“对分课堂”实践是否能够提升学生的英语学习动机和交际意愿。研究工具为借助“问卷星”网络平台所发放的中文的调查问卷。学生可以通过微信扫描研究者/教师提供的二维码获取问卷调查并回答学习动机、交际意愿和学生背景调查等三部分问题。“学习动机”部分涵盖“内因”和“认同调节”两个维度，共10个题目；“交际意愿”分别考察被试与陌生人、熟人和朋友间用目标语交际的意愿，共12个题目。第一和第二部分的22个题目采用李克力六分量表，1表示极不赞同，2表示不赞同，3表示不太赞同，4表示基本赞同，5表示赞同，6表示非常赞同。“背景调查”主要了解学生的年龄、性别、高考成绩、上学期期末成绩等基本信息。学生大约用10分钟填写完成问卷。

3. 实验过程

实验时间为2018—2019年第二学期前八周。实验组和对照组分别在新学期第一周（前测）和第八周（后测）填写网络调查问卷。前、后测问卷的第一和第二部分内容相同，题目顺序略有调整；后测问卷不包括学生背景调查部分。

本研究采用隔堂对分形式。第一周第一节教师分别向三个教学班的学生介绍本学期《大学英语》课程大纲、课程规划、教学目标等导入内容。之后，学生第一次填写网络调查问卷。第二节课教师讲授第一单元总体内容、背景知识，讲解重点、难点，要求学生认真听讲，课后温习，利用课本内的音频材料进行听力练习，并录制一段音频作为作业，第二周上课前提交。学生利用课后时间对教师课上所讲内容进行消化吸收，完成教师布置的作业。本阶段的任务学生需独立完成，不能讨论。第二周第一节课，学生每4到5人一组，分组练习口语对话，讨论彼此语言表达各个层面的优缺点。最后是学生提问环节，教师及同班同学都可以对问题作出解答或参与讨论。第二节课，教师先讲评作业，然后以组为单位随机抽查学生对书中提供的场景进行角色扮演，并作简评。然后教师教授新的教学内容，并布置相应的课后作业。第三到八周的模式与第二周类似，都是前一半时间师生讨论上周讲授内容，后一半时间教师讲授下一单元（或主题）内容。第八周第二节课，实验组和对照组第二次填写网络调查问卷。

4. 数据分析

使用 SPSS 24.0 对测试结果进行统计分析。配对样本 *t* 检验考察实验组的学习动机和交际意愿在实验前（第一周）和实验后（第八周）是否有明显改善。第八周运用独立样本 *t* 检验确定实验后实验组和对照组的学习动机及交际意愿是否存在明显差异。

四、研究结果与讨论

经过八周的实验，为了检验“对分课堂”教学模式对非英语专业学生的英语学习动机和交际意愿的影响，我们分别采用配对样本 *t* 检验和独立样本 *t* 检验，对实验组的前测和后测，以及实验组和对照组第八周的问卷数据进行了比较。

配对样本 *t* 检验结果显示，经过八周的实验，实施对分课堂的实验组的学习动机的后测结果与其前测结果有显著差异（t=2.03，df=116，p<0.05）：第八周时的学习动机显著高于第一周时的学习动机（MD=1.20）。结果还显示，实验组第八周和第一周的交际意愿无显著差异（见表 1）。

表 1　对分课堂模式下非英语专业学生学习动机和交际意愿差异

	对分课堂组	*M*	*SD*	*t(df)*	*p*(2-tailed)
学习动机	第一周	4.03	1.76	1.18(116)	0.04
	第八周	5.23	1.20		
交际意愿	第一周	3.80	0.98	0.77(116)	1.11
	第八周	4.26	2.10		

独立样本 *t* 检验结果显示，采用对分课堂的实验组和传统讲授的对照组的学习动机有显著差异（t=1.54，df=116，p<0.05）：实验组的学习动机显著高于对照组的学习动机（MD=1.06）。结果还显示，实验组的交际意愿的平均值高于对照组的相关值，但统计意义上无显著差异（见表 2）。

表 2　使用不同教学模式的非英语专业学生学习动机和交际意愿差异

	教学模式	*M*	*SD*	*t(df)*	*p*(2-tailed)
学习动机	对分课堂组	5.23	1.20	1.54(116)	0.04
	讲授组	4.17	1.91		
交际意愿	对分课堂组	4.26	2.10	0.86(116)	0.97
	讲授组	3.98	1.89		

研究结果表明，不同于传统的讲授型课堂，对分课堂教学模式可以更好地激发学生的学习动机，有利于调动学生学习英语的积极性和主动性。传统讲授式课堂往往导致学生的主体地位不易被体现，除了少数极为优秀的学生得到关注外，大多数学生很难感受到教师给予的关注和认可（陈湛妍、赵婉莉、王晓玲、丁丽红，2017）。在对分课堂上，尤其是讨论环节，学生机会均等，人人都有提问、回答和质疑的机会。生生讨论、师生对话都帮助教师更清楚的了解学生的关切。课堂上的互动交流，既能锻炼学生的表达能力，又可以促进学生深化理解所学内容。愉悦的学习体验，问题得到解决的满足感和语言能力、交际能力不断提升带来的成就感可以进一步激发学生学习英语的内在动因（Deci 和 Ryan，1985）。对分课堂的课上讨论环节为学生创造了主动参与学习、讨论的机会，也增加了学生使用目标语进行交流的场合。课后自省内化环节有利于发挥学生的自我能动性，提高独立思考和寻求答案的能力。

统计结果表明，实验组学生使用英语作为目标语进行交际的意愿并未受“对分课堂”教学模式的影响而产生显著变化。导致这一结果的原因可能是由于交际意愿是相对潜在的、复杂的变量，它涉及除课堂环境外其他诸多因素的影响，如学生的二语自信（Wen & Clément，2003）、社会文化传统（崔成玉，2011）和与目标语族群的心理距离（Zufferey，2015）等。可见，仅依靠教学模式的改变很难提升学生的交际意愿，因而，教师可以尝试培养学生二语自信，例如设计交际环节使学生可以利用课堂实践进行模拟、演练，逐步降低其二语交际焦虑。

五、结语

本研究表明对分课堂教学模式可以激发非英语专业学生的英语学习动机，但不能显著提高学生的目标语交际意愿。对分课堂有利于调动学生的学习积极性和参与性，有助于改善大学英语课堂沉闷的状况。

参考文献

[1] 陈湛妍、赵婉莉、王晓玲，等 . 对分课堂之大学英语 [M]. 北京：科学出版社，2017.

[2] 崔成玉 . 二语交际意愿的影响因素 [J]. 重庆科技学院学报（社会科学版），2011，1：136-138.

[3] 付爱玲 . 对分课堂对培养英语专业学生思辨能力有效性的实证研究 [J]. 佳木斯职业学院学报，2018，188：330-332.

[4] 邱爱梅 ."对分课堂" 教学模式的理念及其实践 [J]. 广东外语外贸大学学报，2016，27（3）：140-144.

[5] 孙红叶 . 对分课堂在大学英语教学中应用的可行性分析 [J]. 理论观察，2016，118：174-175.

[6] 田青、闫清伟、张学新 ."对分课堂" 教学模式的学理分析 [J]. 高教论坛，2017，9：71-73.

[7] 王霞 . 对分课堂：英语阅读教学的新探索 [J]. 课程教育研究，2015，12：250-251.

[8] 张学新 . 对分课堂：大学课堂教学改革的新探索 [J]. 复旦教育论坛，2014，12(5)：5-10.

[9] 张学新 . 对分课堂：中国教育的新智慧 [M]. 北京：科学出版社，2017.

[10] 赵华芹、张秀芹 ."对分课堂＋同伴互评" 教学模式在大学英语写作教学中的实证研究 [J]. 成都师范学院学报，2018，34：30-24.

[11] DECI E L & RYAN R M. Intrinsic motivation and self-determination inhuman behavior[M]. New York: Plenum Press, 1985.

[12] DÖRNYEI Z & USHIODA E. Teaching and researching motivation[M]. NewYork: Routledge, 2011.

[13] MACINTYRE P D. Willingness to communicate in the second language: understanding the decision to speak as a volitional process [J]. The modern language journal, 91: 564-576.

[14] WEN W P & CLÉMENT R. A Chinese conceptualization of willingness to communicate in ESL [J]. Language, culture and curriculum, 2003, 16:18-38.

[15] ZUFFEREY S. Acquiring pragmatics: Social and cognitive perspectives [M]. London: Routledge, 2015.

智慧教学研究

中国高校英语慕课发展现状研究

黄玲毅 [*]　陈书英 [**]

【摘要】近年来，新技术的快速发展及国家相关政策的大力扶持，大大推动了国内高校、企业等办学主体在慕课制作和推广上的投入，各类慕课平台上课程数量快速增加、质量也显著提升，呈现出全面发展的良好景象。在此背景下，以高校为主体的英语慕课也进入了发展的加速期。虽然英语慕课的发展在未来面临着各种挑战，可谓问题与机遇并存、困难与推力相互作用，但在国家政策的扶持与云技术、人工智能等新科技的推动下，发展前景必将会更为广阔。

【关键词】慕课；“中国大学 MOOC”；英语慕课；慕课平台

Abstract: In the past few years, the rapid popularization of new technologies and the strong support of national policies have substantially promoted the involvement of domestic universities and enterprises in the production and promotion of MOOCs. Recent years have witnessed a rapid increase in the number of MOOC courses on main platforms and significant improvements in their quality. With this trend, the English MOOCs have also entered an accelerated period of development. Although its future growth will inevitably encounter coexistence of problems and opportunities, difficulties and thrusts, but with the proper guidance of national policies and advances of new technologies (such as cloud technology and artificial intelligence), the future prospects of English MOOCs will be even broader.

Key Words: MOOC; Chinese University MOOC; English MOOCs; MOOC Platform

---

项目信息：福建省社会科学规划项目，“21 世纪海上丝绸之路背景下福建在新加坡主流媒体中的形象构建”（FJ2016B124），中央高校基本科研业务费专项资金资助，“大数据背景下基于语料的中国国家形象研究”（20720181082）。

* 黄玲毅博士，副教授，硕士生导师，外语教学部教师；研究方向为话语分析与跨文化交际。

** 陈书英，厦门大学外文学院 2017 级硕士研究生。

近年来，大规模在线开放课程（简称“慕课”）发展迅猛，席卷全球，给高等教育带来了机遇与挑战。随着云技术的发展，慕课不仅以较低成本带来了大规模、开放、共享的在线优质学习资源，更深刻改变着传统的教育理念和学习方式，其规模和影响力正在不断扩大和增强。在这样的大背景下，慕课发展与应用的相关理论研究和现实平台建设都呈现一幅欣欣向荣的发展景象。而高校英语慕课也成为众多慕课课程中一支快速发展的力量。

一、中国慕课研究的新发展

2017 年以来，学术界有关“慕课建设与发展”的研究继续深入发展。在超星发现系统上以“慕课”为关键词进行检索，结果显示 2017 年相关文献 4424 篇，其中期刊论文 3870 篇，核心期刊论文 496 篇；2018 年各类文献 4299 篇，其中期刊论文 3678 篇，核心期刊 460 篇。在百度学术上以同一检索词进行检索，发现 2017 年各类相关文献 4241 篇，2018 年 1540 篇。慕课技术的发展与应用依然是当前教育领域学术热点之一。

相比早期研究多集中在介绍性和概念性的探讨，近两年来我国关于“慕课”的应用型研究占据了研究总量的大部分。如表 1 所示，应用型研究主要关注以下几个方面：第一，慕课与教学的相关研究，如慕课与教学改革的研究（尚云鹤，2017；邵进，2017；韦岚、全守杰，2017）；慕课与教学模式的研究（赵丽、鲍莹莹，2017；许涛，2017）；慕课与大学英语、高职英语、课堂教学等与教学内容直接相关的研究（何鹃，2017；柴艳萍，2017；蒋艳、马武林，2018）；慕课与高等教育、高职院校、高职等机构相关的研究（郭文娜，2017）等。第二，慕课与信息技术结合的研究（魏薇、谭佐军，2017；聂竹明、刘钊颖，2018）。第三，慕课发展存在问题的应对策略研究（王秀丽，2017；王文礼，2018）。而针对慕课实践领域的研究者有李彦敏（2017）、朱春俐（2016）等，但成果中触及课堂实践、受众调查分析的实践研究成果依然较少，对慕课实践过程中出现的问题和不足缺乏实操性较强的策略建议，未来还需要更多相关性研究为慕课的进一步推广做理论支撑。

表 1　2017、2018 年我国“慕课”研究领域研究主题分布情况统计表

研究主题	论文数（篇）	占比例（%）
教学改革	430	约 20.88
教学模式	408	约 19.82
大学英语	179	约 8.69
教学	149	约 7.24

续表

研究主题	论文数（篇）	占比例（%）
高职英语	109	约 5.29
高职院校	104	约 5.05
高等教育	84	约 4.08
课堂教学	82	约 3.98
信息技术	82	约 3.98
英语教学	80	约 3.89
自主学习	76	约 3.69
互联网	75	约 3.64
高职	69	约 3.35
创新	68	约 3.30
挑战	64	约 3.11

来源：超星。截至 2018 年 9 月 30 日。数据由本文作者整理。

二、中国慕课平台多元发展格局建立

在慕课建设过程中，平台承载慕课运行、提供相应的支撑环境，当前国内各平台发展速度加快、服务质量提升，形成了“优势互补，错位发展”的格局（赵建华、李铭、王雷岩，2018）。据 2016 年第三届中国 MOOC 大会透露，国内慕课平台已超过 130 家（吴锦辉，2015）。在国内 12 家影响力较大的慕课平台中，根据主体不同，主要有以下四类：以普通高校及其课程联盟为主建立的学业 MOOC［如“学堂在线”（清华大学）、“好大学在线”（上海交通大学）、“UOOC 联盟”、“Ewant”］；开放大学建立的针对成人学业的 MOOC（如“成人高校 MOOC 联盟”）；企业自主或合作建设的学业 MOOC（如“中国大学 MOOC”“华文慕课”“超星慕课”“智慧树”）；还有高校或企业参与建设的职业性 MOOC（如“铁路学堂”“顶你学堂”“网易云课堂”）等（赵磊等，2017）。从办学主体上看，政府部门、普通高校和企业等成为建设主力（蔡忠兵、刘志文，2017）。总体上，在学习借鉴、共享国外优质平台和课程资源的同时，我国正积极推进本国慕课平台的建设，形成了多元发展、百花齐放的新局面。

国内核心慕课平台上线后，课程数量和用户规模开始飞速增长。截至 2018 年 4 月，在中国主要慕课平台上上线的课程数量超过 5000 门（赵建华、李铭、王雷岩，2018）。参与高校 460 余所高校，课程 3200 余门，数量居世界第一，选课人数超过 5500 万人次（赵欣莹，2018）。在国家政策的主导下，近期建设的慕课质量和水平也大幅度提升。2018 年以政府名义推出的首批 490 门“国家精品在线课程”中，以北京大学、清华大学等为代表的高校为主建设的 344 门课程入选，占比 70.2%（冯粒、袁勃，2018），此外我国还有 200 余门慕课在国际著名课程平台上上线（赵欣莹，2018）。

从几个主要平台数据看，截至 2016 年 12 月，“超星慕课”平台上课程数量最多，开设了 6000 多门课程，涵盖除艺术学之外的几乎所有学科。“网易云课堂”和“顶你学堂”紧随其后，其课程主要侧重计算机技术、艺术设计、金融和外语领域等实用型的职业培训（赵磊等，2017）。“学堂在线”（除推送的 edX 课程外）、“好大学在线”和“Ewant”这三大平台，则主要是理工科、管理学和医学教育类的课程（赵磊等，2017）。“中国大学 MOOC”因其运营商“爱课程”承担国家精品在线课程的项目建设，且长期与 985 高校合作，在开课数量和合作高校数量上遥遥领先，涉及基础学科、工程技术和文学艺术等各主要学科（冯春燕，2017）。截至 2018 年 6 月，“学堂在线”用户人数已经超过 1200 万，课程超过 1500 门，成为全球第三大慕课平台（清华产业，2018）。

另一方面，近两年政府政策支持力度持续加大，为中国慕课的建设和发展提供了有力的支持和良好的环境。2015 年，教育部发布了《教育部关于加强高等学校在线开放课程建设应用与管理的意见》，2016 年 6 月又发布《教育信息化“十三五”规划》，强调“要依托信息技术营造信息化教学环境，促进教学理念、教学模式和教学内容改革，推进信息技术在日常教学中的深入、广泛应用，适应信息时代对培养高素质人才的需求”（蔡忠兵、刘志文，2017）。《国家中长期教育改革和发展规划纲要（2011—2020 年）》也明确提出“信息技术对教育发展具有革命性影响，必须予以高度重视。教育信息化要纳入国家信息化发展整体战略中”（赵建华、李铭、王雷岩，2018）。2018 年 4 月，教育部印发了《教育信息化 2.0 行动计划》，要求认定 3000 门国家精品在线开放课程、7000 门精品课程以及省级 10000 门精品课程，这是对以高校为主导的精品课程建设的有力推动，必将进一步助力国家高等学校内部教学改革。

三、中国高校的英语慕课发展现状

作为一种网络环境下的重要学习模式，慕课不仅可以提供大量免费优质的课程内容，还可以提供在线支持，促进学生的个性化、自主和共享学习。在全球化的今天，英语慕课因在各外语语种中学习和使用人数最多，备受广大语言学习者的关注。在国家政策支持下，近两年各主要平台上英语慕课发展迅猛，数量和质量都明显提升。在国家的推动下，各大高校也积极承担起课程建设和维护的任务，上线课程的种类、数量比 2016 年有了大幅度的增加。与中文慕课相比，外语类慕课因其语言特点，对平台的技术参数、课程结构等有着更特殊的要求，对其发展现状的研究也更具价值。

笔者 2018 年 9 月针对“中国大学 MOOC”平台以及“爱课程”“学堂在线”“超星尔雅”“智慧树”等主要在线教育平台上的英语类课程情况进行了统计，以期勾勒国内英语慕课的最新发展情况。

（一）主要慕课平台上的英语类课程

1.“中国大学 MOOC”平台上的高校英语慕课课程

“中国大学 MOOC”平台承担着国家精品在线课程的项目建设任务，与众多 985 高校合作时间长，关系紧密，平台上大量课程的建设主体为全国各大重点院校，因此对其平台课程状况的统计分析能在很大程度上展现当前全国高校的英语慕课的发展情况。

首先，“中国大学 MOOC”平台上英语类课程的数量和开设院校数量有了显著增长。2017 年课程“总量仅有 30 门；从开设院校看，也只有 14 个院校参与”（清华产业，2018）。到 2018 年 9 月，英语类课程总数已增至 101 门，开设院校达到 57 个，主要有国防科技大学（9 门）、电子科技大学（6 门）、东北大学（4 门）、南京大学（4 门）、厦门大学（4 门）、北京科技大学（3 门）、哈尔滨工业大学（3 门）、吉林大学（3 门）、集美大学（3 门）等。

其次，根据黄玲毅等（2017）对慕课平台的主要英语类课程类型的划分，以下四种为常见课型：综合基础性课程（如通用英语类课程大学英语等）、专业用途英语类课程（如商务英语、职场英语等）、专业技能类课程（如写作、口语等）和专业知识类课程（如英美诗歌名篇选读、语言学概论等）。在这 101 门英语慕课课程中，各类型课程的比例大致相当，综合基础性课程（29 门）与专业用途英语类课程数量（29 门）并列第一，位列其后的是专业技能类课程（24 门）和专业知识类课程（19 门）。近年来综合基础性课程的供给量有了较大提升，这与此类课程在实际教学中需求量较大的事实是匹配的。

最后，课程最近一次结课的参与人数以及课程开课次数均有了显著增长。最近一次结课人数超过 10 万人次的课程有 3 门，分别是“大学英语（口语）”“大学英语（口语）CAP”“大学英语自学课程（上）”，超过 2 万人次的课程有 17 门，超过 1 万人次的课程有 20 门。在开课次数方面，开课次数达到 3 次及以上（最多 6 次）的课程数量达到约 43%。

2. 其他平台上的高校英语慕课课程

如表 2 所示，其他平台的英语类课程情况差异较大。课程总数上，“爱课程”和“学堂在线”英语类课程较多；“爱课程”上的综合基础性课程数量突出，甚至超过了“中国大学 MOOC”上的开设数量，而其他平台数量比例都偏低；

开设院校数量与课程数量比例相当。

表 2 其他平台上的大学英语课程

平台名称	课程总数	综合基础性课程数量	开设院校数量
爱课程	59	30	51
学堂在线	65	9	24
智慧树在线教育平台	21	4	20
中国高校外语慕课平台	19	2	14
福建省高校在线教育盟网络教学平台	4	2	4
超星尔雅	6	0	3

截至 2018 年 9 月 17 日。数据由本文作者整理。

（二）首个全国性外语慕课联盟成立

在众多慕课课程中，外语类慕课课程因为其学科特点，对互动性要求较高，一直受到传统平台技术的限制。2017 年 12 月 23 日，由北京外国语大学发起，全国多所外语类院校及具备外语优势学科的院校联合组建的“中国高校外语慕课联盟”（CMFS，以下简称“联盟”）成立。厦门大学外文学院也首批加入“联盟”，成为理事单位。

作为我国首个“以外语学科特色为主”的慕课平台，由“联盟”发布的“中国高校外语慕课平台”（UMOOCs），不仅提供除了英语等通用语种的优质课程，还涵盖日语、德语、泰语等非通用语种及“一带一路”相关优秀课程群，积极响应国家“一带一路”倡议，致力于为各项国家多边合作政策培养语言人才。“联盟”和平台的建立受到了教育部的重视与肯定。

在师资培训方面，平台陆续举办了一系列专门适用外语教师提升和外语类慕课设计与应用的研修培训，并邀请外语教育及教育技术领域的专家和优秀外语类慕课课程建设团队等进行聚焦外语学科特色的慕课建设与应用师资培训；在慕课研究方面，平台通过科研立项的办法，如“教育部产学合作协同育人项目”和“中国外语教育基金项目”，鼓励院校加入“联盟”并开展外语类慕课建设合作。专业性的外语平台建立将有助于外语类慕课建设的长期发展，帮助更多高校建设更多高质量的英语慕课课程。

四、厦门大学英语慕课的快速发展

在厦门大学教务处和技术办的鼎力支持下，厦大外文学院集中学院优秀的一线教师，在三年之内申请建设了数门外语类慕课课程，目前在“中国大学 MOOC”平台上线的英语类课程有“大学英语进阶课程”“大学英语写作基础”“学术英语写作基础”“美国诺奖作家经典赏析”“英国诺奖作家经典赏析”“20世纪美国经典小说赏析”“英汉修辞对比赏析”“英语演讲之道”，还有其他数门课程将在近期上线。

笔者参与制作的“大学英语进阶课程”已经上线 4 期，前 3 期选课人数均超万人，首期课程选课人数 28584 人，使用课程学校总数 333 个，哈尔滨工业大学、山东大学、吉林大学、同济大学等知名高校均有学生选修。第二期课程参与课程测试人数、课程通过人数等深度参与指数相较之前有了进一步的提升。课程上线一年多以来，因为与校内大学英语三级课程配套，成为本校学生课前预习和课后复习的重要学习平台，不少教师也将课程视频材料纳入教学体系中，作为翻转课堂的重要素材来源。在未来，课程的进一步完善将会对本校学生的课外自主学习起更大的辅助作用。

2017 年底，本课程与“大学英语写作基础”被评为“2017 年福建省省级精品在线开放课程”，并成为“福建省高校在线教育联盟共享课程”，面向福建省其他高校提供跨校在线课程选课和学分认定。可喜的是，2018 年底江桂英教授领衔的“大学英语写作基础”课程被认定为“2018 年国家精品在线课程”，实现本学院外语类慕课在国家精品在线课程评比中的新突破。

五、结语

自 2018 年 1 月教育部公布首批 490 门“国家精品在线课程”以来，国家在推动慕课建设方面力度是空前的。作为一种融合了网络、信息技术与高等教育的新教学形式，慕课已经成为新时代高等教育深化改革、实施科教兴国、人才强国战略的重要手段。而高校英语慕课在这样的大背景下也获得了快速发展的新机遇，虽然未来不可避免会面临问题与机遇并存、困难与推力相互作用的种种挑战，但在国家政策的支持引导下，在云技术、人工智能等新科技的推动下，高校英语慕课的发展前景必将会更为广阔。

参考文献

[1] 尚云鹤 . 大学英语教学中慕课资源的运用研究 [J]. 中国电化教育，2017，7：125-130.

[2] 邵进 . 打造精品慕课助力教学改革 [J]. 中国大学教学，2017，2：12-14.

[3] 韦岚、全守杰 . 慕课与大学教学改革研究——兼论慕课背景下的高校思想政治理论课教学 [J]. 广西社会科学，2017，1：210-213.

[4] 赵丽、鲍莹莹 . 基于混合学习的大学 " 翻转课堂 " 教学模式实践研究 [J]. 中国大学教学，

2017，9：75-79，90.

[5] 许涛．美国慕课发展的创新模式研究 [J]. 比较教育研究，2017，39（8）：95-103.

[6] 何鹃．慕课背景下大学英语教学的反思 [J]. 广西社会科学，2017，1：218-220.

[7] 柴艳萍．高校思政课教学方式方法改革再思考 [J]. 思想理论教育导刊，2017，9：115-119.

[8] 蒋艳、马武林．论大学英语慕课建设应该避免的误区 [J]. 外国语文，2018，34（1）：155-160.

[9] 郭文娜．慕课在高等教育发展中优劣势研究 [J]. 中国成人教育，2017，10：65-68.

[10] 魏薇、谭佐军．慕课背景下信息技术与实验教学的深度融合 [J]. 中国高等教育，2017，7：56-58.

[11] 聂竹明、刘钊颖．微课与慕课：基于信息技术的教育供给方式变革 [J]. 电化教育研究，2018，4：19-24.

[12] 王秀丽．慕课发展困境与路向 [J]. 江淮论坛，2017，281（1）：177-181.

[13] 王文礼．从慕课 1.0 到慕课 4.0：创新和颠覆 [J]. 现代教育技术，28（7）：93-99.

[14] 李彦敏．慕课与课堂教学融合的行动研究——以高校“现代教育技术”公共课为例 [J]. 现代教育技术，2017，27（9）：93-99.

[15] 朱春俐．国内慕课学习的调查研究 [J]. 广西广播电视大学学报，2016，27（2）：91-94.

[16] 赵建华、李铭、王雷岩．抓住数字机遇，实现联合国第四个可持续发展目标——2018 年联合国教科文组织亚太地区高等教育慕课研讨会综述 [J]. 现代远程教育研究，2018，154（4）：5-16.

[17] 吴锦辉．我国主要慕课（MOOC）平台对比分析 [J]. 高校图书馆工作，2015，1：11-14.

[18] 赵磊、吴卓平、朱泓，等．中国慕课项目实践现状探析——基于 12 家中文慕课平台的比较研究 [J]. 电化教育研究，2017，9：43-50.

[19] 蔡忠兵、刘志文．高校慕课建设：现状、问题与走向 [J]. 高教探索，2017，11：45-49.

[20] 赵欣莹．我国慕课数量居世界第一 [EB/OL]. [2018-1-15]. http://cn.chinadaily.com.cn/2018-01/15/content_35506141.htm.

[21] 冯粒、袁勃．中国慕课数量世界第一，在线可听院士讲课 [EB/OL]. [2018-1-19]. http://edu.people.com.cn/n1/2018/0119/c1006-29775311.html.

[22] 冯春燕．基于爱课程网的资源共享课使用效益及现状分析研究 [J]. 中国教育信息化，2017，23：51-53.

[23] 慕课在中国，第二个五年已启程[EB/OL]. [2018-7-9]. https://www.sohu.com/a/240090739_585110.

[24] 黄玲毅、陈书英．大数据时代的“大学英语慕课”：机遇与挑战 [J]. 厦门大学学报（哲学社会科学版），教学研究一辑，2017.

大学英语写作教学中自动评价系统的评语反馈研究

梁玉娟*

【摘要】评语反馈在学生习作中有着重要的作用。本文从评价英语文章的四个基本原则入手，研究批改网自动评价系统的评语反馈。自动评价系统的评语反馈存在过于笼统，不能具体指出文章优缺点等问题。人工批改与自动评价系统相结合可以提高评语反馈的质量，提升学生的写作能力。

【关键词】评语反馈；自动评价系统评价；基本标准教师评价反馈

Abstract: It is important to provide effective feedbacks because students utilize feedbacks in the revising process in order to improve their writing proficiency. The study analyzed the four bases for revising essays and studied feedbacks of the automated writing evaluation system. The results showed that the machine feedbacks had its own drawbacks. The combination of teacher feedbacks and machine feedbacks is a feasible way to promote the feedback quality and sharpen students' writing ability.

Key Words: feedback; automated writing evaluation system; bases for revising teacher feedback

写作在大学英语教学中具有举足轻重的作用。写作有助于提高学生的分析问题与逻辑推理的能力；写作锻炼学生发散性思维与批判性思考的能力；写作对学生的阅读、口语、听力都有着良好的促进作用。但在高校写作教学因为班级大，学生多，课时少，批改需要耗费大量时间与精力而一直是教学难点。教育部颁发的《大学英语课程教学要求》指出，“应充分利用现代信息技术，采用基于计算机和课堂的英语教学模式，改进以教师讲授为主的单一教学模式。新的教学模式应以现代信息技术为支撑，特别是网络技术为支撑，使英语的教与学可以在一定程度上不受时间和地点的限制，朝着个性化和自主学习的方向发

* 梁玉娟硕士，讲师，外语教学部教师；研究方向为应用语言学。

展”（2007）。从二十世纪六十年代国外研究开发自动写作评分（Automated Essay Scoring，简写 AES；或者 Automated Writing Evaluation System，简称 AWE）系统，到我国自主研发的句酷批改网（www.pigai.org），基于语料库和云技术的英语写作自动批改在线服务系统迅速普及，这些先进的辅助教学手段有效减轻了教师批改英语作文的工作量，一定程度上提高了学生的英语写作能力。

一、自动评价系统批改网的评语反馈现状及研究意义

基于批改网的作文自动评价系统已在国内高校普遍使用，对批改网的研究主要集中在两个话题：一种是探讨性研究，分析并探讨自动作文评分技术在 EFL 领域的现状和发展；另一种是关注自动评分系统对 EFL 写作教学影响的实证研究。一些质性研究表明使用 AWE 能帮助教师提高英语写作教学的效率，培养学生的自主学习能力（武永、张文霞，2016：12-13）。本文作者通过问卷调查及访谈的形式，对所教班级的 78 名学生（大一新生，英语水平入校考试是三级，属于英语较优秀学生）就批改网的评语反馈进行了调查研究。所有学生都对批改网在检查拼写错误上的反馈表示满意，他们认为批改网可以瞬时检查出拼写错误及大小写这样的问题；62 名学生对批改网提出的词汇搭配和部分语法修改建议比较满意，这些学生根据批改网给出的搭配建议修改文章，作文分数有所提高；几乎所有学生都认为批改网在文章中心思想，论点一致，论据支撑，文章连贯性方面不能给出很好的建议，批改网的评语反馈过于笼统和格式化，他们无法从评语反馈中获得更多写作上的帮助。通过问卷调查和访谈，我们分析自动评价系统评语反馈的优势和劣势，这对教师如何组织英语写作教学，如何人工参与评语反馈有着重要而深远的意义。

二、英文写作的基本评价原则与批改网的评价反馈

教师在批改作文，给出评价反馈时要遵循一些基本原则。John Langan 认为我们评价文章，提出修改意见时必须“discuss these four bases—unity, support, coherence and sentences skills”（Langan，2017：141）。William Strunk 也指出文章要“选择恰当的布局结构，并始终如一”（Strunk，2017：30），丁往道谈到评价一篇好文章的标准，“Like a paragraph, a composition must have unity”（丁往道，2017：64）。

一篇好的文章要做到论点始终一致，也就是所有的细节都围绕中心（thesis statement）和主题句（top sentence）来写。学生在写文章的中心时，通常会出现中心不明确，中心过于宽泛，中心过于狭窄，或者中心有两个观点的问题。没有一个清楚明了的中心，学生的作文也就没有一致性可言。例如针对命题作文

My Ideal Job，学生写出这样的中心句：

> Everyone have dreamed of what will they do in the future? So do I. I have dreamed of it quite a few times and finally it is specific.

先不谈句中出现的语法错误，中心句本身意义含糊不清，读者无法根据本句话得知作者在下文阐述什么内容。批改网对本文的评价反馈是："文章用词灵活多样，高级词汇使用也比较准确；作者在句法层面做得很棒；行文较为流畅，作者文中过渡词使用的不错。同样地，另一个学生的作文中心句是：

> For the reason that my major is law, my future job is likely to be fairly meaningful and helpful in my imagination.

批改网给出的评语依然是"文章用词灵活多样，高级词汇使用也比较准确；采用了适当的衔接手法，层次清晰；作者在句法层面做得很棒"。从评语反馈可看出，批改网自动评价体系没有针对文章的中心是否清楚做出判断，没有指出文章中心具体存在什么样的问题，也不能根据不同文章给出恰当的评语。批改网的评语是自动生成的，对于分数比较接近的文章给出的评语类似。批改网自动评价系统给以上两个例子的分数分别是 80 分和 82.5 分。

John Langan 提出的反馈评价应遵循的第二个原则是论据支撑（support）。所谓论据支撑是指作者在写作过程中是否提供了足够的细节以完成对论点的阐述。下面这篇文章的主体部分应着重写自己理想职业是律师的原因：

> For one thing, lawyers are prone to earn handsome incomes that lead to high quality life. For another, the most important trigger I am dreaming of being a lawyer is that lawyers bear responsibilities of safeguarding the legal rights of their clients and helping them out of trouble. Last but not least, the profession of lawyers is a highly specialized occupation which challenges individual ability to gather evidence and make good use of laws.

分析这篇文章的论据支撑部分，我们不难发现学生写出了三个中心句，并按照一定的逻辑顺序进行了排列。然而，每个中心句应有至少三处细节描写，使文章更具有说服力，但该篇习作没有体现任何细节。因此整体看，这并不是一篇优秀的文章，而批改网自动评价系统却依然给了 88.5 的高分，评语反馈为：

“作者句法基础较为扎实；采用了适当的衔接手法，层次清晰；作者词汇基础扎实，拼写也很棒。”对于这样的反馈评价，学生默认文章已经比较完整，是一篇优良的习作。比较另一篇同样题目的习作，批改网自动评分系统打分 87.5。习作如下：

> First, social status of college teaching staff has been promoted since education reform. Especially in China, there is a strong cultural value to show respect to teacher as well as thinking highly of education. Moreover, postgraduate and undergraduate courses are of significance for students to get professional skills and techniques. That is to say, professors probably have a superior position than any other educators. Nevertheless, professors who conduct projects out of daily routine seem to get higher and more satisfactory wages. The government is generous to subsidize on frontier experiments in almost every subject. In that case, their salary can relatively exceed normal working force. Eventually, it is less pressure that academics would receive from the society and human resources. The frontier of nature science, to name merely a few, is less relevant to individuals' common lives. It is indicated that just a few scientists who are in particular circle can get the meaning of their theses. In the meantime, less public and social media have a word. So pressure which is from the public is less than other walks of life and this is really desirable.

相比前一篇习作，我们会发现这篇作文细节更丰富，陈述理由更有说服力。当然，缺点也显而易见，三个中心句陈述得不够清晰，细节排列顺序逻辑有些许混乱。批改网自动评价系统的反馈是：“作者在句法层面做得很棒；作者词汇基础扎实，拼写也很棒；采用了恰当的衔接手法，层次清晰。”仅从这两例我们可以看出，对于文章是否可以做到论据支撑，批改网自动评价系统还不能够做出准确反馈。

评价文章的第三个标准是连贯性（coherence）。一篇连贯的文章段落与段落之间的衔接应该自然顺畅，段落按照时间顺序、空间顺序或者重要性程度展开，段落内部细节的安排也应如此。“Coherence of a paragraph is concerned with its form，or its organization. The sentence in a paragraph should be arranged in a clear，logical order and the transitions should be smooth and natural.”（丁往道，2017：67）“All the supporting ideas and sentences in a paper must be organized so that they cohere，or “stick together.”（John Langan，2017：151）以此为标准，我们

看批改网自动评价系统对下面这篇习作的反馈："可适当增加从句的使用；作者词汇基础扎实，拼写也很棒；文中衔接词丰富。"习作如下：

In my heart, a costume designer is my ideal job from childhood, just like a rosy dream, which has nothing to do with the real life. Hobby is the major reason. I like drawing and designing sincerely. I am accustomed to noting down my inspiration and drawing unconsciously in scrape paper. You are likely to know why I choose to design clothes, not buildings or other things. That's because I am obsessed with beautiful clothes and wearing clothes made by myself give me a sense of achievement. There must be a lot of challenges in this position. As a designer, maybe you can't design what you like, because only clothes that go with the tide are adopted by clothing companies. No one pays attention to what you really want to express, this is the current situation. While each job has its difficulty, working on what you love is easier than others. Because you have enthusiasm to solve problems, a costume designer is the one for me.

纵观全文，我们没有找到表示转折或者过渡的衔接词语，更不要说"丰富"的衔接词语了。

而批改网自动评价系统对下面这篇习作的评价反馈是"文章用词灵活多样，高级词汇使用也比较准确；作者有一定功底，可在平时练习中增加长难句的记忆；不能熟练使用过渡词，文章结构欠佳。"习作如下：

Although I majored in finance in college, the dream job for me is a teacher in high school. The job touches me from three aspects. I have the outgoing personality and I'm really good at communicating with others. Whenever I make a speech in public, I don't feel greatly nervous. I guess that must be the essential character to be a teacher. When I spent high school, it made me suffer many horrible nights. As luck would have it, my head teacher always besides me and showed her huge confidence on me. That warming behavior is what I mostly grateful and I'm willing to hand on it to next generation. Moreover, teachers help students to form their values. And students use their intense energy to encourage teachers to maintain positive mood for everything. This harmonious interaction proves the importance of education. And that's why I have the eager to be a high school teacher.

事实上，我们可看到这篇习作的基本结构没有什么问题，并且运用了一些过渡词语，例如 whenever、moreover、as 等，句与句之间的衔接比较顺畅自然。因此批改网自动评价系统的反馈不是十分准确。

John Langan 提出的第四个评判文章的原则句子技巧（sentence skills），就是要求学生写出完整没有语病的句子。习作完成后，应检查标题中哪些字母需要大写，文章中标点符号是否使用恰当，拼写是否正确，时态是否前后一致，是否有粘连句等，句酷批改网自动评价系统这方面做得比较好，学生对评价反馈满意。学生的原文如下：

I desire to be engrossed in psychology to convey from heart to heart.

批改网的点评：

[学习提示] 易混词汇：desire、wish、hope、expect、want、long 都有“希望”之意。

批改网教师端不能显示学生每次的修改痕迹，但可以看到学生习作修改的次数。学生根据批改网的提示反复修改，减少拼写错误，力求用具体、肯定、明确的语言代替笼统、抽象、含糊的句子。

三、对批改网自动评价系统评价反馈的思考

根据评判文章的标准以及批改网自动评价系统的评价反馈，我们可以看到机器自动生成的评价反馈缺乏人工批改的灵活性与针对性。在拼写等语法层面的修改建议，学生愿意接受；而就文章的思想与内容而言，学生对机器批改的评价反馈产生不信任，他们更愿意接受老师指导与建议。学生认为老师可以指出具体问题，因为老师知道自己的弱点是什么。

批改网自动评分系统代替不了人工，但机器可以辅助人工批改。由人工批改作文，老师一般是作文唯一的读者，学生认定老师给的分数是无法更改的，他们心里愿意接受老师的修改建议，但几乎不会去重写作文。而在批改网上我们可以看到学生多次修改提交作文，直到自己满意为止。因此在批改网自动评价系统提交的作文，学生可以先根据机器给出的建议进行修改。老师的人工批改适时介入，从文章的中心思想、条理结构、一致性与连贯性等方面给出具体的指

导建议。学生按照老师的指导继续修改文章，然后提交批改网。这样一方面可以减轻老师批改作文繁重的工作量，另一方面可以让学生能够及时修改文章。批改网自动评价系统会根据学生的作文马上给出一个更高的分数，学生可以即刻看到自己的进步，这有助于他们保持写作的兴趣。

本文从文章的一致性与连贯性、论据支撑及语言技巧入手，对批改网自动评价系统与人工批改的优缺点进行了探讨，并根据探讨结果给出了恰当中肯的建议，旨在助力网络环境背景下的英语写作教与学。

参考文献

[1] 教育部高等教育司编 . 大学英语课程教学要求 [M]. 北京：外语教学与研究出版社，2007.

[2] 左映娟、冯蕾 . 大学英语写作的评分标准维度研究——基于 Writing road map 和批改网的评分对比 [J]. 现代教育技术，2015，8：60-66.

[3] 武永、张文霞 . 作文自动评价系统和教师反馈对大学生英语作文修改的影响研究 [J]. 中国外语教育，2016，1：12-19.

[4] 丁往道、吴冰，等 . 英语写作手册 [M]. 北京：外语教学与研究出版社，2017.

[5] LANGAN J. 美国大学英语写作 [M]. 北京：外语教学与研究出版社，2017.

[6] STRUNK W. 英语写作手册：风格的要素 [M]. 北京：外语教学与研究出版社，2017.

融合运用现代信息技术　构建立体多元教学资源
——以自编教材和课程建设为例

文　心*

"任何课堂教学都离不开教材的使用，因此大学英语教学改革的重要内容之一是提高教材的编写质量。"（徐锦芬，2014）多年来，国内众多高校都在努力将多媒体、网络教材建设纳入教学改革建设之中，立体化教材成为体现教学内容和教学方法的重要载体。目前，利用计算机网络集成各种有利手段，并对教学资源进行深度开发和合理运用，已然成为大学英语教学模式改革的关键。本文以自编课程教材和开发教学资源的实践为例，旨在探讨在教学中如何融合运用现代信息技术，构建立体多元教学资源，为提高外语教学效率服务，为大学英语教材的开发利用提供一些视角和思路。

一、构建教学材料的立体化

充分利用现代信息技术开发教学资源，是提高英语教学水平的重要途径。本人出于所任全校选修课"英语视听说"教学的实际需要，于 2007 年主编出版了《英语视听说教程》。本着遵循建构主义理论与交际法教学的原则，根据大学英语学生的总体水平以及教学的实际需求，编写工作着力构思教材体例和编辑教学内容，组织了几位一线英语教师共同参与，并聘请外教审稿。编写参阅了国内外大量相关文献及网络资料，力求体现多媒体教材的优势，吻合信息时代背景下的教学需要。

《英语视听说教程》本着构建立体化教材的原则，载体形式多样，包含纸质教材并配有视频光盘。教材按主题安排单元内容，涵盖阅读文章、视频文本、练习和参考答案以及口试思考题。课本中导读文章后附有网络链接，便于教师与学生搜寻相关的知识素材。光盘包含十八个单元的视频，其中每个单元配有六个从原版影视、新闻访谈和纪录片中剪辑的视频片段。六个视频片段中三个片段作为视听内容，另外三个片段为口语素材，适合进行英语听、说技能的学习与

*　文心学士，副教授，外语教学部教师；研究方向为英美文学、应用语言学。

模仿训练。视频场景独立，便于教师采用主题式、任务型的交互方式，组织课堂教学以及学生课外自学。本教程旨为学生创造课堂内外、书本与网络、学习与实践相结合的立体化的语言学习环境。立体化的教材集知识性、趣味性与可操作性为一体，视频提供形象、生动的语言材料，直观动感的语言输入可增加教学的趣味性，便于教师利用现代技术手段，通过视、听、说三方面的教学，全方位地提高学生的语言综合能力。

二、设计课程内容的多层次

"语言学习的效果很大程度上依赖于所接触的语言的量和内容。"（Spolsky, 1989）视听说课是以增进英语口语表达能力为主要目的，同时通过语言技能的综合训练，达到有效提高用英语进行交际的能力。根据视听说课的课程特点，本人在构划《英语视听说教程》时，综合了以下几方面的考虑：

1. 教材要力求信息容量大。本教程光盘中的视频片段量大料足，使学生有足够的语言与文化信息的输入量。任何教材的含量都是有限的，因此设置网络链接使其内容有延展性，便于学生拓展知识的广度。

2. 教材要满足信息技术对各个教学环节的整合。要体现多媒体教学的优越性，满足教学手段多样化与教学模式的多元化要求，注重语言材料的真实性与可操练性，注重优化教学体验，提升教学效率和效果。

3. 教材要为学生提高跨文化交际能力提供所需素材。教程中所涉及的跨文化知识和技巧，让既增强学习者的跨文化意识，也为学习者跨文化交际提供了有用的参考。

4. 教材要以提高学生运用语言的能力为目标。贯穿教材每个单元配置相关的主题性、任务型的交互式练习，配合阅读理解、听力训练、口语活动等教学活动，能有效提高语言综合技能。

5. 教材要满足学生个性化和自主学习的需求。针对学习者英语水平的差异，教材注重了对学生听、说能力的训练，加大了这方面的内容和练习的比例，把提高学生的口语水平作为重点。

6. 教材要在内容上创设各种应用英语的真实情境。设置能激发学生交际意愿的话题，充分调动学生的主动性，让学生在学习语言的过程中，学会根据不同的场合得体地运用语言。

基于以上多方面的考虑，我们把语言的真实性作为选材的首要条件。尽量选择原版文本及原汁原味的视听材料。视频素材口语化，含有多种英语口音、语速自然，一般选择剪辑时间为五分钟左右的视频片段，适宜课堂多种形式的播放和课后学生反复视听、模仿。尽量发掘源于英语新闻访谈、影视和纪录片中不同语境的交际语言，以便学生在接受真实语言的同时，逐渐适应并模仿这种自然状态下的语言表达形式。

我们把文化与交际作为主轴来安排教材的内容。主题包含英美国家的社会生活、风俗习惯、文化艺术等，并结合介绍英语文化与交际的相关知识，涵盖了面试、广告、演讲、社交等各式生活题材。本教程尽量选择实用的语言和文化信息，并将提高语言技能和学习相关文化结合起来，互为补充，让学生在运用中学习和习得语言，掌握跨文化交际技能。

我们在编排设计上尽量为自主学习创造条件。教材注重学生运用语言能力的培养，配有听、说、读、写等语言技能的综合练习，便于学生进行拓展性训练。真实语言情景的视听与口语教学的构建与设置，有利于对学生形成一种思想刺激，促使其对问题进行深度思考，培养其思辨能力。同时选择普适性强的话题去引起学生探讨的兴趣，激活课堂内外讨论与交流的教学活动，可以让他们在参与课堂活动时有话可说。

三、创新教学模式的多元化

教材是反映教学模式的知识载体，在使用《英语视听说教程》的进程中，本人深刻地认识到：立体、多元的教材可以优化教学过程，使我们的教学手段、授课方式突破创新。“立体化教材作为实施新教学模式的基本条件，现已成为新一代大学英语教材的基本范式。”（王守仁，2008）使用立体化教材进行多媒体教学，其丰富多彩的教学手段，完全突破了传统教学模式的窠臼，打破了以教师讲解为主的单一教法，优化了教与学的过程。

多样化和立体化的语料，成为学生学习目标语言和文化重要的内容来源。本教程呈现的影视片段、电视访谈、名人演讲，让学生接触到了“真实英语”。通过视频，将语言形象、立体地展现出来，学生可以一边汲取语言信息与文化信息，一边在不脱离语境的情况下学会交际。使用立体化教材，教师可以利用多媒体教学手段，以视频生动直观地为学生创设教学情景，便于进行语境化教学，极大地满足了学生获取丰富语言知识和运用语言能力的要求。

立体化教材是信息时代的产物，它是由传统纸质教学用书和运用现代技术的多媒体教学资源共同组成的教学支持系统。教学中教师可充分发挥多媒体教学强大的交互功能，体现立体化教材的优越性。将语言学习和运用语言的实践有机结合起来，也可以促进师生互动。“授课将新知输入学习者脑中。如果你不输入，那么你就无法输出。所有优秀的授课都必须以学习者为中心，并且需要将学生自己的目标和现有的知识联系起来。”（德莱顿等，1997）教师利用多变的播放形式，整体、分段或反复等教学手段，通过视听材料提供大量鲜活的语言素材，而视频又是直观动感的，这就大大强化了语言的输入；学生进行的演讲、辩论和角色扮演等形式多样的语言输出也能极大地调动他们建构知识的兴趣，让他们集合各种语言技能进行综合的学习与训练。

同时，创新教学模式的多元化，也延伸学习的时间和空间，为学生的自主学习创造了有利条件。互联网也成为教师更新教学内容的资料库，拓宽了学生知识来源的途径。本教程中的导读文章附有的网络连接以及课本视频来源的内容的介绍，使教学不再局限于课本与课堂。通过课堂视、听、说的教学和课外广泛的阅读和观看影视片的活动，扩充了教学容量，丰富了教学内涵，也获得了教学效率高、教学效果好的多重优势。

四、开发教学资源的多样化

我们知道，英语教学没有一成不变的教学模式，不能拘囿于教材的制约，教师在使用教材时要充分发挥其创造性；而立体化教材也是一个动态的概念，需要在不断开发立体化教学资源时加以改进与完善。因此，教学资源的不断优化与合理利用，才是课堂教学和教学内容的源头活水。随着现代信息技术的发展，教学资源的处理、存储和传播实现了数字化，教学环境实现了计算机网络化，我们更要在优化组合多媒体资源、科学使用网络平台上多下功夫，深度挖掘、自主开发出兼具个性和普适性的教学材料。

近几年来，本人为本科生开设了“跨文化交际视听说”课程。本课程向大学英语四级的学生开放，他们经过多年的学习，有相当的语言文化基础。如何拓展他们的学习，这是我们英语教师面临的新课题。该课程的开设，正是为了满足学生拓展国际视野的需要，提升他们跨文化交际的能力。因为“跨文化能力是国际性人才必备的条件之一”，而“跨文化能力包括三个部分：对文化差异的敏感性；对文化差异的宽容性；处理文化差异的灵活性”（文秋芳，1999）。因此我们现在的教学重点，要从语言听说技能的培训，转向为跨文化交际能力的培养。该课程的教学力图以视听素材为载体，在多媒体教学环境下，展示英语语言文化，让学生借助互动平台来学习交际策略，以期全面提高跨文化交流的意识和质量。

传统的教材已远远不能满足时代的要求，不断更新的教材在日新月异的变化中也会日渐落伍，唯一可行的办法，就是开发、拓展教学资源的空间，使教材更为多元、立体。立体化教学资源，不仅包括传统的纸质教材、教学光盘，也包括了网络教学平台。立体化的教学方案，需要利用网络平台进行全方位的扩展。本课程充分利用了学校网络教学综合平台，在教学中整合利用了数套教材和广泛的教学资源：有自编《英语视听说教程》的视频、《跨文化交际视听说》

的音频、《牛津商务英语》的教学片、《跨文化沟通》的课程录像等，融合腾讯视频、TED 演讲与网络资源等众多教学资源，增强了教材的多样性和开放性。为教师灵活使用教材夯实了基础，为学生拓展学习内容提供了条件。在教学实践中，教师还针对学生的反馈，不断对教学资源进行补充与调整充分发挥了选定教学目标、决定教学内容与教学材料等教学自主的作用，支持和帮助学生培养自主学习的能力。

我们把教师自主与学生自主、课堂教学和课外活动有效地结合起来，大大拓展了语言教与学的空间和实践的渠道。充分利用网络平台进行教学互动，使教学活动得以全方位展开：通过网络综合平台发布教学信息；提供在线教学资源；上传课堂教学课件与供课外学习参考的视频、音频；教师布置练习、答疑；学生网上讨论，提交作业以及网络测评等等。而且网络教学综合平台支持课程的长期滚动建设以及教学资源的积累与共享，可以为学生提供多元的语言信息；支持多种师生互动模式，实现了跨时空的师生交流；支持教学过程跟踪统计，教学过程与评价展示相结合。网络教学平台的出现与利用，使教学资源的立体化得以拓展与延伸。

“对于设计课程的教师而言，教材编制意味着创造，选择或改编，以及材料和活动的组织等，这些过程使学生完成每个阶段的教学目标，从而实现该门课程的总体目的。”教学资源的开发实践使我们认识到：每一种形式的教材都有其长处与不足，教师在教学过程中，应该注重整合、优化各类资源，延伸和扩展教学的内涵与外延，并创建可供自主选用的个性化的教学资料库，使教学材料、教学活动做到有机统一，相辅相成。

现今高校英语的教学，是基于教育信息化背景下的英语教学。随着“互联网 + 教育”时代的到来，无论是网络开放课程、慕课还是翻转课堂、在线学习，对拓宽教学内容、更新教学理念、充实教学手段，都起到了推波助澜的作用。现代信息技术的逐步完善，电子化的教材、学习软件也在不断涌现。面对以信息技术为支撑的新的教学模式和不断更新的教学资源，在课程教学和课程建设中如何实现现代化、信息化、网络化、数字化、智能化的多元融合，这是每一个大学英语教师值得深思和探讨的问题。

参考文献

[1] 徐锦芬 . 中国大学生英语自主学习能力发展规律及影响因素研究 [M]. 北京：外语教育与研究出版社，2014.

[2] SPOLSKY B. Condition for second language learning: introduction to a general theory[M].

Oxford: Oxford University Press,1989.
[3] 王守仁主编 . 高校大学外语教育发展报告(1978—2008)[M]. 海: 上海外语教育出版社, 2008.
[4] 戈登 · 德莱顿, 等 . 学习的革命 [M]. 上海: 上海三联书店, 1997.
[5] 文秋芳, 主编 . 英语口语测试与教学 [M]. 上海: 上海外语教育出版社, 1999.
[6] GRAVES K. 语言课程设计: 教师指南 [M]. 北京: 北京师范大学出版社, 2008.

大学英语混合式教学模式构建与实施策略

吴松梅*

【摘要】随着现代信息技术的快速发展，信息技术与教育的结合产生了新的教学模式，一个崭新的教学模式在实际教学实践中顺利实施既需要教师和学生改变固有的传统教与学的观念，同时也需要学校诸多方面的配套支持服务。本文尝试从教学改革的角度阐述大学英语混合式教学改革的构建及实施策略。

【关键词】大学英语；教学改革；混合式教学

Abstract: IT develops rapidly in modern time. Education with IT results in a new way of teaching: blended learning. Implementing blended learning not only requires teachers and students to change their traditional concepts in teaching and learning but also demands colleges and universities to provide adequate facilities and other supports. This article intents to analyze blended learning for college English and its implementation in educational reformation.

Key Words: college English; teaching reform; blended learning

随着现代信息技术的快速发展，信息技术在教育领域的应用日趋成熟。教育部2018年发布的《教育信息化2.0行动计划》中提出，持续推动信息技术与教育深度融合，促进两个方面水平提高，促进教育信息化从融合应用向创新发展的高阶演进，信息技术和智能技术深度融入教育全过程，推动教学的改进、管理的优化、绩效的提升。当前，“慕课”建设在各个院校如火如荼地开展，为在线学习提供了丰富的数字化教学资源，便捷开放不受时空限制的学习方式受到广大学生的欢迎。但是，单纯的慕课学习缺少面对面的交流，并不能完全取代传统课堂教学。如何结合慕课在线教学和传统课堂教学各自的优势，构建新型混合教学模式，提升教学成效及人才培养质量，已经成为大家共同关注的问

* 吴松梅学士，副教授，外语教学部教师；研究方向为英语语言与文学。

题。本文就这个问题结合自己在大学英语教学中积累的经验谈一些自己粗浅的看法。

一、混合式教学模式

混合式教学包括在线教学和课堂教学两个部分，是教师主导的课堂学习模式与学生主导的网络学习模式的混合，两个学习模式互相联系、互相融合、互相支撑、互相促进旨在充分利用在线教学和课堂教学的优势互补来提高教学效果。混合式教学是学习理念的一种提升，学生和教师的角色发生了根本性的改变，学生是学习过程的主体，教师在教学过程中要起到引导、启发、监控的主导作用。

（一）在线教学

1. 慕课

像传统教学模式指定纸质教材一样，混合式教学的在线教学部分也应该自建或者选择一门慕课作为在线学习的基本学习内容，同时推荐一些拓展性的数字化学习资源，供学生自主在线学习。在线学习包括语言知识学习、在线互动、在线练习和在线测试等。线上学习阶段，教师不仅可以通过在线学习记录和测试了解学生的学习情况，还可以通过在线答疑及在线社区进行师生互动和学生之间的互动，交流和分享学习心得，掌握学生学习动态。

2. 移动学习

移动学习是数字化学习的扩展，借助于移动通信网络和移动通信设备，学生可以不受时空的限制，灵活地开展学习和互动。随着大容量智能手机的出现和互联网速度加快，以智能手机作为终端，进行大学英语移动学习可以得到广泛的普及，开发建设基于智能手机的移动学习资源，结合大学英语教学交互环节的需求，利用微信中互动功能模块，建立基于微信的交互式移动教学模式，学生可以利用碎片化的时间去进行系统化的学习。

3. 人工智能

听、说、读、写、译被认为是体现学生英语应用能力的五大方面。在实际教学中，由于师资力量有限，不可能有条件对每个学生开展一对一的辅导。人工智能系统可以起到导师的作用，为不同的学生自动匹配量身定制的学习资源，实现英语学习的智能化管理。借助人工智能系统构建人机互动，可以让学生在智能情境化和人性化的语言学习环境中进行听、说、读、写、译的练习和测试。运用人工智能系统进行数据分析，根据学习过程和测试结果对学生知识的掌握情况进行动态评价，老师可以给学生提供个性化的学习指导。

（二）课堂教学

1. 翻转课堂

学生通过在线学习获取语言知识后，在课堂上将获取的语言知识加以应用。课堂教学不再以知识传授为主要形式，而是以讲授重点、难点，通过与学生互动交流、答疑、组织活动、测试、即时评价等形式来开展教学活动。教师通过在线学习平台了解学生当前的线上学习进度以及学习效果后，进行课堂教学和评价活动设计。在课堂教学中，教师可以根据课堂互动的具体情景及时调整教学方式和内容，有针对性地实施课堂教学。

2. 以学生为中心

传统的课堂教学是以教师为中心，教师按照自己的思路讲授知识和组织课堂活动，学生没有自己思考的空间和余地，只能跟着教师的教学安排被动地参与。大学英语教学是需要互动和实践的，学生应该是教与学关系的主体，教师必须以学生为中心开展教学活动，增加学生的课堂参与度，使每个学生都把自己当作课堂的主人，充分发挥学生的自主性和创造性，引导学生开展自主学习和协作学习，培养学生团结协作的精神，提高学生与人交往、与人沟通的能力，使学生在体验中学习。

3. 以听说和交际为核心

以英语交际实践活动来培养学生实际的英语知识运用能力，促进交际化课堂的有效开展，教师可以选用一些与教学内容相关，且是当前社会关注的热点素材吸引学生的注意力，提高学生的学习兴趣。要对学生的学习成果进行定性或者定量的即时评价，可以通过教师评价、同学互评、小组互评来拓展情景互动空间，加大听说和交际训练的实践性和趣味性。

二、考核评价体系

混合教学模式作为一种立体多元的教学模式，需要充分考量学生线上线下各个阶段的学习过程和学习效果，因此课程考核设计应采用形成性评估和终结性评估相结合的评价考核方式。在线学习主要以学生自主学习为依托，学生的学习动机、自主意识和学习过程中的自控力都会影响到在线学习的效果（马跃，2011）。因此，必须将学生在线学习过程和学习效果收入课程总评，形成线上和线下相结合的多种考核内容、考核方式、考核手段的有效混合统一，构建一个科学有效的考核评价体系，考核形式和分值分布如表：

表 1　考核评价体系的规划

	形成性评价 40%	终结性评价 60%
线上评价 40%	在线学习积分 20%	在线考试 20%
线下评价 60%	课堂、课外活动评价 20%	期末考试 40%

（一）线上评价

1. 在线学习过程评价

在线学习过程评价是形成性评价，可以采用积分制的形式来对学生在线学习的过程进行评价。积分项目包括：登录学习平台次数、学习时长、智能互动、智能答题、专题考试、单元测试、在线社区活动参与等。

2. 在线终结性考核评价

在线终结性考试主要考核学生通过在线学习语言知识的获得情况，学生登录在线教学管理系统，通过人脸识别技术确认学生本人在线参加考试，由在线题库随机组卷进行测试，在规定的时间内完成答题，最后由系统自动评分。允许学生多次参加在线测试，最后取最高分值作为在线终结性考核成绩。

（二）线下评价

1. 平时形成性评价

线下形成性评价包括课堂评价和课外活动评价。课堂评价从学生出勤率和上课的状态、课堂互动参与度和效果、回答问题的积极性和准确性等方面给出评价。课外活动是课堂教学的延伸，可以是集体组织的活动，也可以是由学生自由组合，以小组的形式开展的协作学习活动，教师要鼓励学生自己策划、组织、准备课外活动，同时要加以适当的指导。线下形成性评价采用教师评定和各小组互评、组内自评相结合形式进行评价。

2. 期末终结性评价

期末考核以考核学生语言综合运用能力为主，不再考核语言知识的获得情况，而是重点考核语言交际应用能力。考核形式应该是口语测试和笔试相结合，教师根据课程教学要求设计多套口语测试题目，让学生抽选其中一套进行口语测试，笔试题目则以主观题型为主，这能够更真实地反映学生的语言运用能力。

三、支持服务体系

支持服务体系是混合式教学模式实施的一个重要和关键的环节，支持服务水平的高低直接影响到混合式教学的质量和可持续发展。学校要有相关的配套政策和措施，为混合式教学提供全方位的支持服务，将支持服务的各个环节落实到位,使它们相互配合成一个内在统一的整体支持服务体系。

(一)学生学习支持

在大学英语的混合式教学模式中,学生成为知识的主动建构者,通过在线学习、讨论交流、团队协作等方式在实践中获取知识。学习方式的转变,对学生的自主学习能力、合作交流能力、语言实践能力等提出了极大挑战。必须对学生进行必要的学习支持服务,才能让在线教学顺利开展。学习支持服务包括学术性支持服务和非学术性支持服务,学术性支持服务主要是帮助学生适应在线学习的方式,引导学生进行自主学习,开展网上导学、答疑辅导、组织社区活动等。非学术性支持服务主要是对学生在线学习的关键环节进行全程督学,对学习滞后的学生进行及时提醒和督促,保证学生按时完成在线学习任务。

(二)教师教学支持

大学英语教学改革能否取得成效,与教师的整体素质密切相关。大部分大学英语教师缺乏教育信息技术方面的基本技能,这使得他们在英语教学中应用现代教育技术出现困难。完善大学英语教师教育技术应用能力培训体系,加强对教师信息技术和技能的培训,增强教师运用网络进行辅助教学的能力,才能充分发挥网络辅助教学的功效和作用。定期开展教研活动,通过老带新,分组集体备课、说课、评课活动和在线实践社区等形式,探索混合式教学模式教学方法,围绕混合式教学模式的运用来培养和提高教师的课堂规划和控制能力。

(三)技术支持

技术支持是实现混合式教学的重要保障,技术支持分为硬件支持和软件支持。硬件支持包括校园网、多媒体教室、语音实验室、数字图书馆建设以及服务器设备等。软件支持包括网络教学管理平台、人工智能系统等。网络教学管理平台提供网上学习、直播课堂、网上作业、网上答疑、网上讨论、网上辅导、社区互动、视频会议、在线考试功能、纸质试卷扫描上传、在线阅卷、平时成绩录入、课程最终成绩导入学籍管理系统等功能;人工智能系统提供人脸识别、语音识别、图文识别、智能翻译、语言处理等功能。

(四)课程资源支持

课程资源是实现课程目标及实施课程教学的基础,数字化课程资源是混合式教学必不可少的构件,数字化课程资源的质量直接影响到混合式教学的效果。慕课的建设应该根据在线学习的特点,对教学内容重新规划进行教学设计,而不是简单的课堂搬家,把传统的课堂教学录制上线。除了慕课和推荐的拓展性数字化学习资源外,教师应结合教学实践与教学反思、教学研究对现有课程资源进行后续开发。在后续开发过程中,可以采用微课的形式,利用视频、音频、图像、动画、文字等形式将教学中的难点重点更加生动地展现出来，使学生更好地理解和消化这些知识点。要充分发挥学生在课程资源开发中的主体作用，必须考虑学生的感受与需求、生活体验、背景知识等，让学生参与课程资源的后续开发，只有这样才能调动他们学习大学英语的积极性。

（五）政策支持

推动教学改革构建一流的教育教学体系离不开学校政策的支持和引导，学校应该把教学改革放在核心位置，制定相关的政策，鼓励大学英语教师进行混合式教学模式的实践和研究，充分调动教师的积极性，以现代教学理念为引领，以教学内容优化为核心，以教学模式创新为手段，促进现代教育技术与教育教学的结合。同时学校还应加强教学资源建设、改善教学条件、完善管理服务，创新学生培养机制，严格学习过程管理，激发学生学习内生动力。

四、结束语

综上所述，线上线下混合式大学英语教学改革有助于学生个性化学习方法的形成和自主学习能力的提高，能在很大程度上有效地改善传统大学英语的教学和学习效果。实际的应用不仅需要教师要熟练运用教育信息技术、教学设计、教育心理学等教育理论不断改进教学方法还需要得到学生的配合和学校各方面的支持服务，只有这样才能使大学英语课程与信息化技术达到更深层次的有机融合，丰富大学英语教学模式，推动大学英语教学改革。

参考文献

[1] 马跃 . 网络化时代的商务英语教学 [J]. 辽宁教育行政学院学报，2011,（01）：56-59.

“互联网+”时代下结合“翻转课堂”和“雨课堂”打造大学英语混合式课堂教学模式的思考

杨　琨*

【摘要】在互联网高速发展的今天，在教育部吹响“课堂革命”的号角之际，传统的课堂教学方式已经难以满足学生们个性化、快节奏的学习需求，对现有的课堂教学模式进行改革已是大势所趋，混合式教学模式便是在这样一种“互联网+教育”的时代背景下产生的。本文通过对采用“翻转课堂”和“雨课堂”结合的混合式教学模式的探究，旨在找到一种更为进步的、符合当前社会发展规律的新型大学英语课堂教学形态。

【关键词】“互联网+”大学英语教学；翻转课堂；雨课堂；混合式教学

Abstract: With the rapid development of the Internet, under the horn of the “Classroom Revolution”, the traditional classroom teaching method finds itself difficult to meet the individualized and fast-paced learning needs of students, and thus the existing classroom teaching model has to be reformed. The blended teaching mode is produced in the context of such an “Internet + education” era. Through the exploration of the blended teaching mode, combined with “Flip Classroom” and “Rain Classroom”, this paper aims to find a new type of college English classroom teaching mode that is more advanced and conforms to the current social development.

Key Words: “Internet+” college English teaching; flipped classroom; rain classroom; blended teaching

一、引言

在互联网不断发展的今天，一切都在变化：我们的教育理念变化了，教学手段变化了，教学内容变化了，与此同时，与课堂教学息息相关的两个主要元素

项目信息：福建省2019年本科高校教育教学改革研究项目“大学英语写作教学模式创新：理念与实践”（FBJG20190185）的阶段性成果。

* 杨琨硕士，讲师，外语教学部教师；研究方向为英语写作教学。

也发生了极大的变化。首先，课堂教学的主要对象——学生发生了变化：这一代大学生是互联网的原住民，他们是伴随着互联网成长起来的一代，他们热衷于借助现代信息技术手段来完成学习任务。另外，课堂教学的场所——教室也在悄悄发生着变化。目前很多教室已经覆盖无线局域网，并配备了内置电子白板功能的触控投影一体机和其他配套控制软件等设备，由以往的多媒体教室升级为智慧教室。

除此之外，随着移动互联网技术的飞速发展，智能手机已成为教师和学生生活中不可或缺的电子产品。智能手机的出现给我们的生活带来了极大的便利，但也给当前的教育带来了很大的冲击。课堂上部分学生通过手机看小说、浏览网页、聊 QQ 和微信已成为常态。如何杜绝这个问题一直是摆在一线教师面前的一道难题。

面临这诸多的变化和挑战，作为老师，如果还固守成规，在现代化的智慧教室里，用传统的授课方式给“零零后”大学生上课，势必会导致教学效果差，学生学习效率低的结果。在这种情况下，教师应如何顺应时代的发展，利用现代科技手段来实现课堂革命、响应号召、杜绝水课、打造金课，使得课堂能够做到以学生为中心，让学生们在课堂上不再做低头族，而是积极参与到课堂中来，从每堂课中获益呢?

2017 年 9 月，教育部党组书记、部长陈宝生在《人民日报》撰文，吹响了“课堂革命”的号角（陈宝生，2017）。他指出一切从学生出发，我们做任何工作必须考虑学生喜欢不喜欢，愿意不愿意，拥护不拥护，答应不答应，发展不发展，这是教育工作的出发点。我们必须建立教是为学服务的理念，所有的教必须服从服务于学，构建一个以学为中心的课堂行动模式。2018 年 4 月教育部发布《教育信息化 2.0 行动计划》，提出要积极推进“互联网 + 教育”，“坚持信息技术与教育教学深度融合的核心理念。”2018 年 5 月 3 日，习总书记在北京大学师生座谈会上的讲话中指出，“随着信息化不断发展，知识获取方式和传授方式、教和学关系都发生了革命性变化。这也对教师队伍能力和水平提出了新的更高的要求。”

这就要求我们要以培养学生全面发展素质为目标，适应学生的个体特征，激发学生主动学习的兴趣，同时充分利用现有的新型现代化智慧教室系统，结合互联网的线上学习，找到一种更为进步的、符合人才培养规律的新的课堂教学方式。为此，以互联网技术支持为特征的混合式教学模式则为课堂改革和创新提供了新的方向和出路。

二、结合“翻转课堂”和“雨课堂”的混合式教学模式的理念和特点

1. 什么是混合式教学

混合式教学从狭义来说是指将在线教学和传统教学的优势结合起来的一

种“线上”+“线下”的教学。在中国首次提倡混合式教学概念的是北师大的何克抗教授，他认为：“所谓混合学习就是要把传统学习方式的优势和 e-learning 的优势结合起来，既要发挥教师引导、启发、监控教学过程的主导作用，又要充分体现学生作为学习过程主体的主动性、积极性与创造性。”（何克抗，2004）

在“互联网 + 教育”背景下，混合式教学模式具有更广泛的定义，除了把传统课堂教学优势和网络化在线教学优势结合起来，还包括利用现代信息化教学平台和教学资源的便捷优势，通过课堂翻转模式及课堂互动模式，广泛利用讲座式教学、案例式教学、研究型教学和问题导向教学等多种教学形式以及将多种教学方法有机融合在一起，形成适应不同教学主体和课程体系的混合式教学模式。

2. 什么是翻转课堂

翻转课堂是学生在课前通过视频学习新知识、新内容、产生困惑、发现问题，回到课堂与师生探讨解决困苦与问题的教学模式。翻转课堂的特点是强调“以学生为中心”的互动式、参与式学习方法，教师的作用是引导、启发、辅助学生，从课堂教学的传授者转为学习的促进者；学生的角色也发生了变化，从被动的接收者变为课堂的学习主体，也就是说翻转课堂是让学生用自主学习的方式将所获取知识内化的过程。

3. 什么是雨课堂

“雨课堂”是清华大学于 2016 年 4 月推出的智慧教学工具，它是一款旨在将师生连接起来的智能终端。它内置于 PowerPoint 中，教师在桌面端安装了雨课堂之后打开 PPT 就可以看到雨课堂，如图 1 所示。教师通过微信扫一扫，开启雨课堂授课、创建课程和班级、确认【开启雨课堂】之后便可进入雨课堂教学，学生则可通过安装了微信的智能手机扫一扫课堂二维码或输入课堂暗号即可进入。雨课堂可实现扫码签到、弹幕互动、PPT 同步至学生手机端以及随机点名等基本功能。雨课堂也可以在课前—课上—课下向学生推送作业、考试和互动话题。此外，雨课堂还有数据统计功能，让教师及时了解课堂效果及需要关注的学生。

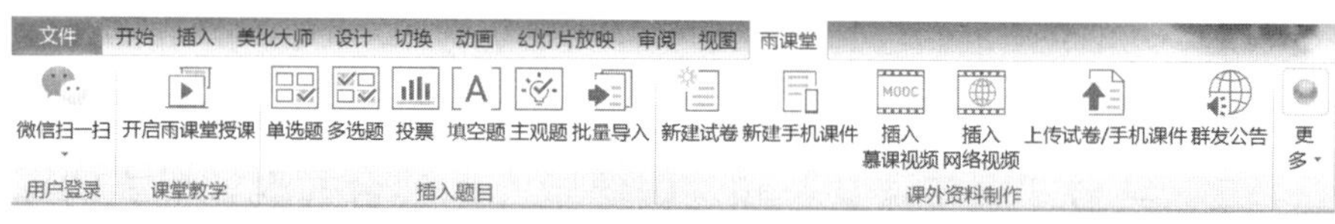

图 1　雨课堂的桌面端界面

4. 结合“翻转课堂”和“雨课堂”的混合式教学模式的特点

互联网的发展为高校的教师和学生提供了一个开放、共享、可有效互动的协作平台。许多高校都开始用MOOC、SPOC和各种混合模式的翻转课堂对传统课堂进行改革。经过几年的课堂教学探索，笔者摸索出来一种结合“翻转课堂”及“雨课堂”的混合式课堂教学模式。该混合式教学的特点主要体现在以下几个方面：教学资源由封闭转为开放，学习方式由被动转为主动，教学方式由灌输转为互动。

（1）教学资源的开放性

高校“互联网+教学”跨界融合后产生的新生态的最大特点就是开放。这种开放体现为教师开放式备课、学生开放式学习、知识开放式传播、师生开放式互动、教学场域开放、教学资源开放等方面。诚如桑雷所言：“互联网与教育的互动必将打造出更加开放的教学环境，催生出教学共同体的崭新样态。”（桑雷，2016）MOOC作为一种新型的在线开放式教育模式，体现现代教育思想，反映学科最新发展方向和成果，推进教育资源共享。MOOC具有短小、大规模、重点突出、网络化、个性化、开放性、科学性等特点。教师可以选取相关专业和内容的MOOC作为传统教学模式的延伸与补充，让学生享受到更加丰富的教学资源。

如今，社会中对综合性人才需求越来越多，因此，学校更加重视对复合型人才的培养，同时也正将学科进行融合。在这种学习模式的下，学生平时学习到的知识不仅仅是单独学科的知识，而且还包含着各学科知识体系之间的联系，这有利于学生在学习过程中发散思维。

（2）学习的主动性

由于慕课的出现，学生可以通过翻转课堂这样的教学模式，在课前自主学习知识。因为MOOC里的课程是以视频形式传授的，使传统意义上的课前预习变得有趣、有针对性，学生愿意学、主动学。在学习新知识、新内容时可能会产生困惑，发现问题，当学生们带着较好的知识基础以及有待解决的疑点、难点走进教室时，便可以在老师的带领下，积极主动参与课堂活动，从而有针对性地解决问题。

翻转课堂将部分教学内容通过课外时间传达，使课堂的更多的时间能够用来开展面对面的深层学习活动，使得学生从被动的接收者变为课堂的学习主体。也就是说翻转课堂是让学生用自主学习的方式将所获取知识内化的过程。

（3）教学方式互动性

“互联网+”教学推动了高校传统的教学环境的改变。在“互联网+”教学模式下，部分高校的教室已经升级为配有信息化电教平台、网络化教学系统和智能终端学习平台等软硬件的智慧教室。伴随“雨课堂”的使用，课堂教学不再是教师的一言堂，学生也不再是沉默不语的听众；伴随“雨课堂”的使用，课堂时刻充满互动、充满挑战、气氛活跃。

“雨课堂”除了能够推送与教学章节内容相关的视频或图片之外，最大的特点是可以时时进行互动，互动的方式包括：1. 推送测验题。测验题可以是客观题也可以是主观题。客观题可以考察学生对已学知识点的掌握，师生能及时看到测验结果，并马上给予反馈；主观题可以让学生直接参与到教学中来，活跃课堂气氛；2. 发起弹幕。当察觉学生们的关注度下降时，教师可以及时发起弹幕，让学生们就某一话题用手机终端发表简短看法，学生的发言同时会呈现在大屏幕上，这样能使得更多的人参与到课堂交流中来。3. 随机点名。当发起随机点名时，学生们的名字便在大屏幕上一直滚动，直到按下停止键时，屏幕便会锁定一名同学。这种点名方式既直观又刺激，能够引起学生们的极大兴趣。4. 课后总结。通过雨课堂可以获取课堂教学统计数据，包括学生数据和习题数据，以便及时掌握优秀学生的情况，还有学生对各知识点的掌握情况。根据这些数据教师可以对课堂教学情况进行总结，根据存在的问题教师可以及时修改教学设计内容。

三、该混合式教学模式在大学英语写作课堂教学中的应用

1. 课前预习阶段

课前预习阶段即线上学习阶段，这个阶段需要学生充分利用互联网及慕课资源。为了能让学生们在课前提前学习写作知识，我们在中国大学慕课网上开设了与课程配套的“大学英语写作基础”这门课，学生们在课前可以登录慕课网自主学习（见图 2）。这一步在混合式教学中非常重要，既强化了学生们的自学能力，又提高了课堂效率，因为把这部分拿到课前来学习，可以使得学生们根据自己的学习能力和学习习惯，按照自己的方式来学习，这既培养了学生的学习主动性，同时又提高了课堂效率并节省了课堂时间用以进行其他探究式学习。

Steps	**Teaching Procedures**	**Things to do**	**Benefits**
1 **Before class**	➢ *Pre-class Activities* Get yourself well prepared, including: 1. Watch the video lectures on MOOC, 2. Read through all the notes. 3. Complete the on-line test, 4. Join the on-line discussion,		**Students' Assimilation of new knowledge**

图 2　课前预习

2. 课上互动阶段

课前互动阶段即线下学习阶段，这个阶段就是传统的课堂阶段（见图 3），但是与传统课堂不同之处在于，如今的教室已经变成了智慧教室，因此此时的传统课堂已经变成了智慧课堂。而实现师生互动、促进学生参与度、使课堂气氛变得活跃的有效手段是借助“雨课堂”。教师可以借助雨课堂上点名，发言，分组，抽签，测评，甚至发红包等功能促进学生们积极参与，提高参与度，使得课堂气氛变得活跃。

2 In class	➢ *Practice in Class* 1. Complete the quiz.		**Check Students' understanding of key information**
	2. Complete a range of activities through different approaches (exercises, discussion, group work, etc.)		**Students' applying and analysis of their knowledge**

图 3　课堂互动

3. 课后总结阶段

课后总结阶段即线上阶段，课堂教学结束，并不代表教学活动的结束，在这个阶段可以通过“雨课堂”和网上慕课的后续作业来强化学习效果（见图 4）。

3 After class	➢ *Post-class Assignments* 1. Have a good understanding of the main contents of this chapter through reflection and summary.	 Practice Field	**Students' evaluation of their learning**
	2. Complete assignments so as to put the learned knowledge into practice.		**Students' consolidation & creative use of their knowledge**

图 4　课堂总结

四、关于混合式教学的几点思考

1. 推动教学理论的发展。“互联网 +”混合式教学模式丰富了现代信息化教学内涵，引起了教学内容、教学方法、教学组织形式一系列变化，导致了教学思想、教学观念，甚至教学体制的根本转变。

2. 推动以学生为中心的教学转变。“互联网 +”混合式教学模式倡导以学生为中心的教学理念，借助先进的电子虚拟教学平台和网络在线教学平台等多种信息技术手段，提高了学生信息化过程中的感知、认知兴趣，从而有利于提升“学”的主体作用，提高学生的主体地位，培养学生有效利用资源进行自主学习和个性化学习的能力。

3. 推动教师主导能力的提高。“互联网 +”混合式教学对教师主导能力要求大大提高。先进的信息化教学技术手段的应用，对教师信息化教学平台的使用、教学设计和先进教学资源的应用均提出了能力要求，需要教师付出更多精力从事教学设计及准备工作。同时多样化教学方式对应多样化的教学活动，特别是学生主体的实践活动等，对教师课堂管控能力和线上线下监督能力都提出了新的要求；多样性的混合式教学形式又对应着多样性的考核及评价方式，有效的考核标准和评价体系对教师能力也提出了新的挑战。教师只有不断加强自身专业知识的积累、提高教育技术和更新教育理念，才能更好地利用好网络教学平台，在新的教学形势下取得更好的成绩。

五、结语

随着信息化技术的发展，高等教育进入了“互联网 +”时代，对传统教学的改革发展既是机遇也是挑战。“互联网 + 教育”成为推动教学改革发展新的动力，而且为我国高等教育内涵赋予了新的内容。混合式学习在“互联网 +”的技术支持下，结合“翻转课堂”和“雨课堂”二者的优势，使教学模式呈多样化特点，教学技术手段呈信息化趋势，教师主导地位和学生的主体地位均发生了明显改变，教学环境及教学资源得到快速发展。因此开展“互联网 +”混合式教学研究与实践探索，有利于推动大学英语课堂教学的不断发展和进步。

参考文献

[1] 陈宝生 . 努力办好人民满意的教育 [N]. 人民日报，2017-09-08（07）.

[2] 何克抗 . 从 Blending Learning 看教育技术理论的新发展 [J]. 中小学信息技术教育，2004，4：21-31.

[3] 桑雷 .“互联网 +”背景下教学共同体的演进与重构 [J]. 高教探索，2016，3：79-92.

宏观视角看外语教学

大学英语课"课程思政"建设内容与途径初探

方　芳*

2016 年 12 月，习近平总书记在全国高校思想政治工作会议上强调，高校思想政治工作要坚持把立德树人作为中心环节，把思想政治工作贯穿教育教学全过程，实现全程育人、全方位育人。2019 年 3 月，习总书记在学校思想政治理论课教师座谈会上再次强调，在大中小学循序渐进、螺旋上升地开设思想政治理论课非常必要。这两次重要讲话，将学校（尤其是高校）的思政教育提升到前所未有的高度，引导着广大教育工作者共同探索如何利用好课程教学这个渠道，使各类课程与思政课同向同行，形成协同效应，以落实立德树人根本任务，培养担当民族复兴大任的时代新人。作为高等教育有机组成部分的大学英语课程，也担负着同样的责任，在大学英语课程中做好思政教育工作，必将成为大学英语改革的一个重要内容。

一、"课程思政"的含义与理念

"课程思政"的概念虽然没有定论，但是以目前的研究来看，可以大致将其理解为"依托、借助于专业课、通识课而进行的思想政治教育实践活动，或者是将思想政治教育寓于、融入专业课、通识课的教育实践活动"。（赵继伟，2019：114-119）

"课程思政"首先体现了"大思政"的育人理念。随着 2016 年全国高校思想政治会议的召开，"大思政"在我国高等教育中的战略地位和工作格局正式确立。高校思想政治工作已经不再是专属于高校宣传部门、思想政治理论课教师和辅导员的工作，而是成为各级党委政府、高校各个部门、所有高校教师的共同责任。

"课程思政"也是"隐性教育"理念的一种具体实践形式。教育可以分为显性教育和隐性教育两种形式，那么其中的思想教育也有显性思想教育与隐性思

* 方芳博士，副教授，外语教学部教师；研究方向为国际传播学。

想教育之分。显性思想教育指的是通过各种的外在设施，以直接的、正面的甚至是注入式的方式方法让受教育者接受规定的有关思想或行为规范的教育方式。国内的大多数高校长期以来主要使用的都是显性思想教育这一方式。然而随着时代的发展，传统的显性思想教育的弊端日益凸显，学生厌学抵触，效果难如人意。与此同时，隐性思想教育的方式逐渐引起了教育界的重视。所谓隐性思想教育就是通过迂回渗透的形式，借助间接性的内隐的教育活动，引导受教育者在具有教育性的环境中，获得对其个性全面发展有益的思想与行为规范的一种特殊教育模式，能对大学生的情、意、行方面能产生润物细无声的教育效果。（刘凤娟、宋振超，2019：120-124）从孔子的“里仁为美”到陶行知的“生活即教育”，从苏格拉底的“美德即知识”到美国的公民教育，古今中外的教育家无不推崇隐性思想教育的积极意义。“课程思政”将思想政治教育融入专业课、通识课等教育实践活动之中，对学生的思想觉悟和道德品质起到了潜移默化的作用。

二、大学英语课进行“课程思政”建设的优势

（一）大学外语教育是我国高等教育的重要组成部分

教育部颁布的《大学英语教学指南》（2017 版）中提出：“大学英语作为大学外语教育的最主要内容，是大多数非英语专业学生在本科教育阶段必修的公共基础课程，在人才培养方面具有不可替代的重要作用。”在国内的任何高校，大学英语课都是一门基础课、必修课。在众多高校课程中，大学英语课面向的学生人数众多、持续时间长、学分高，因此影响面较其他课程更广。

（二）大学英语课程除了具有工具性，还具有人文性

《大学英语教学指南》中明确指出：“大学英语课程重要任务之一是进行跨文化教育。语言是文化的载体，同时也是文化的组成部分，学生学习和掌握英语这一交流工具，除了学习、交流先进的科学技术或专业信息之外，还要了解国外的社会与文化，增进对不同文化的理解、对中外文化异同的意识，培养跨文化交际能力。人文性的核心是以人为本，弘扬人的价值，注重人的综合素质培养和全面发展。社会主义核心价值观应有机融入大学英语教学内容。因此，要充分挖掘大学英语课程丰富的人文内涵，实现工具性和人文性的有机统一。”这决定了大学英语课程能够很好地融入思想政治教育的内容，做到与思想政治理论课同向同行，实现协同效应。

（三）大学英语课程中具有大量的思政教育元素

高校的大思政工作强调“育德和育才相统一”的理念，也就是不仅仅要对

学生进行马克思主义科学理论教育，还要引导学生坚定理想信念，树立正确的世界观、人生观、价值观，自觉弘扬社会主义核心价值观。此外，还要培育学生的独立思考能力、文化素养和科学协作精神、创新创业精神等等。体现在大学英语课程中，思政教育的元素包括以下几个方面。

1. 与社会主义核心价值观高度一致的教材内容

大学英语课程的人文性决定了大学英语教材在编写的时候就必须将其内容中所倡导的价值观作为一项重要的选择依据。社会主义核心价值观的基本内容是：富强、民主、文明、和谐，自由、平等、公正、法治，爱国、敬业、诚信、友善。这几乎可以在所有的大学英语教材中找到相关的内容。以《全新版大学英语综合教程》为例，根据上海交通大学的研究统计结果，在这套教材的共 6 册 48 个单元的 96 篇课文中，与“富强、民主、文明、和谐”这四个国家层面的价值观相关的课文有 10 个单元，占总数的 20.8%；与“自由、平等、公正、法治”这四个社会层面的价值观相关的课文有 8 个单元，占总数的 16.7%；而与“爱国、敬业、诚信、友善”这四个个人层面的价值观相关的课文多达 30 个单元，占 62.5%。此外，在 48 个单元中有 25% 的课文是与社会主义核心价值观直接相关的，余下 75% 的课文皆与社会主义核心价值观间接相关。显然，大学英语课程的教材内容与社会主义核心价值观的基本内容是高度一致的。（张雪珍、赵学延、苏坤，2018：47-49）

2. 与时事新闻紧密联系的教学材料

在大学英语课程中，教师除了使用教材中的教学材料，还需要自行补充大量的课外教学素材。这些课外教学材料往往来自各大英文媒体的新闻报道，专题特写，纪录片等等，因此具有比较强的时效性，能够将教学内容与新闻、时事很好地结合起来，有利于学生真正搞懂面临的时代特征，深刻把握世界发展走向，认清中国和世界发展大势。例如在《全新版大学英语综合教程》第四册的教学中，教师们往往会在第四单元“Globalization”的教学中，补充关于当年的达沃斯论坛的报道，或是播放习近平主席等领导人在达沃斯论坛上的讲话，以帮助学生了解全球化的最新发展。在第七单元“The 9/11 Terrorist Attacks”的教学中，也会整理近年来国际上的重大恐怖袭击事件，并播放一些新闻视频，让学生们在锻炼听力，学习语言的同时，也加深了对国际恐怖主义形势的了解，更体会到国内安全、稳定、和谐的社会环境来之不易。

3. 丰富多元的中外文化探讨比较

语言是文化的载体，是社会文化的一个组成部分，因此语言离不开文化，文化也依靠语言传递。大学英语的教学不可能独立于文化教育而存在，大学英语课程的重要任务之一就是进行跨文化教育。跨文化教育不仅在于帮助学生了解国外的社会文化，还要求学生能够用英语传播中国文化，这样才能真正培养学生跨文化交际的能力，增进学生对不同文化的理解以及对中外文化异同的认识，培养学生文化自信，增强学生的国际视野。在大学英语课程中，探讨比较中外文化的机会俯首皆是。以《全新版大学英语综合教程》第一册为例，第一、第八单元对比了中西方的教育模式，第二单元比较中西方的友情观，第四单元比较了美国梦和中国梦，第五单元比较了中西方的家庭观，第六单元比较了中西方的爱情观，中西方的情人节等等。

三、大学英语课程进行思政建设的途径

在大学英语课中进行课程思政教育，已经成为大学英语改革中一个必须思考的内容。而如何进行大学英语课程的思政建设，我认为可以从以下几个方面进行探索。

（一）转变教师观念，让思政教育贯穿高校教育全过程

长期以来思政教育被认为是马克思主义学院的工作，而大学英语教师的任务只需要帮助学生掌握好英语这个语言工具就够了。然而立德树人是一个密切联系、相辅相成的有机整体。所谓立德，就是立德业，养德性，有德行。要培养具有坚定的理想信念、崇高的思想品格、优良的道德品质的接班人。所谓树人，就是培才能，练技艺，有才学。要培养高素质、能力强、具有健康心智，有一技或多技之长的人才。立德主要体现出的是育人，树人主要体现出的是育才。立德主要通过思政课程教育教学的引导来体现；树人则主要通过课程思政的教育教学来体现。教师们要认识到思政教育贯穿高校教育全过程的重要性，深入理解课程思政理念，转变思政教育仅仅属于思政教师或者辅导员的职责这一片面想法，主动意识到在英语教学过程中融入思政教育的必要性。

（二）优化课程内容，提高中国文化的能见度

目前的大学英语教学的内容取材大都来自国外的媒体、文献或文学作品，造成了一种英美文化“独霸”，中国文化“失声”的文化逆差现象。因此，学生们很容易被新颖的异国文明和文化所吸引，这可能导致学生盲目推崇异国文化，摈弃中华优秀文化和价值观的现象。在授课过程中，教师们常常会面对学生们对于中国文化的话题要么知之甚少，要么无力表述的尴尬现状。因此，在编辑教材和选择课程素材的过程中，教师们应该有意识地加入中国文化的元素，使大学英语教材不再是单向的英美文化输入，使大学英语教学也不再是片面培养大学生的“单向跨文化交际能力”。只有这样，才能使学生们真正具备国际视野和跨文化交际能力，讲好中国故事。

（三）增强媒介素养，培养社会主义价值观

随着新媒体发展的日益成熟，智能手机等移动信息媒介在高校学生中早已普及。大学生们在掌握了英语这一通用语言工具之后，更可以轻易地接触到来自世界各地的种种信息。然而这些信息中充斥着大量的不实或者有害的成分。一方面，随着群众生活水平的改善，网络媒体中形成了一种“娱乐至上”的不良倾向，许多年轻人沉迷于刷“抖音”“快手”之类的娱乐短视频，如不加以正确的引导，将造成青年学生价值观的扭曲。另一方面，学生们接触到的大量西方影视作品、甚至新闻报道中，大都以种种形式宣扬着西方的主流价值观，如果学生们没有足够的媒介素养，不能加以辨别，则很可能被欺骗或者渗透，受到西方民主价值观，甚至恐怖主义价值观等的侵害。大学英语教师在授课过程中，要有意识地对学生们进行媒介素养教育，例如分析西方媒体如何“妖魔化”中国等，帮助学生掌握正确使用媒体，分析媒体信息的能力，让社会主义价值观为学生筑起一道牢固的长城，才能使学生不惧任何有害信息的侵蚀。

（四）创新教学模式，使思政元素以喜闻乐见的方式潜移默化

大学英语课的课程思政教育主要是隐性的思政教育，因此要充分发挥隐性教育的优势，注重启发性的思政教育，因事而化、因时而进、因势而新，顺应大数据、人工智能的发展趋势，采用翻转课堂、慕课、微课等学生喜闻乐见的教学方式、贴近学生日常生活的教学内容，以创新性的教学方式激发课堂活力，这样才能提升大学英语课程的育人效果。

综上所述，如何在大学英语课程中进行思政教育已经成为各大高校不能回避的课题。大学英语课程的特点使之具有进行思政教育的种种优势，但是如何发挥这些优势，需要高校大学英语教师们跳出窠臼，用新时代中国特色社会主义思想铸魂育人的思想武装自己的头脑，改革创新，主动作为，才能做到以春风化雨、润物无声的方式，实现全员全程全方位的立德树人。

参考文献

[1] 赵继伟．“课程思政”：涵义、理念、问题与对策 [J]. 湖北经济学院学报，2019，17（02）：114-119.

[2] 刘凤娟、宋振超．隐性教育视角下高校学生思政教育工作的审视 [J]. 黑龙江高教研究，2019，37（01）：120-124.

[3] 教育部高等教育司．大学英语课程教学要求 [M]. 北京：高等教育出版社，2007.

[4] 张雪珍、赵学延、苏坤．将社会主义核心价值观有机融入大学英语教学 [J]. 中国高等教育，2018，19：47-49.

[5] 习近平在全国高校思想政治工作会议上的重要讲话 [N]. 人民日报，2016-12-09（1）.
[6] 习近平主持召开学校思想政治理论课教师座谈会强调：用新时代中国特色社会主义思想铸魂育人，贯彻党的教育方针落实立德树人根本任务 [N]. 人民日报，2019-03-19（1）.

全球化的新发展与我国大学英语教学面临的新挑战及对策

黄 媛*

【摘要】进入21世纪以来，全球化进程在参与国家、内容以及利益等方面都发生了重要变化，中国参与全球化进程的范围、领域以及程度也大幅扩大。这对于我国大学英语教学能否适应全球化，尤其中国参与全球化提出了多方面的挑战。为了应对挑战，大学英语教学应该调整教学内容、完善教学方式以及通过多种方式强化老师的能力建设。

Abstract: Since the 21st century, there have been a number of substantial changes of globalization in terms of participating countries, content and interests, and China has significantly expanded its participation in the globalization in the scope, area and depth. These changes pose several challenges on English teaching in Chinese universities as to whether it can meet the globalization and China's participation in globalization. In order to engage challenges, the teaching content should be adjusted, the teaching approach should be improved and several measures should be taken to strengthen the capability building for English teachers.

任何非母语教学的必要性根本上都根植于跨国交流，这就决定了评估非母语教学有效性的最终标准也应当是非母语教学是否适应变动着的跨国交流的需要，进而取决于人们对于全球化的发展——它决定了跨国交流的内容与形式——是否有准确的把握。同样重要的是，无论在广度还是在深度方面，晚近中国参与全球化进程都呈现出一些重大的变化，我国的大学英语教学有必要针对这些变化做出相应的回应，否则可能无法适应学生对于英语学习的需求。正是由于这些考虑，虽然笔者认为近年来许多学者鉴于新技术——比如网络技

项目信息：国家社科基金重点项目“中国提高在国际经贸规则制定方面的法律话语权研究”（0130-K1816003）的研究成果。

* 黄媛硕士，讲师，外语教学部教师；研究方向为应用语言学。

术——的不断涌现与应用而倾向于从形式与方式的角度讨论大学英语教学的改进无疑是非常有益的，但笔者仍然期待通过考察晚近全球化的新发展，尤其中国参与全球化的新实践来认识大学英语教学面临的新的挑战——笔者认为这些挑战无法，至少无法充分地通过教学技术的改进而获得有效的应对，进而针对我国大学英语教学的改进提出若干管见。

一、全球化进程的若干新发展

作为大学英语教学的基本语境，全球化的发展可以从两个方面进行考察，即（1）从一般意义上说，晚近全球化发展发生了哪些新变化；（2）从特殊意义上说，中国参与全球化进程发生了哪些新变化。以下分别予以讨论。

（一）全球化新发展的一般表现

人们普遍认为全球化进程开始于15世纪末、16世纪初欧洲人发现新大陆，但人们也普遍认为20世纪90年代以来，即“冷战”结束以来的全球化才具有真正的“全球”性特征。然而，进入21世纪以来，尤其2008年全球金融危机以来，全球化进程又出现了一些重要的变化。具体体现在三个方面：

第一，参与全球化进程的国家越来越多。“冷战”期间，东西方阵营很大程度上泾渭分明，社会主义与资本主义国家很大程度上只是在各自阵营内开展政治、经济与文化交流。与此同时，相当多数的发展中国家对于全球化进程还持一种保守甚至抵触的态度。“冷战”结束以来，不同社会制度、不同发展水平的国家意识到参与全球化进程总体上有利于本国的发展，因而更加积极地参与全球化进程，跨国交流也变得越来越活跃。诚然，近年来，一些国家采取了所谓的“逆全球化”措施，但这并不会导致跨国交流的减少，而只是导致跨国交流变得更加复杂。

第二，全球化进程的内容越来越丰富。在全球化进程的早期，跨国交流的内容相对简单。比如，跨国交流往往侧重增进对其他国家的政治、经济与文化情况的了解。尤其是，作为全球化核心内容的国际经济交易的对象与方式都保持着长期稳定。与此不同，“冷战”结束以来，随着技术不断进步，全球化进程的内容越来越丰富，跨国交流的领域越来越广泛、水平越来越高。以国际经济交易为例，新兴的国际交易产品、交易方式层出不穷。这些都使得跨国交流变得越来越复杂。

第三，全球化进程的利益越来越多元。利益多元化是晚近全球化进程的一个重要特征。全球化带来的收益固然是巨大的，但它们在不同国家之间以及同一个国家内部的不同人们之间的分配都是不均衡的，这种不均衡性使得晚近全球化进程中发生的矛盾、争议以及冲突越来越多。因此，有效的跨国交流可以减少、解决全球化过程中的矛盾、争议以及冲突。

（二）中国参与全球化进程的新发展

从20世纪70年代末开始实施改革开放政策以来，我国积极参与全球化进程，跨国交流大幅增加。21世纪以来，尤其随着习近平新时代中国社会主义思想的提出与实践，我国参与全球化进程迈入新的历史阶段。主要体现在两个方面：

第一，中国前所未有地扩大了参与全球化进程的区域。改革开放后的相当长时期内，中国参与全球化进程的对象国主要是西方发达国家，因为这些国家可以为中国发展经济提供大量的资金、先进的技术和庞大的市场。晚近，中国进一步加强了同广大发展中国家的合作，与非洲、亚洲、拉丁美洲的众多发展中国家都建立了合作机制。可以认为，中国的跨国交流活动已经触及世界的所有角落。换言之，中国正在跟许多以往不太熟悉的国家进行跨国交流了。

第二，中国前所未有地扩大了参与全球化进程的领域与程度。改革开放后的相当长时期内，中国参与全球化进程的领域是有限的，水平也是比较低的。比如，进入21世纪以前，中国主要在贸易领域参与全球化进程，但在投资和金融领域参与全球化进程的程度比较低。近年来，中国全方位地参与全球化进程。因此，中国的跨国交流也变得越来越丰富、越来越复杂。

二、我国大学英语教学面临的若干新挑战

正是由于全球化进程的不断推进与中国参与全球化进程的不断深化，大学英语教学对于中国要实现增强在国际事务中的话语权的目标的重要性与日俱增，对此，广大英语教师应当具有坚定的信心。与此同时，我国大学英语教学也因此面临着一些可能通过技术性思路无法，至少无法完全应对的重要挑战。这些挑战主要表现在两个方面：

第一，大学英语教学能否适应中国在传统的西方发达国家之外与数量庞大的发展中国家从事跨国交流的需要。众所周知，“中西”，而非“中外”文化比较是以往的大学英语教学中的一个非常重要的内容，通过英语教学了解中西文化差异被认为是大学英语教学的一个重要目标。其中，广大英语教师尤其倾向于通过介绍英美两国的文化以帮助中国学生了解中西文化的差异。与此不同，诸如非洲、拉丁美洲国家之类的非西方国家的文化在英语教学中受到的重视要少得多。然而，如前所述，当前中国几乎与所有的国家都进行了密切的政治、经济、社会与文化交流。在此情况下，英语教师能否摆脱“西方中心主义”，在教

学过程中向学生展示更加多元的外国文化对于增强学生对外国文化的全方位了解，减少未来从事跨国交流可能面临的文化障碍具有重要的意义。显然，这对于传统上侧重于研究西方文化的广大英语教师提出了新的挑战。因此，如何适应中国不仅与西方国家开展跨国交流，而且与非西方国家开展跨国交流的发展态势是我国英语教学面临的一大课题。

第二，大学英语教学能否适应中国全方位、高水平地参与全球化进程的需要。在全球化进程领域比较有限、水平比较低的时代，英语教学主要是帮助大学生一般性地提高英文理解、沟通与写作能力。在中学英语教学还不足的情况下，大学英语教学仍然把听说读写译语言基本功训练作为主要的教学内容与考核手段。因此，大学中的非专业英语教学通常被认为是“公共英语”或者“综合英语”，某种程度上成为中学英语教学的“2.0 版”。当前，全球化进程的内容越来越丰富，利益越来越多元。并且，如前所述，当前，中国参与全球化进程的领域越来越广泛，水平越来越高。在此情况下，英语教师能否与时俱进，在教学中适当地纳入全球化进程中的新现象、新事物、新观念、新问题，关系到大学非英语专业教学能否在作为“公共英语”的“存量价值”基础上实现“增量价值”，使英语教学与各门类（比如政治学、经济学、社会学、历史学）的专业教学相互协调，进而维持甚至提高大学生学习英语的兴趣。

三、改进我国大学英语教学的若干对策建议

面对我国大学英语教学面临的上述一系列挑战，为了维持甚至提高大学生学习英语的积极性，提高英语教学的有效性，为大学生展示丰富多彩的全球化世界。笔者认为，可以考虑采取以下应对措施：

第一，调整英语教学内容。一方面，可以考虑从全球化的思路选择或编写英语教材。比如，可以在教材中纳入涉及电子商务、知识产权、投资保护、贸易自由化、网络安全、国际争端解决的文献。另一方面，考虑到教材毕竟是相对固定的，不可能经常变更或修订，教师可以在教学过程中增加这方面的讲授内容或者考核内容。

第二，完善英语教学方式。在这方面，可以考虑加强“事件教学”，即选择全球化进程中的特定行为或事件，引导学生搜集相关英文文献，要求学生必须事先阅读文献，然后以具有相关专业背景的学生为主组织进行课堂讨论，其他学生参与讨论。比如，由于讨论具有明显的主题性，学生参与讨论的积极性会比较高、空间也比较大。这可以使英语教学充分发挥不同院系的学生的专业知识优势。

第三，强化教师的能力建设。教师是大学英语教学能否适应全球化新发展

的关键。显然，面对全球化进程中出现的新现象、新事物、新观念、新问题，以往满足于“公共”英语教学的教师一定程度上已经无法适应英语教学的需要。因此，强化能力建设，完善英语教师的知识结构是一个重要的课题。在这方面，可以考虑定期邀请人文学院、经济学院、管理学院、公共事务学院、新闻传播学院、法学院等单位的专业教师为英语教师做学术讲座，拓宽教师的知识面，应该考虑继续鼓励英语教师攻读其他专业的博士学位，还可以通过建立机制促进英语教师之间的交流，取长补短，等等，这些非英语专业的知识对于提高英语教学水平实际上是很有帮助的。

参考文献

[1] 姚海桃 . 基于大数据背景的大学英语教学模式创新探索 [J]. 海外英语，2019，4：148-149.

[2] 汪元媛 . 人工智能 + 大数据背景下大学英语教学变革浅议 [J]. 海外英语，2018，15：80-81.

[3] 李贵君 . 慕课时代大学英语教学面临的机遇与挑战 [J]. 课程教育研究，2018，15：85-86.

[4] 何鹃 . 慕课背景下大学英语教学的反思 [J]. 广西社会科学，2017，1：218-220.

[5] 韩国崇 .“一带一路”背景下高校英语教学跨文化交际能力培养策略 [J]. 英语广场，2019，1：30-31.

[6] 梁莉 . 基于“一带一路”战略思想的大学英语教学探索 [J]. 高教学刊，2017，23：100-102.

[7] 俞理明 .“大学英语”不是“公共英语”的另一种说法——对全球化语境下的大学英语教学的一点思考 [J]. 当代外语研究，2019，2：5-12.

[8] 范勇 . 英语全球化与本土化研究的 ELF 范式及对“中国英语”和中国英语教学的启示 [J]. 当代外语研究，2015，6：29-33.

浅谈大学英语教学对人才的综合培养

李丽婵*

【摘要】作为高等教育的一个重要组成部分，大学英语教学在人才培养方面具有不可替代的重要作用。除了达成提升语言能力的目标之外，大学英语教学还应该着眼于人才的综合培养。针对国家战略需求和我国大学生现状，大学英语教学应该为培养政治意识坚定、本土文化自信、具有人文科学基本素养和创造性思维的高素质人才做出应有的贡献。

【关键词】英语教学；人才培养

Abstract: As an important part of higher education, College English teaching plays an irreplaceable role in nurturing talents. Except for achieving the goal of promoting language proficiency, College English teaching should also focus on the comprehensive development of the learners. In view of the strategic needs of our country and the quality of college students in China, College English teaching should be committed to the nurture of talents who are possessed with correct political awareness, self-confidence in national culture, rich knowledge in humanities and science and ability of creative thinking.

Key Words: College English teaching; nurture of talents

一、引言

在全球急剧变化、蓬勃发展的新时代，大学教育要“培养什么人、怎样培养人”是一个急需解决的深刻问题。面对全球化的挑战和机遇，培养外语人才的重要性毋庸置疑。但是，为全面满足国家、社会和个人发展的需求，大学英语教学应该超越语言工具性训练，着力展开对学生的综合培养。

* 李丽婵硕士，副教授，外语教学部教师；研究方向为英美文学、美国历史。

本文拟结合国家战略、教学对象的现状以及个人的教学实践，浅谈大学英语教学在培养语言能力之外实施人才综合培养的几个方向。

二、培养政治意识坚定和文化自信的人才

习近平总书记指出，思想政治工作要贯穿教育教学全过程。（习近平，2016）《大学英语教学指南》（高等学校大学外语教学指导委员会，2017）则明确提出，社会主义核心价值观应有机融入大学英语教学内容。因此，大学英语教学要充分体现“课程思政”要求的教育教学和思想引领的紧密结合，教师则应当不断提升自身的政治思想素质，从国家意识形态的战略高度出发，从高等教育“育人”的本质要求出发，引导学生正确的政治方向和价值取向，切实完成“立德树人”的根本任务。

具体而言，我们首先要对教学内容严格把关。比如，笔者在收集有关“Globalization”的视频时就发现了以下问题：有个视频将台湾视为独立国家（“such countries as India，Korea，Taiwan，South Africa and China”），另一个视频中的发言人在提及中国的时候口气是不屑和蔑视的。正因为类似的问题往往隐藏在话题的非核心句子当中或说话者的态度里，教师必须秉持高度的责任心和正确的思想意识加以甄别，避免将错误的信息传递给学生。语言是文化的载体，也是文化的重要组成部分。对于反映到英语材料中的西方文化和思维，我们要“取其精华、去其糟粕”。

其次，教学内容要重视中西兼顾，中西对照，最好还观照现实。目前文化类英语教材多以介绍西方文化为主，涉及中西文化对比及中华民族文化的寥寥无几。这一现象实际上反映了大学英语教学理念中的一个偏差。笔者认为，如果我们的教材无法为学生构建健康的跨文化的知识体系，我们的学生将“营养失衡”，造成中国文化“失语症”，甚至产生低视本国文化的心态。为此，我们不仅要重视中国文化元素，同时还应该坚持关注并介绍学生关注中国主流英文媒体的报道与评论，如 *China Daily* 等，紧跟本国国情和正确的思想潮流。我们的学生只有对本民族文化高度认同和自信，并在此基础上领悟中西文化差异，争取中西融会贯通，学成之后才能够在国际舞台上立场坚定，正确发声。

大学是青年人世界观、人生观和价值观形成的重要时期。在互联网高度发达的时代，学生学习英语时对互联网依赖性较大。但是由于互联网所提供的信息既庞杂又真伪难辨，加之学生阅历有限，他们有可能被错误的观点和立场绑架而陷入迷惑或盲从。对于他们在课堂或作业中表现出来的错误观点或错误倾向我们都应当及时加以修正。总之，教师在教学中要紧抓政治认同、国家意识、文化自信和人格塑造这些重点。大学英语课程只有与思政课程同向同行，产生

协同效应，我们培养出来的人才才是国家真正需要的合格人才。

三、培养兼具人文和科学基本素养的人才

当前大学生综合素质堪忧，一线教师对此深有体会。比如，大部分学生不仅对热点单词“Brexit”不知，很大一部分对“脱欧”不晓。凡此种种不一而足。我们的学生是在高考的指挥棒下走进大学校门的，在中学时期他们对课本以外的知识往往无暇顾及。进入大学之后，应试教育思想的残余加之求职压力的逼迫使他们容易产生短视而陷入功利的误区。他们往往注重分数、贪图考级、钟情考证，对所谓“有用的学习”以外的一切缺乏兴趣。此外，大学教育因为历史原因存在的专业划分过细、专业口径过窄、学科交融不足等问题也造成大学生知识结构不够合理。我们的学生知识面狭窄、人文和科学基本素养贫乏既是现状，也是亟待解决的问题。

教材是教师组织教学活动的主要依据和学生学习的中心内容，因此教师首先可以从教材入手，对目前各大院校大面积使用的通用类教材进行二次开发、深度利用。这一类教材虽然以语言系统为主线、技能训练为骨架，目标是提高语言运用能力，但是教材的编写基本上依照主题展开。以目前笔者使用的上海外语教育出版社出版的《综合英语教程四》为例，它的几个单元分别涉及社会思想、经济动态、人性本质、国际政治以及科技观念等主题。教师在帮助学生解决语言问题的基础之上，可以对每个单元涉及的人文科学内涵或细节深度挖掘，通过设计与主题相关的教学环节和任务，如演讲、讨论、甚至辩论等，对教材进行创造性利用，从而深化学生对社会、经济、历史、哲学、科技、文化等不同领域的理解和认识。

其次，要打破过去狭窄的课程设计和教学定位，拓展课程深度，扩大课程的可选择性。培养学生综合素养的一个有效途径是开设通识类英语课程，分类型、分级别、循序渐进地展开教学。对于如何分类，大学英语界有各种看法。笔者认为不妨参考高等教育学者张寿涛对通识课程的四种分类：一是人文科学类通识课程；二是社会科学类通识课程；三是文化研究类通识课程；四是自然科学类通识课程。（张寿松、徐辉，2005）至于分级别教学，则是为了不同层次的学生的个性化学习和发展。目前有条件的高校已经开发出有层递性的通识类英语课程。如厦门大学，在对应原先的大学英语四级的必选课中为学生开设了一般性通识类课程，并且在提高级校选课中也开设了难度提升的通识课程。笔者甚至认为，在通识类课程开展得比较成熟之后，可以考虑尝试在几大分类之下进一步细分，开出专业性的递进系列课程。比如在“美国简史”的前提之下可以再开出“早期美国总统”“美国城市化进程”等课程。对通识类英语课程进一

步细化和深入开发，这个目标就目前而言似乎困难重重，但如果我们用发展的眼光来看，随着学生英语能力的不断提升（观照当今城市中小学生的英文水平可预测一二），用英语教授人文和科学的专业课程也许就是大学英语教学发展到极致时不得不面对的转型。

通识类课程的开设同样以教材建设为先。随着“全人”教育意识的提升，近年来通识类英语教材有所增加，但大部分的教材仅限于文化范畴。即便是这一类别的教材，“仍然处于离散状态，缺乏系统布局，也没有贯穿始终。对于其他学科知识更没有刻意选择，系统介绍，使之教学研究成为教学内容不可或缺的组成部分”。（吴鼎民，2005）因此，大学英语教师不仅在教材编写方面有很大的作为空间，还可以通过编写教材促进教学育人。不过，在通识类英语教材的使用和编写方面要注意以下两点：第一，通识类英语教材的建设，应该是纸质课本、多媒体教学光盘及网络学习平台共同组成的一个多层次有机结构。由于一本教材从策划到最终出版，至少需要两年的时间（许玉，2015），教师尤其需要依托网络学习平台易于更新的优势来弥补教材实时性不足的弱点。当今世界国际形势瞬息万变，科学技术加速发展，思想理念层出不穷。一个高素质人才的造就，一定是紧随时代的脉动而进行的。

四、培养具有创造性思维的人才

我国学生创造性思维不足、解决实际问题的本领欠缺是社会和教育界的共识。这一现状和我国的或者说东方的历史文化密切相关。东方文化所强调的尊师重教，虽然有其积极的一面，但容易造成学生过度尊重权威，懒于思考，压抑好奇心和质疑精神，结果导致思路狭窄单一，创造力缺乏锻炼。

高素质的国际化人才应该是“十”字形人才，他们的知识既有广度又有深度，同时又有冒尖的部分，具有创造能力。（邹东涛，2000）从教学角度而言，创造性思维的培养有几个前提。一是教师应该真诚、开放、包容，在正确的世界观和价值观的前提下鼓励和激发学生的奇思妙想，使学生敢于对已有的知识甚至教师的授课内容提出挑战。为鼓励学生积极思考和大胆发言，笔者向每一届学生都反复灌输 To err is human 的理念，并且强调学习不仅是为了得到所谓“正确的”答案，更重的是为了通过思考引发思维的跳跃和解放。二是教师应当营造轻松愉悦的学习气氛。教师应尽量调动自己的幽默意识，在纠偏纠错时尤其要讲究技巧。只有在轻松和谐、师生平等的氛围中，学生的潜能才有可能得到最大限度的发挥。这样的前提条件，也正是《国家中长期教育改革和发展规划纲要（2010—2020》所强调的“营造独立思考、自由探索的良好环境”。（中华人民共和国教育部，2010）

创造性思维能力的培养应当贯彻“教师为主导、学生为主体”的指导思想（高等学校大学外语教学指导委员会，2017），尤其要避免一种极具诱惑性的照本宣科，即教师口若悬河，课堂犹如故事会。“精彩纷呈的教师一言堂”固然对学生具有吸引力，但它会使学生滋生思维惰性，抢夺学生有限的思考时间。相反，教师应当加大提问、讨论、演讲、展示、作文等有利于培养学生创造性思维的活动。以学生演讲为例，教师可将主动权完全交给演讲者，并在其演讲之后由其主持Q&A环节。通过学生彼此之间、教师和学生之间的思想交流和碰撞，演讲的主题得到进一步挖掘和升华，最终甚至产生意想不到的结论。

创造性思维的基础是大量的多角度的信息输入。学生首先应对多元信息进行批判性思维，而后才可能迸发出创造性的思想火花。因此，教师应当在阅读资料的选择以及阅读方法的指导上下功夫。以笔者讲授的《美国简史》课程中关于美国革命的起源问题为例。教师选择的阅读材料既有效忠派查尔斯·英格利斯所写的“效忠吧”，也有革命派潘恩所写的“独立吧”，同时还有一对父子在革命时期的通信往来。学生通过阅读意识到，由于站位不同、角度相异，一个国家辉煌的独立战争，对另一个国家的人民而言却可能是一场阴险极端的颠覆行动。另一方面，教师还可以引导学生从不同的材料中寻找不同的核心观点，让他们像做出判决之前的法官一样，在获取多方观点的基础之上进行推论、归纳和总结，最终得出关于美国革命起源的个人结论。这种阅读、思辨及至创造性结论产出的过程，确实并非易事，但它契合了教育部“对大学生有效增负，提升大学生的学业挑战度”的指导思想。（何莲珍，2019）

要培养学生的创新思维能力，课程的内容必须是前沿和动态的。再以笔者的教学为例。进入21世纪以来，美国史学界的一大动向是“美国历史的全球化”，即把美国的历史发展放在全球的背景之下加以考察。关于美国革命战争，一般美国史教材重点描述大陆军的英雄主义事迹，但若根据美国革命的全球史观讲述，美国革命胜利另有更具决定作用的因素：如果没有法国的武器、金钱和军队——大陆军头两年所用弹药的90%为法国所提供，美国革命无法轻易获得成功。（曲升，2011）教师及时更新认知，随时将最前沿的研究成果和学生分享，才能够使学生扩大视野，不断打破固有的知识局限，而后才能尝试以全新的方式去思考和体验世界。

当然，教师还可以通过小班教学、增加相关学习的分值等手段，促进学生参与培养创造性思维活动的深度和广度，进一步将创造性思维的培养落到实处。

五、结语

人才是国家创新发展的第一资源，也是衡量一个国家综合实力的重要指标。习近平总书记明确指出："没有一支宏大的高素质人才队伍，全面建成小康社会的奋斗目标和中华民族伟大复兴的中国梦就难以顺利实现。"（习近平，2013）如何顺应时代需要，满足学生需求，培养出高素质综合性人才，需要广大一线英语教师集思广益。拙文认为，大学英语教学除了提升学生语言能力之外，还应该在培养政治意识坚定、本土文化自信、具有人文科学基本素养和创造性思维的人才方面有所作为。行动胜于语言。不论大学英语教学如何改革，教师都应该脚踏实地，力创"金课"，真心实意为国家人才培养做出奉献，只有这样才不负新时代赋予的重要使命。

参考文献

[1] 高等学校大学外语教学指导委员会 . 大学英语教学指南 [EB/OL].（2017）[2019-04-06]. http://wyx.hacz.edu.cn/s/17/t/85/d4/55/info54357.htm.

[2] 何莲珍 . 新时代大学外语教育的历史使命 [J]. 外语界，2019，1：8-12.

[3] 曲升 . 美国史教学全球化实现模式初探 [J]. 山东师范大学学报（社会科学版），2011，6：144-149

[4] 吴鼎民 . 大学英语教学的"三套车"构想与高素质人才培养 [J] . 江苏高教，2005，4：65-67.

[5] 习近平在欧美同学会成立一百周年庆祝大会上的讲话 [N]. 人民日报，2013-10-22（02）.

[6] 新华社 . 习近平：把思想政治工作贯穿教育教学全过程 [EB/OL].（2016-12-08）[2019-04-06]. http://www.xinhuanet.com/politics/2016-12/08/c_1120082577.htm.

[7] 许玉 . 通识教育类英语教材的建设：现状与改革 [J]. 兰州教育学院学报，2015，2：120-121，124.

[8] 邹东涛 . 人文社会科学高层次人才的培养 [N]. 中国教育报 . 2000-05-27.

[9] 张寿松、徐辉 . 通识教育的八个基本问题 [J]. 浙江社会科学，2005，4：87-91.

[10] 中华人民共和国教育部 . 国家中长期教育改革和发展规划纲要（2010—2020）[EB/OL].（2010）[2019-04-06]. https://wenku.baidu.com/view/c171e2345a8102d276a22f1b.html.

评判式思维作为大学英语必选课的授课理念与方法

杨　丽*

【摘要】通过开设作为大学英语必选课的评判式思维课程，作者获得了一手的实践经验和反馈。本文在此基础上分析了评判式思维的定义极其重要性、中国当前评判式思维教育的现状，在对教材的选择、对教师的要求、教学方法、针对不同专业的训练，以及学生的反馈等方面对本课程进行了分析和总结。

【关键词】评判式思维；教材选择；教学方法

一、评判式思维及其重要性

评判式思维的方法和理念源于2500年前的古希腊，是西方哲学的一部分。古希腊哲学家苏格拉底认为，人们不能够依赖“权威”人物来获得可靠的知识和见解。他创立了苏格拉底式的提问方法，鼓励人们在相信任何事物或观念之前先提出深刻的问题以探索人类思维中最深奥的领域。评判式思维作为学校教学目标的实施始于20世纪三十年代的美国。如今，评判式思维在西方主要国家已成为从小学到大学的必修课程。在美国，评判式思维已经成为大学的核心教育理念之一。经过多年探索，他们已积累了不少值得我们学习、借鉴的经验。

在评判式思维的诸多定义中，1987年第八届评判式思维及教育改革国际年会上，Michael Scriven和Richard Paul给出了如下定义：“评判式思维是一种智力的训练过程，这个过程积极而熟练地把通过观察、经验、反思、推理和沟通所收集或获得的信息进行概念化，应用，分析，综合和/或评估，并以此作为信念和行动的指导。”[①] 评判式思维不仅仅是清晰而理性的思考，更是独立的思考，它能够使思考者摆脱外界的干扰和他人的操控，运用专业的技巧来搜集正确的前提，并由此得出可靠的结论。

---

* 杨丽硕士，讲师，外语教学部教师；研究方向为英美文学。

① Defining Critical Thinking [EB/OL]. https://www.criticalthinking.org/pages/defining-critical-thinking/766.

在过去漫长的历史中，教育的主要目的集中在靠死记硬背而获取知识的能力上。而今天，我们生活在一个信息爆炸的时代，每时每刻都有大量的信息通过网络、媒体、社交软件、在线资源等等渠道传播，这在人类历史上是从未有过的。对于年轻人来说，当每天接收并面对大量的信息时，他们迫切需要一种能力，来筛选和评估他们的所闻所见，从外在表象洞察和识别伪装的错误信息，从而得出正确的结论，以指导他们的思想和行动。这种能力就是评判式思维能力。评判式思维专家 G. Randy Kasten 认为，评判式思维能力将使学生终其受益。它"是区分创新者与追随者的一项技能"①。

评判式思维被认为是 21 世纪最重要的生活和工作技能。早在 21 世纪初，联合国教科文组织就提出：21 世纪教育的主旋律是评判式思维与创造力。世界 500 强企业在招聘人才的过程中非常重视应聘者的评判式思维能力。在任何领域，无论是教育，科研，医学，财务，管理或法律，清晰而理性思考的能力都很重要，一个拥有超强评判式思维能力的专业人士在解决问题和作出决策的过程中所体现出来的价值是无与伦比的。在全球一体化的今天，全球知识经济是由信息和技术驱动的，职场人士必须能够快速分析并整合各种信息来解决问题才能有效地应对变化。经过训练的良好的评判式思维能够提升这种能力，这在快速变化的工作环境中非常重要。在日常生活中，任何需要规划、分析、自我反省来处理和解决的日常生活问题也都需要评判式思维能力，比如择偶、买房、投资理财等等，评判式思维能力在日常生活中的运用也无处不在。综上所述，无论在工作还是生活中，评判式思维能力都是非常重要的，是每个人都需要终生学习和培养的一种能力。作为一项国际教育界公认的创造知识和合理决策所必需的技能，它同阅读、写作一样是公民应该具备的基本能力之一。

二、中国评判式思维教育现状

中国的评判式思维教育现状并不乐观。耶鲁大学原校长 Richard Charles Levin 在 2010 年的第四届中外大学校长论坛上一针见血地指出，中国大学的本科教育缺乏对评判式思维的培养。在中国，批判性思维教育在课程覆盖面、课程体系、教材质量和教学方法等方面，仍存在较大提升空间。从全国范围来看，只有少数院校已经认可并开展批判性思维教育。由于师资力量不足和重视程度不够，截至 2013 年，全国开设批判性思维课程的高校还不足 50 所。②

① KASTEN G R. Overcoming obstacles to critical thinking [EB/OL]. (2017-05-18). https://www.edutopia.org/blog/critical-thinking-necessary-skill-g-randy-kasten.

② 我国大学生批判性思维倾向现状、缺失的原因及对策研究 [EB/OL]. (2017-05-04). https://www.sohu.com/a/138307226_564470.

由于受到学科、专业的诸多限制，一些高校也未构建起较为完整的批判性思维课程体系。不同学校之间，批判性思维课程的内容和结构差异较大，缺乏合理性和规范性。在国外高校，批判性思维课程通常被作为通识课程或者公共课程。但在我国高校的课程设置体系中，批判性思维课程大多作为哲学专业的核心课程而开设。“只有哲学专业的学生需要学习批判性思维”成了我们的认知误区。

在教材方面，目前我国批判性思维领域的经典教材也比较少。尽管我国引入批判性思维概念的历史并不短，但直到 2004 年，国内才出版了第一本系统研究批判性思维的专著——罗楠的《批判性思维》。现阶段，我国批判性思维教材多将重点放在逻辑论证和推理上，却较少顾及更为宽泛也更为重要的思维培养，而且，缺乏对思维定式和误区的分析，以及能够帮助学生理解基本概念的生动案例。

从教学方法来看，作为一门前沿思维训练课程，批判性思维课程不应延续“照本宣科”式的教学方法。但现实情况却是：在国内普遍只有师生单向讲授的课堂内，学生往往只获得了一些与批判性思维概念和基本原理相关的知识点，却很难在理解理论的基础上，深入思考批判性思维，更难以获得利用所学知识解决实际问题的能力。

2015 年瑞士《新苏黎世报》在 9 月 11 日文章《中国教育体系的优势和薄弱》中提到，在教育体系的竞争中，中国做得很好。学生们表现出勤奋、效率和守纪。不足之处是学生缺乏批判性思维和创造性。结合新闻的报道，名校老师们的反馈，网络数据的调研得知中国留学生相对美国学生来说，批判性思维能力比较低。中国留学生批判性思维缺乏在留学之后特别明显，具体体现在：对于所学课程知识理解不足，缺乏深入思考；上课时特别沉默木讷，不喜欢参与小组讨论，缺乏表达的自信；表达观点时随意引申频繁，逻辑表达不清晰，无法严谨演绎。

由此看来，中国高校的评判式思维教育迫在眉睫。我们急需借鉴西方高校的教学经验，选择或编写适合中国学生的教材，培养合格的评判式思维教师，尽早将这一课程在高校展开，使我们的高校学生拥有不输于西方学生的卓越的评判式思维能力以及解决问题的能力。

三、教材的选择

作为大学英语四级校选课，评判式思维的教材选用英文原版教材。根据已经完成的五轮一个学期课程得出的经验结论，选用教材应符合以下几个条件：

1. 教材文法及词汇基本符合全国大学英语六级水平。大学英语四级教学目标是应用和巩固学生的六级英语水平，因此，教材的选择应该符合这个目标。这样，学生在学习教材的过程中能够同时巩固和加强相当于英语六级的阅读能力、听说能力以及写作词汇范围。

2. 在国外广受欢迎的教材。这样的教材一般都频繁多次再版，经得住时间和实践的考验。中国教师一般缺乏评判式思维教学经验，因此在选择教材时要特别慎重。参考国外教师对教材的评价，借鉴国外教师选择教材的方法，可以帮助中国教师找到最优秀的教材。

3. 教材适用于大学一年级学生。由于评判式思维在西方很多国家是小学、中学到大学的必修课，因此市面上针对不同层级的学生的教材种类数不胜数。我们选择了国外高校针对大学一年级学生而编写的教材。这一层级的教材一般注重评判式思维基本概念和基本技巧的掌握和训练。而通篇注重实例分析的教材往往是供大学高年级学生使用的。如果教师选择了大学高年级的教材作为中国大学生的入门教材，整个教学将陷入混乱而难以进行。

4. 教材章节分明，条理清晰。一本教材章节层次分明有序，阐述概念理论条理清晰，对教师的教学无疑是锦上添花。最关键的是，这样的教材最符合中国学生的思维和学习方式，也使老师的教学事半功倍。

四、教学方法

1. 引导学生入门

学期初的前两周是引导学生了解评判式思维入门知识的重要时段。在这个阶段先不让学生接触教材，因为对于没有任何评判式思维知识和概念的中国学生来说，突然接触一种全新的思维方式和全新的理论概念是非常具有挑战性的。如果老师对学生的入门引导做得不好，会直接影响学生今后的学习热情和积极性。前两周我们采用了西方小学生的评判式思维教材资源，从最基本的思维方式入手，让学生了解西方的小学生在思考的问题，比如，如何做到清晰地表达自己的想法以及准确地理解他人的想法，如何做到对他人公平等等。这时，有学生反馈说，他们有生以来第一次接触到这样的提问和思考方式，没想到国外的小朋友都开始这样思考了，而自己都读大学了还没有人教过他们这样思考。这样，学生的兴趣马上就被激发了。在接下来的学期中，他们将会充满渴望与好奇地探索这一全新的课程。

2. 全新的概念与技能

由于本课程所授概念和技能对中国学生来说是从未接触过的，全新的，因此教师在授课过程中要循序渐进，切忌赶进度，囫囵吞枣。对于评判式思维每一个概念的阐释，教师都要提供充分的实例进行佐证，以保证学生能够正确并准确掌握。实例的选择，除了教材中以西方社会为背景的例子之外，教师还需要搜集中国社会相关的实例进行诠释，这样更加接近学生的生活和所能理解的范围。本课程共分三个阶段的内容，即评判式思维的三种技能：1. 理解的技能。2. 查证的技能。3. 推理的技能。围绕这三种技能有大量的概念和方法，教师需要提供充分的例证以及详细而准确的解释，保证学生掌握这些概念和方法，为他们将来学习高阶的评判式思维课程打下坚实的基础。

在整个教学过程中，教师应时刻提醒学生课程进行到哪个阶段，让学生有个清晰的方向，而不至于迷失在大量新奇的理论和概念之中。

由此可见，本课程对教师的要求也是很高的。首先，本课程教师需要投入大量的时间和精力进行备课。对教材准确而详细的掌握，对相关资料的搜集和查证，课件的制作等等，都对教师有较高的要求。其次，教师应具备一定的评判式思维知识储备。本课程的准备不是短期内能够完成的，教师至少应对评判式思维有系统的了解和掌握。

本课程最终目的是使学生掌握评判式思维的三大技能，在解决问题和做出决策时能够：(1)理解不同观点之间的逻辑联系。(2)识别，构建和评估论证。(3)检测推理过程中的矛盾和常见错误。(4)系统地解决问题。(5)识别观点的相关性和重要性。(6)反思自己的信念和价值观的合理性。

在学习本课程之后，学生应有意识地改正以下不正确的思维习惯：(1)简单地同意其他人的想法。(2)偏向于使用一种思维方式。(3)偏向于拒绝一种思维方式。(4)急于得出结论。(5)否认自己的思想有差错。(6)过于关注无关紧要的细节。

3. 针对不同专业学生的评判式思维训练

评判式思维作为一门通识课，它所教授的思维方法和技能不仅可用于日常生活和职场，更可运用于各个专业领域。选修本课程的学生来自全校各系各专业，本课程在讲授一般性评判式思维概念和技能的基础上，针对不同专业的学生可进行有导向性的评判式思维训练。

(1)医学、药理、护理专业：长期以来，传统医学教育过于强调统一性，忽视了个体差异以及个体特性的培养。教师倾向于因循守旧的灌输式教育，而学生的学习往往是被动的。这不利于培养优秀和创新的医学毕业生。医学专业救死扶伤有其特殊性，同时，医学领域又存在着瞬息万变的复杂而不确定的因素，这对医学院学生的评判式思维有着很高的要求。医学毕业生是否有能力正确地选择判断患者的各种信息，恰当地进行推理分析以得出合理可靠的结论，从而对患者进行及时的救治，这往往是人命关天的事。在复杂的临床工作环境中，医护人员往往需要凭借专业知识，结合临床实际和患者的意愿，审慎、迅速、合理地作出判断。本课程针对医学、药理和护理专业的这一特征，以医学相关的实例通过分组项目和分组讨论的方式对医学院学生进行评判式思维的实践训练，使他们对未来专业领域所面对的挑战有个实际的体验和认知。

（2）理科专业：相对于文科生，中国的理科生拥有“谜之优越感”。直觉上，很多理科生认为自己更重视事实、更重视逻辑推导的可靠性。长期的专业训练使理科专业的学生将逻辑概念变成下意识的心智工具，这种训练在文科教育中是缺席的。

然而，智商并非智慧。是不是尊重事实、尊重逻辑推理，就可以得到正确的答案呢？似乎未必。因为在形式逻辑之上，还有评判式思维。做出明智的判断和决定，需要的并不仅仅是智商，而是智慧。日常生活中我们会发现，除了典型的“理科生的聪明”，还有一种典型的“理科生的愚笨”：不通人情世故，一本正经地觉得“凭逻辑就是要这样”，对不同的意见发自内心地觉得对方不是智商低就是逻辑差，这是典型的仅仅根据基于自我的视角对情境进行评价。因为从他人立场来考虑问题是一件很耗费认知资源的事情，所以如果不经过评判式思维的训练，智力再强的人也避免不了错误判断。而由于理科生更相信事实和形式逻辑，对自己的判断更有信心，可能更容易犯这种“自我立场偏差”的错误。

针对具有以上特征的理科专业学生，本课程为他们带来强化的文科博雅教育，用有系统的训练方法，特别是历史思维，使他们把评判式思维内化成自己的一种行为模式，在事实和形式逻辑之上，采用不同的视角，获得不同的结论。最终，他们能够坚定对事实的信仰、对逻辑推理和逻辑过程的尊重，同时通过真正的文科训练，他们又能更好地理解社会和理解他人。这样的训练，可以使他们对自身认识的局限性更加警惕，对自己的主张更加谨慎，对他人的不同主张更加包容，潜移默化地形成了批判性思维的认知技能和人格特质。

（3）文科专业：逻辑思维、理解抽象的数据并对其比例和概率有深切感知，这些需要严格训练才能获得的能力在文科教育中是普遍缺席的。因此，文科专业学生更倾向于感情用事和不讲逻辑。在日益复杂的现代社会中，越来越多的决策需要我们做出精确的反应，对于那些依赖简单的思考机制的人来说，现代科技社会可谓危机四伏。这也是文科专业学生急需培养评判式思维能力的原因。

本课程针对文科专业学生需着重训练培养的评判式思维能力的分析如下：

1. 探索新事物的能力。文科教育不应该仅仅拘泥于课堂讲授，学生死记硬背。好的文科教育应该是引导学生提出自己的独特的与众不同的观点，然后寻找素材，筛选可靠前提，来证明自己的观点。这种方式可以让学生扩展视野，探索新的事物，创新观点。这种能力可以使学生快速适应未来瞬息万变的局面。

2. 洞察事实真相并预判未来前景的能力。可以给同学们提供大量各种各样、杂乱无章的信息，训练他们从中筛选并获得可靠的信息，进行洞察并尝试得出一个可靠的结论的能力。比如提供某一商品在市场上的各种销售反馈，让他们来判断这个商品未来的销售前景。3. 选择和决断。按照事先定好的规则去完成一件事情，是非常简单的技能。可是如果在没有规则的情况下，是否有能力自己制定规则，同时及时纠正错误的判断，积累经验，带领别人完成任务，这是一项非常重要的能力。4. 理解他人。这种能力可以从阅读文学作品的过程中获得。鼓励学生多读文学名著，分析每个角色的诉求、动机和利益所在，人物之间的冲突，如何解决冲突，等等。这种能力，可以使学生在未来的职场中能理解自己的团队和用户，意识到不同的人对一个事物有不同的看法，有能力倾听并理解与自己相反的观点。5. 影响力。这是评判式思维中一个非常重要的能力。说服他人接收自己的观点，首先要能够清晰地表达自己，这涉及写作和演讲的能力。其次要有共情能力，能够站在对方立场上考虑问题，更有助于说服一个人。以上五种评判式思维能力对于文科专业的学生都是非常重要的能力，本课程应针对文科专业学生着重培养这些能力。

五、反馈与建议

本课程每个学期末对学生进行的调查和反馈显示，各专业的学生对本课程的评价 100% 都是正面的和肯定的。85% 以上的学生认为评判式思维对他们的日常生活、专业学习、与人沟通都产生了积极的影响，使他们在与西方人交流时更加理解对方的意图，使沟通更加顺畅。

本课程虽然只有一个学期，但给学生打开了一个全新的领域，利用有限的时间使学生掌握评判式思维的基本概念与方法，给他们打下坚实而完善的基础，有助于他们将来自学或出国留学时的进一步深造。大部分同学对本课程都表现出极大的兴趣与好奇心，有同学表示从本课程中能获得很大的愉悦感。

经过五个学期的针对不同专业本科生的授课实践证明，本科学生对评判式思维课程有很大的需求，希望本课程能受到中国高等教育的重视，尽快在各高校普及，使我们的学生在未来拥有更加完整的思维体系，成为更加卓越的人才。

大数据背景下大学英语教育面临挑战
——探寻出路

张碧桂*

【摘要】居于个人教学实践，讨论“互联网+”背景下大学英语教育所面临的挑战，通过反思大学英语教育的历史以及课上、课下线上的教学实践，本文作者对备受大数据挑战的大学英语教育前景依然持积极的态度，认识到在中国倡议的“一带一路”宏伟愿景历史新时期，大学英语教育依然承担重要历史使命。

【关键词】大学英语教育；大数据；产出导向（POA）

Abstract: Based upon personal teaching practices, this paper discusses the challenges college English education faces in this "Internet Plus" age. Through reflecting on the history of college English education and the in-class and online after-class teaching and learning practices, the author came up with a positive view toward college English education challenged by Big Data, realizing the enduring mission of college English education in the new historic period against China's grand picture of the Belt and Road Initiative.

Key Words: college English education; Big Data; Production-OrientedApproach (POA)

一、前言

“我们身处一个最好的时代，同时也是最坏的时代”。狄更斯这句名言在很多场合被引用，也非常适合描绘当今我们所处的时代。毋庸讳言，现如今我们每天享受着人工智能给予的便利，一个小程序就能把政府办事大厅搬到民众的手机上，如最新发布的“粤省事”，但转基因人类“Nana”和“Lulu”的诞生，终结了自然人的时代。我们面临的挑战不仅仅是人与人之间的竞争，还将是人与“improved human beings——经过改良的人类”竞争（霍金在《时间简史》里面

* 张碧桂硕士，副教授，外语教学部教师；研究方向为英美语言与文化、英美环境文学。

的预言）。逼真机器人诞生、阿尔法 Go 战胜了棋圣等林林总总，似乎人类的地位已经岌岌可危。处在相同时代背景下的大学英语教学也面临同样的挑战，陷入同样的危机与困境。大学英语教学在享受智慧教室、人工智能带来的高效率课堂时，大学英语教师的地位也受到极大的挑战，被包围在一片质疑声中。稍微留心的读者应该感觉到了，网络上对大学英语教育、英语专业的拷问，铺天盖地。我们还有出路吗？对此本文作者还是持积极的态度。我们与机器不同，我们还有情怀与情趣，还有真性情，还有人性中特有的温度。大学英语教学不应该仅仅局限于课堂教学，还应该超越课堂。我们应该利用人的优势，把英语教学的技能课上升到教育的高度，加之有人工智能、大数据技术等 IT 技术为超越课堂提供了强大的技术支撑，超越课堂已经不是梦想。

二、砥砺前行的大学英语教学

大学英语教学与中国改革开放同行，走过了四十年多年历程，经历了风风雨雨，在特定的历史时期完成历史赋予的使命，为中国的改革开放做出了不可忽视的贡献。

回望历史、总结经验，是为了更好的迈向未来。大学英语教学的发展大约可以划分为四个阶段：第一阶段：1978—1985 年。外语教学的目标与方式尚未定型，教学模式单一，最盛行教学法可谓是“翻译法”，教师是课堂的主角，把英语原文逐一翻译成汉语，是课堂常见的教学法。学生学英语的辅助设备只有一台收录两用机，这种条件也只有外语系的学生才能享有。在大学英语的课堂，老师讲的中式英语是学生接触英语的唯一途径。交际法、听说法、听说领先读写跟上等等教学理念对老师来说也是陌生的概念。这一阶段的大学英语教学被称为外语教学的起步与摸索时期，教师与学生同样处于迷茫的状态。第二阶段：1985—1999 年。这一阶段为外语教学的发展阶段，外语教学愈加规范，已经具备了教学大纲，已经有统编的教材。大纲明确了大学英语教学的目的是：“培养学生具有较强的阅读能力和一定的听、说、写、译能力，使学生能用英语交流信息。大学英语教学应该帮助学生打下扎实的语言基础，掌握良好的语言学习方法，提高文化素养，以适应社会发展和经济建设的需要。”（大学英语教学大纲：1）全国大部分高校使用外语教学与研究出版社和上海外语教育出版社出版的大学英语统编教材，要求学生在本科阶段参加大学英语四、六级英语水平考试，相当一部分高校把通过四、六级英语考试当作获得本科学士学位的必备条件之一。大学英语教学备受高校教务处的高度重视。第三阶段：1999—2006 年。这一阶段的外语教学进行了调整与改革，《大学英语课程教学要求（试行）》与《大学英语教学大纲（修订本）》在两个方面有重大的突破。即（1）从培养学生阅读能力为主转变为培养学生综合应用能力，尤其是听说能力；（2）从以教师为中心的传统课堂教学模式转变为以学生为主的多媒体教学模式。课堂教学再也不是单调的“老师 + 黑板 + 粉笔 + 学生”的模式，课堂上能更多听到学生的声音，而不是老师的独唱，学生时不时反串成主角，在课堂上侃侃而谈，这是极大的进步。许多高校也进行外语教学改革的尝试。诸如分级教学、一年主修英语的尝试等。实践证明分级教学是比较成功的教学改革尝试，因材施教，教学相长；然而大学本科非英语专业进行一年主修英语的教学改革尝试，后来被证明是不切合实际的尝试。学生用第一学年绝大部分学时修读大学英语，大学英语教学安排以英语专业的教学安排为范本，课程设置有精读课、阅读课、口语课和听力课，一学年内修完大学英语 1—4 级。而后三年的时间不再学英语，不再有英语课，学生几乎没有使用英语、接触英语的平台。结果临到毕业，面对招聘单位抛出的简单英语问题，也捉襟见肘，结结巴巴无法应对。一年主修英语的大学英语教学改革草草收场。（笔者是一年主修大学英语教学改革的亲历者）。在新形势催迫下，大学英语教学不断进行调整与改革，以培养符合时代需求的复合型人才。笔者在此认为，大学英语教学至少已经发展至第四阶段、第五阶段：2008 年中国成功举办奥运会之后，出现了全民学英语的热潮。学生更加重视英语学习，大学英语四六级考试题型也得到改进，题型多样化了。标准化的英语测试开始践行检测学生综合应用英语能力。如今我们处在社会不断发展，科学技术不断更新的时代，我们已经很难再采取以不变应万变的教学策略，过去的知识框架和一成不变的教学模式已经无法适应新时代的要求，时代催迫我们做出改变，不管是自上而下，还是自下而上，改革变化是必然的趋势。教育部高教司以及各级主管部门大力倡导和支持现代化手段在外语教学中的应用，其中包括多媒体语言学习系统、网络外语学习、英语学习课件等。外语学习者在更加广泛的范围内、能更方便地接触目的语，改善英语学习环境……时间快进的模式，如今我们已经到了 2019 年，到了“互联网 +”的智能时代，课件、计算机、投影仪、多媒体、网络已经不是什么新鲜事。学生接触目的语的模式已经没有时间、空间限制，只要手里一部手机，安装一个 App 小程序，他们就可以随时随地学英语。那么在这样的时代背景下，大学英语的课堂教学还有存在的必要性吗？答案是肯定的。自从三百年前夸美纽斯提出班级教学的思想以来，分班级的课堂教学一直是学校教学活动的主要形式，这一形式之所以能得到延续和发展，有其深刻的内在原因。以往的教育实践也证明这是一种非常有效的培养人才的教学结构。

三、头脑风暴的大学英语课堂

尽管课堂教学活动被证明是培养人才行之有效的方式，但如今科学技术以难以想象的速度发展，教学模式不改变，就逃避不了被时代淘汰的命运。假如我们大学英语的课堂教学还停留在培养学生听、说、读、写、译层面，毫无疑问这种纯粹的技能课会被学生诟病，甚至抛弃。千禧一代的大部分学生，在进入高校以前，经过高考的洗礼，语法已经基本过关，特别是进入“互联网 +”的时代，通常学生手机不离手、不离网，接触英语目的语已经不受时空限制。从事大学英语教学的老师应该都深有体会，假如教师从事英语语言的技能训练，学生十有八九开始迷失在他们的网络世界中。现实情况逼迫大学英语教师必须做出改变，以适应千禧一代的学生。

作为从事大学英语教学快三十年的老教师，也常常陷入纠结中。笔者有幸接触文秋芳教授发表于 2015 年的论文《构建“产出导向法”理论体系》。“产出导向法”理论体系（production-oriented approach，简称 POA）是针对英语专业技能课程和大学英语教学的，其教学对象为中高级外语学习者。读此一文，如醍醐灌顶，笔者认为此教学理念非常适合我们的学生。如图 1 所示，POA 包括 3 部分内容：（1）教学理念；（2）教学假设；（3）以教师为中介的教学流程。其中教学理念包括“学习中心说”“学用一体说”和“全人教育说”。教学假设涵盖“输出驱动”“输入促成”和“选择性学习”。“教学流程”由驱动（Motivating）、促成（Enabling）和评价（Assessing）三个阶段构成。

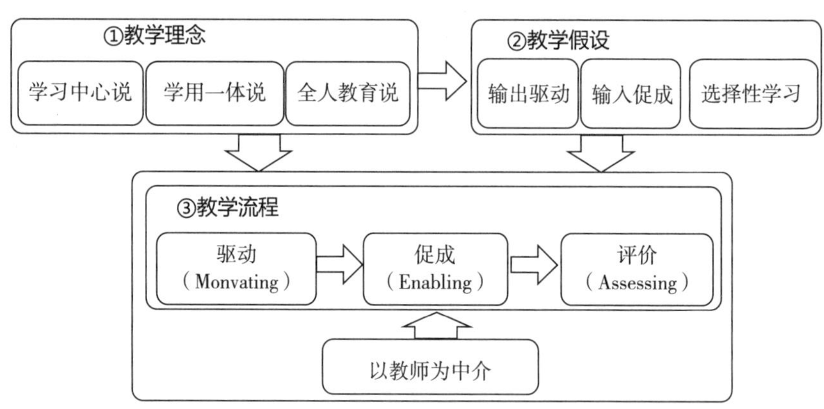

图 1 “产出导向法”理论体系图解

POA 提倡的“学用一体说”主张在课堂教学中，一切语言教学活动都与运用紧密相连，做到“学”与“用”之间无边界、“学”与“用”融为一体。笔者尝试在大学英语四的教学中贯彻这一教学理念，坚持执行“学”与“用”无边界、“学”与“用”为一体的教学理念，制造大学英语课堂的头脑风暴。笔者开设的大学英语四必选课程以《新交际英语综合教程 3》（外语教学与研究出版社 2016 年版）为教材，但在教学实践中超越教材。同学们课外进行与主题相关的输入性阅读，选择性学习，根据教师制定的课程大纲，进行不盲目的语言输入。课堂是输出时间，是学生与学生之间、学生与教师之间面对面交流的宝贵时间，珍贵的交流平台。应该努力避免出现“Being but not being”的现代网络模式，一位 TED 演讲者曾经晒出她女儿与同学在一起的照片，孩子们人手一部手机，尽管物理人在一起，但每个人的思想灵魂已经游离，进入自己的网络世界，如此的“Being but not being”现象在我们的课堂上应该杜绝。笔者在一个学期的课堂上通常讨论六个主题，这种主题模块教学尽管已经不是创新，但还是行之有效的教学模式。

1. Sports 探索体育精神以及参加体育竞技的目的与意义

2. Jobs 探索当今的职场与未来的职场，了解自己的优势与潜力，为未来职场做准备

3. Emotions and behaviors 情感与行为，探索情感如何影响人的行为，理解自己的情感类型，了解文化差异，以便学会更好地与来自不同背景不同文化的人相处

4. Generations and the family 代际交流及探讨爱情、婚姻与家庭

5. Travelling 谈论如何在旅途中开拓视野

6. Environment and resources 了解我们所处的环境与我们所拥有的资源，目前我们是否面临环境危机，我们该如何保护我们的环境

驱动（Motivating）是教学流程的第一要素，笔者认为 specific task-oriented before-class activities 是完成这一步骤的关键，是驱动学生为课堂上的头脑风暴进行语言与知识储备行之有效的方法。课前精心设计相关题目至关重要。

以体育主题为例，设计驱动学生课堂头脑风暴的题目，指定与主题相关的文本、音频与视频，要求学生课前阅读、听、看。英语习得的目的性明确，课外的种种输入都是为了课堂上有效的输出与交流。同学们课堂上输出的体育课程多达 29 门。同学们表达了对体育精神的理解，谈论足球赛的魅力之所在等等，在同学们的交流中，我们能看到他们思想的碰撞、言语的交流。

表 1　以体育主题的课堂头脑风暴

Chi Kung 气功	Tai Chi 太极拳
Table-tennis 乒乓球	Dragon-boatrowing 划龙舟运动

续表

Tree-climbing 爬树运动	Cance/kayak 皮划艇
Golf 高尔夫	Aerobics 健美操
Tennis 网球	Baseball/softball 棒垒球
Trilateral football 三边足球	Orienteering 定向越野
Taekwondo 跆拳道	Field survival training 野外生存训练
Hip Hop/Breaking 街舞	Sailing 帆船
Yoga 瑜伽	Rhythmic exercise of sign Language 节奏体语
Badminton 羽毛球	Diving 潜水
Marathon 马拉松	Kung Fu Fan 功夫扇
Swimming 游泳	Pattern rope-skipping 花样跳绳
Basketball 篮球	Fencing 击剑
Volleyball 排球	Self-defense 自卫防身
Clapping drums 手拍鼓	29 courses altogether

苏格拉底言："Strong minds discuss ideas." 强健的大脑讨论想法、理念。在大学英语课堂里，学生们讨论想法、理念，教师通过参与学生的讨论也更加了解学生。明确的任务能驱动学生的产出，在谈论学校的特色体育课，评论课程，分享选课的经验的过程中，学生们能够在英语课堂上更清楚更了解学校的课程设置，增进同学间的彼此了解。同学们感受面对面交流所带来的快乐，享受人文情怀。我们的英语课堂已经不是纯粹的语言技能课，我们的课堂有思想的交流，有人与人之间的人文关怀。不同的主题关乎我们作为人的方方面面，又比如在"情感与行为"这个单元，同学们应用心理学的依恋理论（Attachment theory）（教材文本所提供的心理学理论）分析自己的情感类型，剖析文学作品中的人物性格，使我们的英语课堂有了文学的元素，我们的课堂不再单调，而是不同主题的头脑风暴课堂。学生用英语进行的头脑风暴交流提高了他们综合运用英语语言的能力。华中科技大学徐锦芬教授对大学英语课堂小组学习互动模式有深刻的研究，本人从她多篇相关论文中学到不少知识，徐教授认为小组的人数，小组人员组合的固定与否等都会对互动效果产生影响。尽管徐教授用数据证明了固定小组人员组合对产出产生积极的影响，认为固定小组成员产出的互动内容会比较深刻，但笔者认为任何事物都具有普遍性与特殊性。关于这一点笔者对自己的课堂进行观察，在笔者所在的学校，选课制度导致班级成员来自不同专业、不同院系，笔者发现班级成员在新成员面前的表现欲反而刺激成员间的互动。笔者让固定互动小组和临时组成的互动小组递交音频讨论结果，

结果发现临时互动小组常常比固定互动小组的产出更为积极。笔者每学期初会让班级成员组成固定的互动小组，小组领回本学期的产出任务，要求本学期固定互动小组有一次集体产出项目，讲述共同的话题，用 PPT 演讲或戏剧表演，只要与主题有关，展示形式没有限制。但每一次课堂头脑风暴，都是以小组成员的互动为主，任务大小决定小组人数的多少，小组内的人员不固定，以报数的形式快速组成新的临时会话组（temporary talking group），在英语课堂同学们可以认识不同院系的同学，不同专业的同学对同一个问题常常会有不同的看法，强制学生组成临时互动小组，笔者认为是有必要的。由于人通常有忠于同伴的心理，假如不强制，同学们极有可能一个学期就只跟同桌交流。哈佛大学物理学教授 Eric Mazur 在 20 世纪 90 年代创立同侪互助教学（Peer Instruction，PI）。Eric Mazur 还提出课堂中最有用的两类资源是：（1）来自同伴的即时反馈，（2）来自教师的即时反馈。笔者认为驱动促进交流是大学英语课堂最基本的任务之一。

四、插上 AI 翅膀的大学英语教学

大数据、“互联网 +”强大技术支撑，使大学英语教学与改革如虎添翼。华东师范大学祝智庭教授对信息化教学有独到见解，他正本清源，首先释义了信息化教学的英语表述 IT in education，即信息技术在教育中的应用。从技术层面看教育信息化特点是数字化、网络化、智能化和多媒体化，其中智能化为教学行为个性化提供强大技术支撑，使得超越课堂的教学成为可能。在强大数据库技术支持下，笔者所在高校进行大学英语“2+2”教学模式改革，这是一项自上而下的教学改革，事实证明是一项成功的改革，取得良好的教学效果。每年新生入学，军训前会进行大学英语的分级考试，根据成绩学生分别进入不同级别开始大学英语的学习。大学英语课堂第一节课是大学英语学习的导学说明课程，这堂课会介绍“2+2”的大学英语教学模式：2 课时在课堂上由教师组织实施，2 课时由学生课下线上的自主个性化学习。课堂有智慧教室辅助教学，我们的教务处甚至提出以改变教室倒逼课堂教学改革，把传统的多媒体教室改造成智慧教室，无线网络环境、交互式电子白板等等；课下线上有强大数据库支撑。课上的 2 学时以交际为主，教师传道授业解惑，重视师生之间、学生之间的互动交流，以输出为主；课下线上学习以操练为主，批改网（http://www.pigai.org）上的写作练习，iTest（https://itest.unipus.cn/itest/itest/login#）上的海量题库练习，四六级、雅思、托福、托业等各类题型应有尽有，为学生个性化学习创造了条件。外研社开发的《新视野视听说》（1—4）教材的手机终端 App 供学生下载使用，大学英语学习完全没有时空的限制，也避免大学英语学习的盲目性，学生可以根

据自己的水平循序渐进地进行学习；还有教师网上的 QQ 办公时间，实际上已经变成教师在线守候学生英语学习，为学生解惑的时间。由于教师的手机连着 QQ 账号，只要手机开着，QQ 上的问题随时出现。“2+2”的大学英语教学改革减少了课时，但并没有降低大学英语教与学的要求。教师在有限课堂时间内力求高效精讲、强调课堂的活力互动；课下线上 iTest 网上海量题库，批改网的写作练习，教务处的线上精品课程，中国大学 MOOC 慕课网提供的众多优秀课程，可以满足学生个性化学习的需求。华东师范大学祝智庭教授说：“智慧教育的真谛就是通过利用智能化技术（灵巧技术）构建智能化环境，让师生施展灵巧的教与学方法，使其由不能变为可能，由小能变为大能，从而培养具有良好道德品性、较高思维品质和较强施为能力的人才。”

五、结束语

2015 年 3 月，李克强总理在十二届全国人大三次会议上首次提出“互联网+”行动计划。我们处在“互联网 + 外语”的时代，挑战与机遇并存，国家对外语人才的要求从未降低，对外语人才的需求从未减少。“一带一路”倡议、全球经济一体化、人类命运共同体及讲好中国故事都需要外语人才。新时代大学外语教育的历史使命任重道远。信息化教学是人机结合的时代 mutant generation，人机应该优势互补，大数据、智能使人机优势互补变不能为能。祝智庭教授列举了“适合于机器干的事：单调性、重复性，诸如知识播送、测练提供、消息传递、数据处理；适合于人做的事：创造性、情感性，诸如学案设计、解难答疑、点拨启发、个性关照等。”

2019 年 4 月 26 日，北京航空航天大学梁茂成教授在会议主题为“智赋教学、慧育人才——全国高校外语信息化建设与人才培养研讨会”上也提到人机结合、大数据使得大学英语教师角色受到严峻的挑战的时代，大学英语教师是否还有生存的空间这样一个问题。他给出的答案是肯定的。他举了几个生动的例子：“新华社新闻客户端做了一个 AI 播报，这个机器人 24 小时加班上班从来不歇息，她可以把文本直接播报出来，语音纯正，口型与内容一致。还有智能写稿机器人也正式上线，写稿机器人 0.5 秒能写一篇稿子还配上图，电视台许多职业危也。”面对如此严峻的智能挑战，梁教授认为我们教师的职业还是挺安全的：因为我们用的是脑子，我们能把许多能力综合到一起，我们能随心所欲地讲，而机器是办不到的。

哈佛大学前校长 Bok 在《回归大学之道》一书中重点阐述了本科教育的八大目标，即表达能力、批判性思维能力、道德推理能力、公民意识、适应多元文化的素养、全球化素养、广泛的兴趣和为就业做准备。兼具工具性与人文性的大学外语课程设置应注重培养学生的表达能力、沟通能力、全球视野、人文情怀、多元文化包容性……新时代大学英语教育的特点对大学英语教师提出更高的要求，我们需要“撸起袖子加油干”。

参考文献

[1] 何莲珍 . 新时代大学外语教育的历史使命 [J]. 外语界，2019，1：8-12.

[2] 高等学校大学外语教学指导委员会 . 大学英语教学指南 [EB/OL].（2017）[2019-04-07].

[3] http://wyx.hacz.edu.cn/s/17/t/85/d4/55/info54357.htm.

[4] 刘莹 . 高校外语教学的历史和现状研究 [J]. 校园英语，2016，09：18.

[5] 高等学校大学外语教学指导委员会修订组 . 大学英语教学大纲 [M]. 修订本 . 上海：上海外语教育出版社，1999.

[6] 祝智庭、贺斌 . 智慧教育：教育信息化的新境界 [J]. 电化教育研究，2012，12：5-13

[7] 祝智庭 . 智慧教育新发展：从翻转课堂到智慧课堂及智慧学习空间 [J]. 开放教育研究，2016，22（1）：18-26.

[8] 祝智庭 . 关于教育信息化的技术哲学观 [J]. 华东师范大学学报（教育科学版），1999，2：11-20.

[9] 文秋芳 . 构建“产出导向法”理论体系 [J]. 外语教学与研究，2015，4：547-558.

[10] 徐锦芬 . 大学英语课堂小组互动中的同伴支架研究 [J]. 外语与外语教学，2016，1：15-23.

[11] 徐锦芬、寇金南 . 大学英语课堂小组互动模式研究 [J]. 外语教学，2017，2：65-69.

[12] 梁茂成 . 与时俱进的作文智能评卷 [R].“智赋教学慧育人才——全国高校外语信息化建设与人才培养研讨会”上的主题演讲，2019.

[13] 中华人民共和国教育部 . 国家中长期教育改革和发展规划纲要（2010—2020）[EB/OL].（2010）[2019-04-07]. http://old.moe.gov.cn/publicfiles/business/htmlfiles/moe/ino_list/201407/xxgk_171904.html.

对外汉语教学研究

汉办外派教师跨文化能力的重要性
——以美国圣地亚哥州立大学孔子学院E3高中孔子课堂为例

关　欣*

【摘要】随着孔院数量和规模的不断扩大，越来越多的汉办对外汉语教师也走出国门，由于教学环境和教学对象的特殊性，汉办外派教师不仅要具有扎实的语言知识功底，而且要有较高的跨文化能力，包括文化知识，跨文化态度，跨文化意识以及化解文化冲突和误解的技能。本文将从笔者从孔院教学案例来阐述上述跨文化能力在对外汉语教学中的重要作用，并对汉办外派教师培训提出一些建议。

【关键词】孔子学院；汉办外派教师；跨文化能力；文化冲突

Abstract: With the worldwide expansion of the Confucius Institutes, more Hanban teachers are going abroad. The teaching is demanding on the teachers' cross-cultural communication ability which includes the knowledge of culture, cultural attitude, cross-cultural awareness and cross-cultural communication skills. In this essay, the author demonstrates the importance of the cross-cultural ability in the classroom teaching through case studies and offers several practical suggestions to the CFL (Chinese as a Foreign Language) teacher training.

Key Words: Confucius Institute; Hanban teachers; cross-cultural communication ability; cultural conflict

随着中国经济的发展和国际交往的日益广泛，世界各国对汉语学习的需求急剧增长。为推动汉语走向世界，提升中国语言文化影响力，我国在借鉴英、法、德、西等国推广本民族语言经验的基础上，从2004年开始在海外设立以教授汉语和传播中国文化为宗旨的非营利性教育机构“孔子学院”。几年来，孔子学院建设快速发展，已成为世界各国人民学习汉语和了解中华文化的重要平

* 关欣硕士，讲师，外语教学部教师；研究方向为英国文化研究与英语教学。

台，受到广泛欢迎。各地孔子学院充分利用自身优势，开展丰富多彩的教学和文化活动，逐步形成了各具特色的办学模式，成为各国学习汉语言文化、了解当代中国的重要场所。在此大背景下，汉办外派教师的数量不断增加，汉办外派教师跨文化交际能力的重要性日益凸显。

一、跨文化交际能力与课堂教学

“跨文化交际”（Intercultural/Cross-cultural Communication）是指具有不同文化背景的人从事交际的过程，是指因文化感知能力和符号系统明显不同而足以改变交际结果的人们之间的交际（阮桂君，2011）。G. M. Chen（2009）则把“跨文化能力”界定为“交际者在一个特定的环境中既体面又有效的交际，让对方按照自己的意图做出回应的能力”。这种能力具体在外语教学上讲就是“一种与语言和文化不同的人们进行有效而得体的交往所需要的综合能力”（祖晓梅、陆平舟，2012）。一般来说，这种能力包括知识，态度，意识和技能四个方面。在本文中，笔者将详细阐述态度，意识和技能对课堂教学的影响，并针对案例提出一些粗浅的建议。

在美国这样一个多元文化集中的社会里，不同的族裔、不同的社区都有着不同的文化背景及处世态度，因此在谈论具体案例之前，笔者先对所任教的学校做简单介绍：笔者任教于一所地处美国加州圣地亚哥市中心的特许学校 E3 高中，学生来自周边社区，大部分学生的家庭属于低收入家庭；学生主要以拉丁裔为主，有少数非裔及个别亚裔与白人。美国高中生在校期间需要有两年的外语学习经历。

（一）跨文化态度

跨文化态度是指在跨文化交际过程中，人对于自己文化和对方文化所抱有的心态，不同的态度决定了不同的行为，也对能力的培养产生不同的影响。作为对外汉语教师，教师首先要尊重学生的文化，用中立的态度来分析学生的跨文化失误，耐心解说指正；其次对于自己的文化要有自豪感，为博大精深的中华文化而自豪，如果教师不具有文化自豪感，学生也不会认为这种文化值得学习，但同时又要摒弃那种汉语文化无与伦比的狭隘观念，能够辩证地看待中华文化。只有做到尊重双方文化，不断学习和理解其他文化，才能够树立客观的跨文化态度，真正在教学中做到跨文化。生活中减弱对中国文化的依附，能更好地了解对方文化，课堂中加强对中国文化的依附，能更好地传播中国文化。

对于第一次接触汉语和中国人的学生来说，教师宽容对待他们跨文化失误的态度尤为重要。赴任伊始，笔者的学生对中国的一切都感到新奇，常常在课堂提出关于中国的问题，一次有位学生问：老师，中国有自动售货机吗？听了这个问题，笔者感觉哭笑不得，但立刻不动声色地抓住机会让学生观看了关于中国城市的英文介绍片，然后告诉学生在中国的城市地区，自动售货机并非新鲜事物。学生们看到中国的都市化程度纷纷表示很震惊，这也在一定程度上打破了美国学生对中国的偏见，同时教师对待学生问题的态度也不会打击学生的积极性。因此正确的文化态度（教师听到学生的问题，不能立刻认为学生是贬低中国）对于教师在课堂上如何处理学生关于文化方面的问题至关重要：只有当教师能够客观地认识本族和他族文化时，教师才能正确处理学生的问题（有时甚至是挑衅性问题），做到真正的不卑不亢，也只有这样教师才能真正成为文化使者。

（二）跨文化意识

跨文化意识是跨文化交际能力的重要组成部分，主要指人们在多元文化共存的情况下能够对不同文化加以区别和认同。作为外派汉语教师，要能够注意到课堂中的不同文化（教师与学生之间、学生与学生之间），并且放下中国教师固有的思维模式去了解学生的不同文化和家庭背景，这样在遇到课堂问题时才能够成功地解决问题，从而保证授课的顺利进行。

我们来看一个笔者任教期间同校汉语教师的案例：H 教师的课堂上，有一名非常活跃的男生，在上课时总是跟身边的女同学聊天，影响课堂秩序。某天，当该男生在课堂时间跟旁边的女同学大聊特聊时，H 老师走过去半玩笑地对男生说：我看你那么喜欢跟她聊天，她是你女朋友吗？男生听后看了 H 老师一眼，什么都没有说。让 H 老师没有想到的是，第二天男生的家长打电话到学校投诉 H 老师，说她干涉学生隐私。这是一个典型的缺乏跨文化意识的案例，在中国的传统观念中，师长如父母，他们即便是询问一些涉及学生隐私的问题，中国的学生和家长一般都会理解为是老师对孩子的关心；然而美国文化很注重保护个人隐私，教师在课堂问学生关于男女朋友问题的行为，很自然地就被学生理解为干涉他的隐私。可想而知，H 教师的课堂教学节奏常常因为沟通方式不当被打乱。

我们再来看一个跨文化意识促进教学的案例。同校的 G 老师，在开学后不久就发现很多学生回家不做作业，而家长也不督促。G 老师跟本地老师请教出现这种情况的原因，本地老师告诉她：学生大多数来自于低收入家庭，家里往往是多子女，并且单亲家庭比例很高。家长每天最重要的任务就是挣钱养家，有的单亲家长还要上夜班，根本没有时间督促孩子；这些上了高中的孩子回家后还要照顾弟弟妹妹吃喝，学习时间和精力非常有限。听了本地老师的话，G 老师恍然大悟：在中国，我们的观念是教育第一，绝大多数的家长都会督促孩子的学习，没有料到在美国情况是如此的不同。因此，G老师调整了对学生和家长的期待和要求：每天练习任务的80%以上被安排在课内完成，学生的课后任务不超过20%；如果学生有没有完成的作业，G老师会要求学生每周一次放学后用一个小时集中补齐。此外，G老师也学习本地老师的方式在自己的柜子里常备健康零食和水果，随时可以给没吃早饭的同学补充能量；同时一个学期给问题最大的学生家长和进步最大的学生家长发邮件或打电话沟通一两次，使他们了解孩子在学校的情况。渐渐地，G老师的课堂气氛越来越好，当学生没有完成任务时，老师总是先询问有什么困难而非责备学生为什么没有完成，学生完成作业的比例和效率都在提高；在建立了良好的师生关系之后，即便是在学生犯错G老师批评学生时，学生多数都可以做出及时地调整和改进。

外派汉语教师常常是在到达任教国一周甚至更短的时间内就要开始教学工作，这就要求教师具有较高的跨文化意识。跨文化意识的培养，主要依赖于赴任前的培训与到任后教师不断的自我提醒和勤奋观察，跨文化意识的强弱直接影响课堂上师生的沟通和教学效果。

（三）跨文化技能

跨文化技能主要体现在交际者掌握跨文化知识、运用各种形式传送可理解的信息的能力，在不同的交际场合中选择不同的交际策略的能力以及移情（sympathy）和身份维护的能力（何淼，2016）。仅仅具有文化知识和跨文化意识是不够的，前两者都主要体现在跨文化技能上。高中学生已经不满足于仅仅了解中国基本的文化习俗，他们希望对中国有更深的了解，因此也常常会提出一些“棘手”的问题，因此教师处理这些问题的方法和技巧尤为重要。下面我们通过几个笔者在实际教学中遇到的案例来说明。

1. 挑衅性的问题

开学伊始，学生和教师是陌生的，因此在课堂上就会出现角力的现象：学生不断试探教师的底线，教师需要在维护良好的课堂秩序和气氛的前提下守住自己的“阵地”。一次课堂竞赛结束后，好胜心强的学生C输了，他的情绪明显地受到了竞赛结果的影响。在接下来笔者讲解竞赛中的一些知识点时，C突然说：老师，你来自社会主义中国，我们这是民主制度的美国，那么我们的课堂是什么制度，社会主义制度还是民主制度？全班同学的眼睛齐刷刷地盯着笔者，笔者微笑了一下，说：我们的课堂没有任何的政治性，我们坐在这里是来学习语言和文化的。说完这些，笔者继续课堂教学，C同学脸微微一红，也调整状态跟老师一起复习竞赛知识。下课后，我跟C同学单独谈了一下，告诉他对于感兴趣的问题，如果与课堂无关的我们可以下课讨论，但不能为了挑衅而提问。高中学生处在少年向成人过渡的时期，思考更加活跃但对情绪的掌控力并不强，因此有时会把一些无关情绪带进课堂，甚至在课堂发泄。教师在中国课堂都是权威形象，然而美国课堂中师生的关系更趋于平等，所以在处理这些问题时，教师不能为了维护权威形象而忽视学生的情绪，而应该把握“不回避，短平快”的原则：不要回避问题（学生如发现教师回避此类问题，在今后的课堂上就会经常用同类问题发难），停止学生的干扰行为，不加剧学生的负面情绪，立刻回到课堂教学之中。如果教师没有好的回答方法，可以直接告诉学生与课堂无关的问题下课后探讨。在美国高中，比起权威型老师，学生更喜欢平等对待他们的老师。

2. 不同的意识形态产生的问题

课堂上一位对中国语言文化有着浓厚兴趣的同学问我：老师，在中国你们有没有感觉到不民主？你们为什么这么安然于现状？我首先肯定了他的积极思考，然后告诉他：民主是一个相对的概念，不同国家的国情不同，民主的具体形式也有所差别，而且宣称的民主和真正的民主是有区别的。比如 2003 年的伊拉克战争，当时许多美国人都反对战争，并且举行了大规模的反战游行，但是最终战争还是打响了，那么在美国这样一个民主的国家是谁决定开战与否呢，是人民还是政客？接着我把话题转向中国，告诉学生看待中国问题一定要用历史的眼光：三十多年前，中国人民还用着粮票和布票；如今许多中国城市已经非常发达，中国的年轻人也跟你们享受着相同的科技便利。同时我提醒学生中国有着近美国 5 倍的人口数量，所以中国的生活水平在 30 年左右的时间取得了如此大的飞跃堪称奇迹。我们的生活水平在稳步提高，我们肯定要珍惜这种成果并且巩固这种成果。听了我的话，学生若有所思地点点头。高中生已经具有相当水平的独立思考能力，当他们提出文化及意识形态差异的问题时，教师要做引导——解说并提问，把问题抛回给学生，让他们发现文化的差异，并且激发他们进一步探索的兴趣；如果一味地以权威姿态给出答案让学生接受，美国的高中学生肯定会产生很多逆反情绪。

3. 纯属好玩类的问题

提问的学生纯属觉得这类问题好玩，想要看看老师的反应。对于这类问题，教师要保持轻松的态度快速回应就好。比如：在课堂上，学生问笔者：中国人是不是都吃狗肉？授课正在进行中，所以笔者就以玩笑的口气反问：美国人是不是都带枪呢？我们不能用极小一部分人来代替整体，这会产生偏见。说完就继续进行课堂内容，这样既不耽误课堂时间，也让其他同学知道了这是一个极度以偏概全的问题；而教师半开玩笑式的态度也不会让提问的同学感到尴尬。

二、 汉办外派教师提高跨文化能力的建议

跨文化能力在教学中如此重要，因此无论是教师自己还是汉办都必须要重视跨文化能力的提高，从而减少外派教师在生活和工作中的文化休克，以便外派教师能够更快更顺利地融入生活和工作环境。

1. 教师自身知识的储备

外派教师在出国前，应该针对即将派出的国家有意识地增加文化知识的储备。首先可以通过网络和纪录片了解派出国的地理，气候，风土人情；其次教师要多听和阅读新闻，尤其是要去了解社评，从中了解派出国的基本政治结构和时事，这对教师融入当地生活颇有裨益；在赴任之后，教师要积极主动地跟本土老师学习请教，去本土教师的课堂去听课，学习他们在课堂上跟学生交流的态度和用语，有效的课堂用语也能极大提高课堂管理的效率。

2. 汉办外派教师培训

汉办会以国别为单位来培训外派教师，非常可取；在培训过程中也会组织很多关于教学的讲座。但是讲座专家多数都是国外大学的教师，而外派教师大多数都是被派往当地的中小学，因此，笔者建议汉办培训应该多邀请有在派出国中小学任教经历的教师来做讲座，以亲身经历向即将出国的教师展示他们即将会进入的工作和生活环境。

三、结论

跨文化交际能力在教学中起着极其重要的作用，直接影响着学生对于中国文化的感受和看法。具有优秀跨文化交际能力的教师，不仅能够很好地管理课堂教学秩序，保证教学质量，而且能够增加学生对于中国语言文化的兴趣与亲近感，为学生进一步学习中文了解中国文化打下良好的知识和情感基础，而这也使汉办外派教师在推广中国语言文化的过程中做出更大的贡献。

参考文献

[1] CHEN G M. Intercultural communication competence: some perspectives of research [J]. The howard journal of communication, 1990, (2): 247.

[2] 何森 . 对外汉语教学框架下外汉教师跨文化能力的培养 [J]. 第六届东亚汉语教学研究生论坛暨第九届北京地区对外汉语教学研究生学术论坛，2016.

[3] 阮桂君 . 汉语国际教育知识百题丛书：跨文化交际 [M]. 武汉：湖北教育出版社，2011.

[4] 王银花 . 对外汉语教师跨文化交际能力的培养策略研究 [D]. 南昌：南昌大学硕士论文，2013.

[5] 祖晓梅，等 . 国际汉语教师跨文化交际培训的模式 [J]. 第十一届国际汉语教学研讨会，2012.

英语作为孔子学院汉语课堂媒介语的探索
——以德国特里尔大学孔院教学实践为例

李小芬*

【摘要】国内对外汉语教学大多借鉴国外的直接法和听说法，课堂教学基本使用汉语作为媒介语，这在多种语言、多元文化且学生有足够的学习能动性的课堂环境下或许是最佳选择。但孔子学院的汉语教学则大不相同。本文从自己目前任教孔院的教学对象、教材、教学方法、文化传播、师生关系培养等五个方面论证了汉语课堂仅仅凭借目的语汉语不足以胜任孔院的教学工作。能使用地道、娴熟的通识语英语（如果不会学生母语）进行汉语课堂教学是孔院外派教师必备之技能。

【关键词】孔子学院；对外汉语教学；媒介语；英语

Abstract: With the influence of Direct Method and Audio-lingual Approach the target language Mandarin has been basically the medium of instruction in TCSL (Teaching Chinese as a Second Language) classrooms in China, which may be an optimal choice in the multilingual and multicultural context with the students full of motivation. Chinese teaching in CIs is quite different from that in China. Based on my personal teaching experience in the Confucius Institute at Trier University and after analyzing the issue of the medium of instruction from the following five perspectives—target learners, teaching materials, teaching methodology, promotion of Chinese culture and cultivating positive teacher-student relationships, this paper argues that target language exclusivity is inadequate for CI Chinese classrooms. A good command of English as the lingua franca (if not the students' mother tongue) is a must-have expertise for CI Chinese teachers.

Key Words: Confucius Institute; Teaching Chinese as a Second Language; medium of instruction; English

* 李小芬硕士，副教授，外语教学部教师；研究方向为应用语言学。

一、引言

为“增进世界人民对中国语言和文化的了解”，“推动汉语加快走向世界，提升中国语言文化影响力”（汉办官网 1），自 2004 年开始我国陆续在世界各地设立孔子学院及孔子课堂。十四年来，汉语国际推广事业取得巨大成就。截至 2018 年底，遍布五大洲 154 个国家和地区已经开设 548 个孔子学院和 1193 个孔子课堂。现阶段，孔子学院已经从开疆拓土、规模增长阶段转向质量提升、内涵发展阶段。孙春兰在第十三届孔子学院大会上强调：“孔子学院要创新教学方法，加强师资队伍建设，健全质量评价体系，打造汉语教学权威平台。”（汉办官网 2）作为曾在英国卡迪夫、现在德国特里尔孔院任教的汉语教师，本人拟基于所见所闻，结合自己的汉教经验，针对孔子学院汉语课堂教学中教师媒介语的使用进行分析、探讨，以期抛砖引玉，引发更多孔院汉语教师重新审视和评估自己的教学方法和教学效果。

二、国外外语（或二语）教学课堂媒介语研究

自 19 世纪末英国出现与语法翻译法相对立的直接法以来，关于外语（或二语）课堂教学中是否只能使用目标语作为媒介语之争就从未消停过。支持纯粹使用（或尽最大可能使用）目的语进行教学的一方（Cook，1991；Chambers，1991；Macdonald，1993）认为因为学生在远离目的语以外的地方学习，外语课堂是他们唯一能得到目的语输入的场所，此时使用非目的语之外的媒介语进行教学毫无疑问会减少学生接触目的语的机会，进而影响目的语的习得。Krashen（1982）认为学生没必要听懂课上老师说的每句话，培养揣摩意思的能力有助于学生以后语言交际能力的培养。Macaro（2001：532）引用了 Gearon 以及 Cain 等人的研究成果，这些研究警示如果在二语课堂允许教师少量使用一语（母语），但“度”很难把握会导致一语（母语）的无原则滥用。一些国家的教育主管机构成为此种理论的助推者，比如 1988 年英国当时的教育科学部颁布的英国中学现代外语课程大纲（Department of Education and Science，1988：12）规定“从一开始，外语课堂就应该使用外语而不是英语进行课堂教学和管理”（“from the outset, the foreign language rather than English should be the medium in which classwork is conducted and managed”）。1990 年的大纲（Department of Education and Science，1990：58）亦明确指出“几乎所有交际都自然地使用目的语进行，这样才能算是一堂好的现代语言课”（the natural use of the target language for virtually all communication is a sure sign of a good modern language course）。英国督学机构教育标准局（OFSTED）在 1993 年下发给督查们的督查指南中明确

了"教师应在整堂课的各个环节坚持使用目的语"("Teachers should insist on the use of the target language for all aspects of a lesson")(Macaro, 2001: 532)。

另一些研究者对外语教学课堂教师使用目的语之外的母语或师生通识语持更加包容或支持的态度。Edstrom(2006)依据她自身的外语教学经验得出的结论是:课堂上恰当地使用一语能使学生免于焦虑、处于较为放松的学习状态;一语的使用能增进师生之间良好关系的培养,而这两方面因素均有利于二语习得。Hellermann 和 Pekarek Doehler(2010)和 Liebasher 和 O'Cain(2005)都认为教师在课堂上的语码转换是一种自然而又正常的用来辅助讲解某些语法结构和释义的工具,完全没必要禁止一语的使用,一语的缺失反而会影响二语习得的进程。Levine(2003)、Anton 和 DiCamilla(1998)等人的研究证实课堂语码转换确实能对初级外语学习者带来正面作用,比如布置一些课外需要学生准备或课堂上需要完成的任务仅凭二语显然无法传递信息。Dickson(1992)也质疑二语课堂以纯二语作为媒介语的语言输入在"质"上是否和"量"相匹配。

另一些教育工作者和研究人员对此争议持中立立场,如 Abigail Bruhlmann 在综合分析了众多正反两方面的观点后得出结论:一语确实能在二语课堂起到重要作用,但上文提及的第一种观点也不无道理,应该将两种观点融合在一起考虑,取各自之长。这些人的另一个关注点是倘若二语课堂一语的使用被允许,应如何避免一语的无原则滥用。(Macaro, 2001)

三、国内对外汉语教学媒介语研究及使用现状

20 世纪七八十年代,我国对外汉语教学研究相对滞后,"由于对外汉语教学理论研究和教学实践的时间局限……大多教学模式以借鉴和转化国外第二语言的教学模式为主,或者同时受多种语言教学理论的影响,具有多种教学模式的痕迹,而较少反映汉语规律或汉语教学的规律"(赵金铭, 2009: 54)。直到 1990 年 6 月在国家汉办和北京语言学院联合召开的全国第一次中高级对外汉语教学讨论会上,出台科学的对外汉语教学大纲的重要性才首次被提及。于是,《对外汉语教学初级阶段教学大纲》和《高等学校外国留学生汉语专业教学大纲》分别在 1999 年和 2002 年相继面世,对外汉语教学中的随意性、盲目性得以遏制,主管部门和教师在课程设置、教材编写及课堂教学方面均有章可循。针对汉语课堂媒介语的使用,《对外汉语教学初级阶段教学大纲》规定:"课堂教学的主要用语是汉语。鉴于一般教材都有适量的翻译,多数正规教学单位基本上是混合编班,因此,课堂教学中原则上不允许使用某种学生母语或其他媒介语。"(杨寄洲, 1999: 8-9)《高等学校外国留学生汉语专业教学大纲》则限定"用汉语组织教学,把媒介语的使用减少到最低限度"(国家汉办, 2002: 3)。这

些规定对于国内多种语言、多元文化的汉语课堂环境而言或许是最佳选择，规定的颁布也为国内汉语教学媒介语研究和使用定了调。

关于对外汉语教学媒介语的研究在国内似乎并非热点，研究成果零星可见。虽然有部分研究者赞同使用汉语之外的媒介语是实现课堂教学和管理的重要手段，尤其在初级汉语教学阶段，但需要考虑“使用尺度”的问题（徐品香，2008；王丹萍，2012）。主流研究或教学法推崇基于直接法或听说法衍生出来的“全目的语教学”。柯玲（2014：107）认为：“在非目的语课外语境中教授汉语，对课堂英语媒介语更需要慎用或不用以确保汉语课堂语境的纯度和效度。”事实上，国内高校如北京语言大学针对外国留学生的汉语教学大多延续此种方法，持续多年的普林斯顿北京暑期中文培训班（与北师大合作）完全禁止教师使用中文以外的媒介语。本人亲历在北京语言大学和华东师范大学接受国家公派教师赴任行前培训试讲环节，自己和培训同学多次被指导老师指出媒介语使用过度的问题。这种强调借助直观认知的方法有时确实简便、实用，比如教一些简单的名词、动词，教师可通过实物、图片、简笔画或者示范动作、表情等使学生形成具体形象的感知。依据听说法，一些较简单的语法句型也可以让学生通过大量模仿、操练来学习。但对于一些较抽象的词、较为复杂的句型呢？此时是否需要借助学生的母语或师生共通的媒介语？

四、英语作为孔子学院汉语国际推广重要工具之必然

孔子学院近几年的高速发展导致对外派教师和志愿者需求的大幅增加，但要求派往 154 个国家的教学人员都能通晓当地通用的官方语言显然是不切实际的，即便在德语区如德国、奥地利、瑞士等国家，能通晓德语的汉语教师和志愿者人数也是相当有限的，更别提那些小语种国家。英语自然成为绝大多数外派教师必备之技能。

为什么说是必备之技能呢？

（1）首先，从教学对象看，孔子学院汉语课面对的绝大多数学生与上文提到的英国外语教学大纲和国内汉语教学大纲相对应的学习主体存在很大区别。英国大纲涉及的是全日制中学已经纳入课程体系的外语课，每周教学时间有保证，学生和家长也都比较重视。而国内大纲主要针对的是来华读汉语专业的学生，汉语学习成为他们职业规划的一个重要部分，因此他们有较强的主观能动性。而孔子学院学生的构成则大不相同。以厦门大学在 13 个国家共建的 16 所孔子学院和 47 个孔子课堂为例，2017 年主要教学对象占比如下，初级 81%，中级 10%；中小学生 78%，大学生 18%，社会人士 4%；非学分制学员 67%（厦门大学汉语国际推广南方基地，2018）。2018 年的数据也大致相仿，初级 86%，中

级 8%；中小学生 75%，大学生 20%，社会人士 5%；非学分制学员 70%。再以本人任教的德国特里尔大学孔子学院为例，2018 年全年 734 名学员中（其实是人次），初级 722 名，中级 12 名，无高级阶段学员、无学分制学员。教学对象全部是对汉语或中国文化感兴趣的中小学生、大学生或社会人士（包含在职和退休人员），他们大多没有特定的目标，不想给自己太大的压力，只是抱着"试着学学看"的心态。试想面对这样的学生群体，教师若基本使用汉语教学（即便有时借助图片、手势或其他先进多媒体教学设备）有时难免会使学生陷入茫然的境界，进而失去对汉语的兴趣。事实上确实有教师因课堂教学使用过多汉语而被投诉。

（2）从教材方面看，若没有用当地语言出版的教材，绝大多数孔院学生只得依赖英文版教材。大多数在英美国家出版的这类教材质量较好，释义或讲解比较到位，可以使学生在预习时获取信息或在课后复习时有章可循，节省教师上课讲解的时间。而有些国内出版的教材则存在释义不够准确的问题，如：

> The structure "noun/pronoun＋的＋noun" indicates possession. When the noun following "的" is a term of kinship or indicates a person, "的" can be omitted.（姜丽萍等，2014：24）

但如果有学生追究"他们公司"和"这是我们家的照片"里"公司"和"家"前面的"的"为什么也省略了呢？此时仅仅使用中文解释估计很难让学生明白。

同一本教材 83 页"时候"英文意思标注为 time、moment，于是学生造句 *"我没有时候"。此时针对学生提出的疑问或犯的错误，老师使用英文进行解释应是无可厚非的。

即便大多英文版汉语教材都对一些重要语法结构标注英文解释，但如果教师能在课堂上有意识地通过比较英语或学生母语与汉语语法结构之不同，给予学生清晰明了的解释，就能使学生在理解的基础上进行语用操练，达到事半功倍的效果。一个典型例子就是英文里的 be+ 形容词结构。当被问及"你忙吗？"，德国初学汉语者往往回答 *"我是忙"，这个回答显然是受母语的影响。但紧接着如何跟学生解释"这周他很忙，是吗？——是，他是很忙。""我高兴，他不高兴。"这些句子为什么又是正确的呢？什么时候能用"是"、什么时候不能用"是"、什么时候形容词前应该有表示程度的副词？该是英文媒介语派上用场的时候了。

（3）至于教师个人的教学法，应该本着"教学有法而无定法"（杨惠元，1997：203-214）的理念，教师要遵循汉语教学的普遍规律、掌握教学一般原理，又要依据实际情况发挥创造性、不拘一格地运用各种教学方法。教较高水平的学生几乎可以不借助英语作为辅助，但初级甚至有些中级水平的课堂，汉语几乎是必不可少的教辅工具之一。比如教声母 /sh/ 时我告诉学生该音跟英文音标里的 /ʃ/ 很接近；有些德国学生把握不住声母 /c/ 的发音，我启发他们比较 students 的尾音，这样省时省力，效果极好。再比如为了促进汉字认读和记忆，通过英语介绍汉字基础知识、分析字形结构、讲解某些汉字的文化寓意这些都是必不可少的过程。

（4）既然孔子学院的办学宗旨是增进世界人民对中国语言和文化的了解，汉语课堂同时也就是传播中华文化的阵地，教师应该在语言教学的同时通过“润物细无声”的方式导入中国文化的内容。比如在教授询问年龄的不同方式时介绍中华民族“尊老”的好传统；学习“东南西北”四个方位词时适时带出北京、南京、西安等地名，并简单介绍这些城市的精华景点。若单纯使用汉语讲解这些文化切入点，对这个阶段的汉语学习者而言几乎就是无效的语言输入，此举既无助于学生的语言学习，还有可能会使他们产生挫败感。

（5）从事海外汉语教学的教师还需要从认知心理学和文化人类学的角度努力培养汉语课堂良好的人际关系。如果一味强调使用目的语作为课堂媒介语让学生进行机械的模仿、操练，学生可能会觉得他们的需求和感受被疏忽、他们作为学习的主体没有得到足够的重视，这样显然不利于师生之间的感情交流。尤其是德国人，大都比较内敛、不爱表现自己，教师必须尽量利用教材及相关内容引导学生多跟老师沟通。比如学到“中国菜好吃”，师生之间可以用英语稍微多聊点中国美食，甚至可以商量搞一次包饺子活动。课后练习里出现成龙的照片，教师可顺势介绍一下他主演的电影。这些课堂上小小的润滑剂既能拉近师生间的距离，也可增强学生对中国文化的兴趣，增添学生学习汉语的动力。

五、结语

汉办教师所处的海外汉语教学大环境和小环境可谓千差万别，教师应具备一定的对外汉语教学理论知识，尊重汉语教学的规律，在充分考虑学生的心理因素和个人需求的基础上因地制宜、因材施教，而不必拘泥于某种教学法。在某些教学环节尽量多使用学生能理解或者不超出他们认知范围的目的语进行教学，以便提供自然的目的语输入。但实际上，对大多数欧美汉语初学者来说，学好与他们母语区别巨大的汉语无疑是个很大的挑战。为了使学习过程和学习内容化难为易，消除学生对汉语学习的焦虑和紧张、使他们保持学习的兴趣，必要时候切换使用英语作为媒介语教学无疑是最有效的手段之一。基于此，外派教师不仅应具备足够深厚的汉语语言知识和灵活多变的汉语教学能力，还应该能用地道、娴熟的英语或学生通用语准确讲解汉语知识点和介绍中国文化，这样既能营造出活跃的课堂氛围又能保证课堂教学质量，最终能致力于中国语言文化影响力的提升。

参考文献

[1] ANTON M & DICAMILLA F. Socio-cognitive functions of L1 collaborative interaction in the L2 classroom[J]. Canadian modern language review, 1998, 54:314-342.

[2] BRUHLMANN A. Does the L1 have a role in the foreign language classroom? A review of the literature[J/OL]. Studies in applied linguistics and TESOL, 2012, 12(2): 55-80. http://www.tc.columbia.edu/tesolalwebjournal. DOI: 10.7916/D89C791F

[3] CHAMBERS F. Promoting use of the target language in the classroom[J]. Language learning journal, 1991, 4: 27-31.

[4] COOK V. Second language learning and language teaching[M]. London: Edward Arnold, 1991.

[5] Department of Education and Science. Modern languages in the school curriculum: a statement of policy [M]. London: Her Majesty's Stationery Office, 1988.

[6] Department of Education and Science. Modern foreign languages for ages 11 to 16[M]. London: Her Majesty's Stationery Office, 1990.

[7] DICKSON P. Using the target language in modern foreign language classrooms[M]. Slough, UK: National foundation for educational research, 1992.

[8] EDSTROM A. 2006. L1 use in the L2 classroom: one teacher's self evaluation [J]. The canadian Modern language review, 2006, 63: 275-292.

[9] HELLERMANN J & DOEHLERS P. On the contingent nature of language-learning tasks [J]. Classroom Discourse, 2010, 1: 25-45.

[10] KRASHEN S. Principles and practice in second language acquisition [M]. Oxford: Pergamon, 1982.

[11] LEVINE G S. 2003. Student and instructor beliefs and attitudes about target language use, first language use, and anxiety: report of a questionnaire study [J]. The modern language journal, 2003, 87: 343-364.

[12] LIEBSCHER G., & DAILEY-O'CAIN J. Learner code-switching in the content-based foreign language classroom [J]. The modern language journal, 2005, 89: 234-247.

[13] MACARO E. Analysing student teachers' codeswitching in foreign language classrooms: theories and decision making [J]. The modern language journal, 2001, 85(iv): 531-548.

[14] MACDONALD C. Using the target language [M]. Cheltenham, UK: Mary Glasgow Publications, 1993.

[15] 国家汉办 . 高等学校外国留学生汉语专业教学大纲 [M]. 北京：北京语言文化大学出版社，2002.

[16] 汉办官网 1：http://www.hanban.org/hb/node_7446.htm

[17] 汉办官网 2：http://conference.hanban.org/pc/news_details.html?main_lan=cn&_id=12

[18] 姜丽萍，等 . HSK 标准教程（1）[M]. 北京：北京语言大学出版社，2014.

[19] 柯玲 . 国际汉语教育中的英语媒介语研究——基于课堂教学的观察与比较 [J]. 国际汉语教育，2014.

[20] 王丹萍 . 对外汉语教学的媒介语问题 [J]. 中国语文通讯，2012，91（2）：83-88.

[21] 厦门大学汉语国际推广南方基地 . 厦门大学孔子学院暨汉语国际推广 2017 年度报告 [R]，2018.

[22] 徐品香 . 初级阶段对外汉语课堂教学中媒介语使用问题探讨 [J]. 现代语文，2008，9：119-121.

[23] 杨惠元 . 论“教学有法而无定法”[M] // 刘珣，等，对外汉语教学概论 . 北京：北京语言大学出版社，1997.

[24] 杨寄洲 . 对外汉语教学初级阶段教学大纲 [M]. 北京：北京语言大学出版社，1999.

[25] 赵金铭，等 . 对外汉语教学概论 [M]. 北京：商务印书馆，2009.

基于美国初级阶段汉语学习者中介语的评价性语言研究

许庆欣*

【摘要】评价性语言是重要的人际意义资源，从语义的层面探讨中介语中的评价性语言特点对于外语教学研究具有重要意义。本文使用以美国英语为母语的初级阶段汉语学习者的习作语篇为原始语料，以评价理论作为基本分析框架，描述语料中评价性语言的分布及其特点。本文研究发现，评价性语言广泛存在于初级阶段外语学习者的中介语之中，并与语场、学生学习阶段具有一定的相关性。本文依此提出评价性语言存在于各阶段外语学习者的中介语中，对外语教学实践具有启示和指导意义。

【关键词】评价性语言；外语教学；初级阶段学习者；中介语

Abstract: This paper is interested in the language of evaluation in interlanguage. Drawing light on the Appraisal framework, it examines the distribution of the evaluative language in writings of beginning learners of Chinese in the U.S.. It finds that there is a considerable proportion of attitudinal instances in the writings, despite the low Chinese language proficiency of the learners. It also investigates the features of the learners' uses of the evaluative language. The paper proposes that the language of evaluation, as a pivotal resource for interpersonal meaning making, exits in the interlanguage of learners of all levels. The findings of the paper have implications for foreign language teaching.

Key Words: language of evaluation; interlanguage; foreign language teaching; beginning learners

* 许庆欣硕士，讲师，外语教学部；研究方向为功能语言学、语篇分析。

一、评价性语言与中介语

评价性语言是重要的语义资源，通过表达语言使用者的情感及态度，体现人际意义。根据基于系统功能语言学的评价理论（Martin et al., 2005），语言使用者在使用评价性语言时有很多选择，他们可以选择表达情感、判断和鉴赏等不同的态度意义，可以选择使用显性或者隐性评价，可以选择对某种态度进行级差修饰，也可以选择对某种态度采用不同的主观性定位（subjective positioning）。这些不同的选择，使评价性语言成为一个复杂的意义系统。语言使用者在特定语境下的选择结果，不仅仅表达他们对于某种事物、行为或情景的主观态度，更表达了他们对于自己和外界的立场和定位，进而构建和协商语言使用者的立场及身份，完成读者建构，并实现主体间性（intersubjectivity）。

写作作为一项能产性的技能，是语言技能中不可缺少的重要组成部分。在外语教学中，写作能力直接体现语言学习者的综合语言能力。可以说，对外语学习者来说，写作是难度最大的一项输出活动。有众多研究者对外语学习者习作中的评价性语言使用情况进行研究，将其大致分为两类。一类研究比较语言使用者在母语写作和外语写作时使用的评价性语言异同。比如，Liu et al.（2009）比较了出自同一名 L1 中文本科生的中文文章和英文文章中的态度选择，发现中文文章中表达“判断”的评价性语言明显少于英文文章，从而认为中文文化中对于“社会和谐”的重视影响了使用者的语言选择。许家金（2013）通过关于中外同题英语叙事语篇的评价分析也发现不同族群语言使用者在评价性语言使用方面具有显著差异。另一类研究关注评价性语言的使用与写作成绩的相关性。例如，Wu（2007）通过比较新加坡本科生的作文发现介入资源的使用与写作分数之间具有一定的正相关性。Swain（2010）分析了 L2 英语本科生英文写作中的态度和介入性评价性语言使用情况，发现介入资源的使用，而不是态度，是写作分数高低的重要影响因素。Brooke（2014）也发现如果 EFL 本科生在写作中使用大量的评价性语言，特别是引用（attribution）、主观代言（authorial endorsement）或主观反对（disendorsement）等介入资源，将有助于写作取得较高的分数。这些研究表明外语学习者使用评价性语言的能力是其第二语言整体水平的一个重要指征。

值得一提的是，以上关于外语学习者写作中评价性语言使用的研究对象均为本科生，即外语水平中高级阶段的学习者。如果中介语是一个独立的语言系统，具有自身的系统性和可变性（Selinker, 1972），那么评价性语言在不同阶段外语学习者的中介语中也应该具有一定差异。从中介语的研究现状来看，国内外对中介语的研究主要集中在对语言形式（如语素、语音、词汇和语法）进行偏误分析，较少有从语义层面进行的中介语研究。在中介语的语义资源方面，有研究者提出 L2 语言使用者较之母语者来说拥有相对较少的话语资源用于表达人际意义（Geng et al., 2016）。既然中高级阶段学习者中介语中的评价性语言的使用有别于（甚至明显少于）母语者的使用，那么初级阶段学习者的中介语中是否也存在类似情况？依此，本文以美国初级阶段汉语学生习作为研究对象，以评价性语言为研究重点，分析探讨该阶段汉语学习者的中介语中评价性语言的特点和范式。本研究试图讨论：（1）初级阶段外语学习者的习作中是否存在评价性语言。（2）如果存在，该评价性语言有何特点；如果不存在，原因为何。

二、美国初级阶段汉语学生习作和评价性语言分析系统

本研究采集真实外语学习者习作，自建初级阶段汉语学习者中介语习作语料库，包括 29 个语篇。语篇作者为 25 名来自美国东部特拉华州的汉语学习者，母语均为英语。他们分别是特拉华大学中文专业（零起点）和奥雪老年大学中文课程（一级班和初级口语班）的学生。年龄在 19~70 岁之间，男女比例平均，故在研究中暂不考虑年龄和性别对于语言使用的影响。所有学生均属汉语初学者，接受系统汉语课堂教学时间在 1~2 年，累计学习时长为 150~200 小时，根据《欧洲共同语言参考框架》（Europe, 2001）和《对外汉语初级阶段教学大纲》（杨寄洲，1999），他们的汉语水平均属初级水平。所有学生均使用《中文听说读写第一级第一册》（第三版）（Liu, 2008）为课堂学习内容，并由同一位汉语教师授课，课堂练习和课后作业基本相同，故本研究暂忽略语言输入质量和数量对于语言产出的影响。

语料库中的学生习作均为学生根据给定提示进行的写作练习，包括回复电子邮件、记叙去朋友家做客、介绍我的一天和描述外语学习经历等四项写作任务。习作体裁包括应用文和记叙文。所有写作提示均为中英文双语，写作要求用汉字或拼音完成，字数不限。习作收集后，研究者对每篇习作进行编号、文字转写，通过 SegmentAnt 进行切分后录入语料库。学生习作语料库基本描述如表 1：

表 1　学生习作语料库基本数据

语篇编号	语篇内容	语篇数量
2344-47	回电邮	4
2484-88; 4146-50	做客	11
4179-82; 4361-64	我的一天	8
4811-17	学外语	6
合　计		29

本文采用基于系统功能语言学的评价理论（Martin et al., 2005）作为分析理论框架，使用 UAM 语料库软件对学生习作语料库进行语料标注和统计。评价理论是在语篇语义层面进行人际意义研究的理论框架，它关注语篇中可以协商的各种态度，旨在研究语言使用者如何运用话语资源表达赋值语义，解释语言如何用来评估、表示、构建语篇角色及调节人际关系。评价理论把评价性语义资源分为态度（ATTITUDE）、介入（ENGAGEMENT）和级差（GRADUATION）三个子系统。态度子系统是指对事物或事件的情感反应、对自己或他人行为的判断和对外在事物的鉴赏性评价，包括判断（JUDGEMENT）、情感（AFFECT）和鉴赏（APPRECIATION）。介入子系统指语言使用者对其所言、他人或他人所言所持的态度、观点和立场，二分为自言（monogloss）和借言（heterogloss），后者包括收缩（contract）和扩展（expand）两种介入资源。级差子系统则是对态度和介入程度的分级资源，它贯穿在整个评价系统之中，涵盖了传统意义上的模糊语（hedging）、强化词（booster）、弱化词（downtoner）和程度修饰语（intensifier），包括语势（FORCE）和聚焦（FOCUS）两种语义资源，后者可细分为强化（intensification）和量化（quantification）。在一个语篇里的各类评价资源都对主体间性做出不同的贡献，实现不同的人际意义。评价理论不仅注重显性（inscribe）的评价表述，也注重隐性（invoke）的评价，揭示了话语资源是如何直接或间接地激活各种评价资源，借此建立起对话双方的各种关系。本文采用的基于评价理论的评价性语言分析系统，具体如图 1 所示：

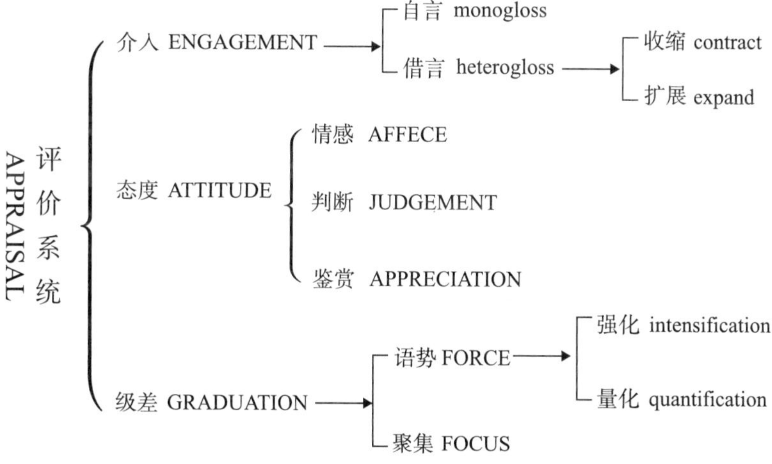

图 1 基于评价理论的评价性语言分析系统（Martin et al., 2005）

基于该分析系统，研究者对语料库中每篇学生习作进行人工标注，采集和分析文本中的评价性语言。由于篇幅所限，本文仅讨论初级阶段汉语学生写作中呈现的评价性语言及其特点，不对评价性语言、评价理论以及评价性语言的汉语标注原则和分析方法等方面进行深入的理论探讨。

三、初级阶段汉语学生习作中存在评价性语言

通过对学生习作语料库中的文本进行分析，本研究发现初级阶段外语学习者的习作中不仅存在，而且存在相当数量的评价性语言，评价性语言分析系统中三个子系统的评价资源在学生习作中均有使用。在态度子系统方面，学生习作中存在大量的态度意义，包括情感、判断和鉴赏。态度意义不仅有注重显性的评价表达，也有通过隐性方式实现的评价表达，正面和负面的态度意义均有发现。态度子系统的评价性语言示例如表 2：

表 2　评价性语言示例（态度）

语篇编号	文字	态度
4811	在大学我教很小德文，有不好的老师和课	负面、判断、显性
4812	因为法语很重要的和很美丽的语言	正面、鉴赏、显性
2487	因为 Herb 喜欢烹饪，所以她厨房是漂亮也充满厨师工具	正面、鉴赏、显性 / 隐性

同时，在介入子系统方面，学生习作中也发现相当数量的表达介入性意义的语言，例如表 3：

表 3　评价性语言（介入）

语篇编号	文字	介入
4812	在中学你得学习法语，不是英语	借言：收缩
4185	我觉得外语很有趣	借言：扩展

最后，在级差子系统方面，学生习作中语料中级差资源的示例如表 4：

表 4　评价性语言（级差）

语篇编号	文字	级差
4812	法语语法太难了	强化，升
4814	现在我会说一点儿中文	量化，降

以上发现表明，即使初级阶段语言学习者所拥有的话语资源有限，在合适的语境下，他们仍试图表达评价性意义。这说明评价性的人际意义是一种重

要的语言意义，是语境在语言符号中的体现（Halliday，1978），该意义存在与否不受语言使用者的语言水平限制。同时，在语言使用中表达个人态度和主观定位，是语言使用者的基本语言需求之一，任何阶段的语言学习者在交际过程中都可能会有该交际目的。此外，以上发现也表明，不同阶段语言学习者可以使用的评价资源受其语言水平制约，其他针对中高级阶段学习者习作研究发现的一些评价资源，如 Brooke（2014）在 EFL 本科生写作中发现的大量使用的引用和主观代言等介入资源，在本研究语料库中没有发现。相反的，本研究中发现的评价资源基本来自学生所学过的课文。这说明在外语教学中评价资源的输入和产出具有一定正相关性。

四、初级阶段学习者评价性语言的特点

通过对美国初级阶段汉语学生习作中的评价性语言进行细分，可以发现初级阶段学习者的评价性语言具有分布广、受语篇内容制约度强和与学习阶段相关性强的特点。

（一）评价性语言的分布

从整个语料库来看，评价性语言出现在语料库的 24 个语篇中，占总语篇数量 83%。三个子系统的评价性语言在语料中都有所体现（详见表 5），其中态度资源有 107 个示例，平均每个语篇有 3.5~4 个。这表明表达个人情感、判断或鉴赏是语言使用者的基本人际需求，不受语言使用者个人语言水平的影响。此外，介入和级差资源在语料库中也均有所体现。其中，在 17 个语篇中存在级差资源，平均每个语篇有 1~1.5 个级差资源使用示例，用来强化或弱化态度。此外，在 13 个语篇中存在借言性介入资源，平均每个语篇有 1 个介入资源的示例，用来表明语言使用者的观点或立场。除去这些借言性介入资源示例，其余的语篇都采用自言性介入资源进行观点或立场表述。

表 5 评价性语言在语料库中的分布（单位：个）

	评价性语言（示例）			
	态度	介入（借言）	级差	示例总数
合计	107	30	41	178
平均每篇数量	3.69	1.03	1.41	6.14

评价性语言示例在语料库各语篇中的普遍分布对语言学理论研究和外语教学研究有两点启示。一是这表明语言的人际功能与其他元功能，如概念功能和语篇功能，是三位一体的关系，不存在主次。在外语教学中应该兼顾三个元

功能，不作偏倚。二是评价性语言在初级阶段外语学习者的习作中有广泛分布，说明该语义资源在外语学习者各个学习阶段的中介语中都有意义潜势。因此在外语教学实践中，不能只在中高级阶段涉及与评价性语言有关的教学，忽视对初级阶段学习者的关注。

（二）评价性语言使用受语篇内容制约

研究发现初级阶段学习者所使用的评价性语言与语篇内容有一定相关性。如表 6 所示，学习者在进行关于“我的一天”的话题写作时，使用评价性语言最少，在所有语篇中仅有 5 个与个人态度有关的示例，借言性介入和级差示例几乎为零，平均每篇 0.75 个评价性语言示例。而在进行关于“外语学习经历”的话题写作时，使用评价性语言最多，在所有语篇中有 61 个与个人态度有关的示例，借言性介入和级差也有相当大的数量，平均每篇有近 19 个评价性示例，为“我的一天”话题语篇的 18 倍。

表 6　评价性语言在各类语篇中的分布

语篇内容	评价性语言（示例数量 / 平均每篇数量）							
	态度		介入（借言）		级差		总数	
我的一天	5	0.63	1	0.13	0	0.00	6	0.75
做客	33	3.00	8	0.73	10	0.91	51	4.64
回电邮	8	2.00	1	0.25	3	0.75	12	3
学外语	61	10.17	20	3.33	28	4.67	109	18.17

以下语篇片段可以作为例子说明评价性语言与语篇内容的关系。两篇习作出自同一位学生之手，写作时间相近（相隔两个星期）。“我的一天”为该学生在《中文口语》课的家庭作业。“学外语”为该学生在《中文听说读写》课的家庭作业。

表 7　学生习作范例

语篇编号	文　字
4810	我的一天 我的名字叫 Bob Penn。我早上七点起床，洗脸，洗漱。七点半我吃饭和看报纸。八点到十点我作业或练习拉二胡或拉小提琴。十点我穿衣服去 Osher。中午我吃饭。下午，我有的时候去 Osher 课，有的时候作业，或打网球，或去杂货店。晚上我吃饭，看新闻报道，看电视或看书。十点钟我洗澡，睡觉。

续表

语篇编号	文　字
4815	我觉得外语很有趣。 我在高中学习西班牙语。 我经常使用这种语言。 因为我有很多西班牙语的朋友， 并在墨西哥和西班牙旅行。 我在大学学习俄语和德语， 但是我很少有机会使用这些语言， 我只记得一些基础知识。 在大学毕业后，我在瑞士日内瓦工作了五年。 我在课堂上学了基础法语， 但是我在日常生活中学到了更多的东西。 我最亲密的同事只讲法语， 所以我立刻有机会需要使用法语。 我现在喜欢中文学习。 我希望在中国有一个类似的机会。

在关于“我的一天”（语篇 4810）的习作中没有评价性语言的使用示例，而在关于“学外语”（语篇 4815）的习作中，则有大量评价性语言的使用示例。后者评价性分析结果如表 8 所示。

表 8　习作“学外语”（语篇 4815）中的评价性语言（粗体）

评价示例	评价对象	态度	介入（借言）	级差
我觉得外语很有趣	外语	显性，正面，鉴赏	扩展	强化
我经常使用这种语言	我	隐性，正面，判断		量化
因为我有很多西班牙语的朋友	我	隐性，正面，判断	收缩	量化
并在墨西哥和西班牙旅行	我	隐性，正面，判断		
但是我很少有机会使用这些语言	我	隐性，负面，判断	收缩	量化
我只记得一些基础知识	我	隐性，负面，判断	收缩	
但是我在日常生活中学到了更多的东西	我	隐性，正面，判断	收缩	量化
我最亲密的同事只讲法语	同事	显性，正面，判断	收缩	强化
所以我立刻有机会需要使用法语	我	隐性，正面，判断	收缩	强化
我现在喜欢中文学习	我	显性，正面，情感		
我希望在中国有一个类似的机会	我	显性，正面，情感		

由此可见，同一位学习者，在相近写作时间的习作中，在评价性语言方面进

行了截然不同的选择。两篇习作的写作时间大概距离两个星期，一般情况下学习者的语言水平不会产生质的变化。而两篇习作中评价性语言的使用相差甚大，可以解释为语言使用者对于评价性语言的使用在很大程度上受语篇内容的影响。这种现象符合词汇语法和意义之间的体现关系，也说明意义受语境的影响和制约（Halliday et al., 1989）。本节的分析结果说明了语境变量之一——语场——对于人际意义的影响和制约。

本研究发现的外语学习者评价性语言的使用与语篇内容的关系，可以为外语教学实践提供指导作用。具体为，如果外语教学希望提高学习者对于评价性意义的表达能力，需要在语篇内容上进行控制，即提供评价性意义丰富的输入性语篇内容，并多为学生创造表达评价性意义的产出机会。如本研究中的关于“学外语”的写作练习，相比“我的一天”的写作练习存在更多的评价性意义潜势，所以在关于“学外语”的写作练习中学生有更多的机会可以自由表达情感、判断和鉴赏等态度，继而得到更多的表达评价性意义、使用评价性语言的机会。

（三）评价性语言与学习者学习阶段相关

本研究发现，初级阶段学习者习作中评价性语言的使用不仅受语篇内容影响，与学习者所在的学习阶段也有相关性。在本研究所涉及的写作任务中，有三个任务对应《中文听说读写》的不同单元，即不同的学习阶段，具体关系见表9。由于该教材编者明确提出教材编写原则之一即“内容难度循序渐进”（Liu, 2008: x），我们可以认为进行这几个写作任务（特别是“做客”、“回电邮”和“学外语”三个写作任务）的时候，学习者处于不同的学习阶段，即学习者的汉语水平在完成“做客”任务时最低，在完成“学外语”任务时最高。

表 9　语料库语篇写作任务与课本的对应关系

写作任务	中文听说读写
做客	第 5 课
回电邮	第 6 课
学外语	第 8 课

表 10 显示，从评价性语言的使用情况看，“学外语”习作语篇中的评价性语言在整个评价系统语义资源示例总数上远远高于其它两类语篇，示例出现频率大概是其他两类语篇的四至五倍。从评价系统的三个子系统资源（态度、介入和级差）和评价性语言的表达方式选择（显性评价或隐性评价）看，学习者在评价性语言的使用方面也呈现出类似的激增趋势，即“学外语”习作语篇中示例的数量和出现频率都远远高于其他两类语篇。这说明随着学习者学习阶段的

进步，学习者在评价性语言使用上明显有更丰富、更频繁的选择，而且评价性语言的内容和表达方式没有主次差别。

表 10　评价性语言在各类语篇的分布（单位：个）

写作任务		评价性语言（示例数量 / 平均每篇数量）											
内容	篇数	总数		态度		介入（借言）		级差		显性评价		隐性评价	
做客	11	51	4.64	33	3.00	8	0.73	10	0.91	29	2.64	4	0.36
回电邮	4	12	3	8	2.00	1	0.25	3	0.75	8	2.00	0	0.00
学外语	6	109	18.17	61	10.17	20	3.33	28	4.67	32	5.33	29	4.83

这个发现对于外语教学实践也具有一定的指导意义。既然随着学习者学习阶段的进步，评价性语言的使用有可能呈井喷式递增性分布，教学中在教学内容选择和习作任务设计方面可以注意遵循这一发展规律，在合适的学习发展阶段以适当的方式引导学生提高评价性语言的使用水平，进而提高学习者的外语综合水平。

五、结语

近年来，随着语言学研究的重点从语言本体研究转向语言使用者研究，从语言形式转向语言功能和意义生成，从语言的规则性转向语言的社会符号性，关于真实语料中的语言意义选择逐渐受到研究者关注。本文以美国初级阶段汉语学习者的真实习作语篇作为研究对象，分析了评价性语言在初级阶段外语学习者中介语中的分布情况和特点，并探讨了评价性语言资源在外语教学实践中的启示和指导意义。

本文认为，评价性语言作为人际意义的重要组成部分，不仅仅存在于母语使用者的话语行为中，也存在于外语学习者的话语行为中，即使在刚刚进入外语学习的初级阶段学习者的习作中也有广泛分布。因此，从中介语研究角度来看，评价性语言在中介语发展中也具有系统性、可变性的特点。研究发现的评价性语言的使用与语场和学生学习阶段的明显相关性，在外语教学的内容选择、活动设计、任务管理、语言水平测试和教学质量评估等方面都具有一定的启示和指导意义。

参考文献

[1] BROOKE M. Attribution and authorial (dis)endorsement in high- and low-rated undergraduate ESL students' English academic persuasive essays[J]. English linguistics research, 2014, 3(1): 1-11.

[2] COFFIN C, HEWINGS A, 2004. The textual and the interpersonal: theme and appraisal in student writing[M] // RAVELLI L, ELLIS R A (eds.). Academic writing in context: social-functional perspectives on theory and practice. London: Continuum: 153-171.

[3] EUROPE C O F. Common European framework of reference for languages: learning, teaching and assessment [M]. Strasbourg, Alsace: Council of Europe, 2001.

[4] GENG Y & WHARTON S. Evaluative language in discussion sections of doctoral theses: similarities and differences between L1 Chinese and L1 English writers [J]. Journal of English for academic purposes, 2016, 22: 80-91.

[5] HALLIDAY, M. A. K., 1978. Language as a Social Semiotic: The Social Interpretation of Language and Meaning[M]. University Park Press.

[6] HALLIDAY M A K & HASAN R. Language, context, and text: aspects of language in a social-semiotic perspective[M]. Oxford: Oxford University Press, 1989.

[7] LIPOVSKY C, MAHBOOB A. The semantics of graduation: Examining ESL learners' use of graduation over time[M] // MAHBOOB A & KNIGHT N K (eds.). Questioning linguistics. Newcastle: Cambridge Scholars Publishing, 2007. 224-240.

[8] LIU X, THOMPSON P, 2009. Attitude in students' argumentative writing: a contrastive perspective[J]. University of Reading Language Studies Working Papers, 1: 3-15.

[9] LIU Y. Integrated Chinese: Simplified Characters Textbook (Level 1, Part 1) [M]. 3rd ed. Boston: Cheng & Tsui, 2008.

[10] MARTIN J & WHITE P R R. The language of evaluation: appraisal in English[M]. London: Palgrave, 2005.

[11] SELINKER L. Interlanguage[J]. Product information international review of applied linguistics in language teaching, 1972, 10: 209-241.

[12] SWAIN E. Getting engaged: dialogistic positioning in novice academic discussion writing[M]. SWAIN E (ed.), Thresholds and potentialities of systemic functional linguistics: multilingual, multimodal and other specialised discourses. Trieste, EUT Edizioni Università: 2010. 291-317.

[13] WU S M.. The use of engagement resources in high- and low-rated undergraduate geography essays[J]. Journal of English for Academic Purposes, 2007, 6: 254-271.

[14] 杨寄洲 . 对外汉语教学初级阶段教学大纲：词汇大纲 [M]. 北京：北京语言文化大学出版社，1999.

[15] 莫丹 . 留学生汉语写作策略训练模式实验研究 [J]. Chinese as a Second Language Research, 2017, 6(1)：175-200.

[16] 许家金 . 中国大学生英汉口头叙事中的话语评价研究 [J]. 外语教学与研究，2013，1：69-79.

TPR 教学法在圣地亚哥州立大学孔子课堂中的运用

严建明 *

【摘要】最近几年“汉语热”席卷全球，美国孔子学院成立了越来越多孔子课堂。如何激发美国中小学生学习汉语的兴趣和积极性成为对外汉语教师面临的巨大挑战。实践证明，TPR 教学法适合美国中小学生的性格特点和学习习惯，是一种行之有效的对外汉语教学方法。

Abstract: In recent years “Mandarin fever” has been sweeping across the world and an increasing number of Confucius classrooms have been established in America. How to motivate American primary and middle school students to get more engaged in learning Chinese has become an enormous challenge for TCSL teachers. TPR caters to the personalities and study habits of American children, and proves to be an effective teaching methodology for TCSL teachers.

最近几年随着中国经济的快速发展、国际地位的不断提高，世界各地都掀起了学习汉语的热潮。这股“汉语热”也席卷了大洋彼岸的美国，美国社会各界也越来越重视汉语教育。在这样的大趋势下，圣地亚哥州立大学孔子学院于 2009 年成立，是美国第 51 所、也是厦门大学与世界各大学联办的第 9 所孔子学院。圣地亚哥州立大学孔子学院本着“为当地民众提供良好的学习汉语文化和了解中国的平台，在加强所在地区中小学汉语教学及汉语教师队伍建设方面发挥作用”的精神，广泛借助社会各界资源，积极与本地和周边学区的公立学校合作，在国家汉办孔子学院总部的支持下，与厦门大学通力合作，先后在 28 所中小学成立了 20 个孔子课堂，设立多个教学点，形成了多个主要的汉语教学校际片区，并以它们为种子学校，发挥火车头的作用，带动圣地亚哥市内与周边学校乃至洛杉矶附近学区汉语教学的大力发展，努力开展汉语教学工作与中华文化

* 严建明硕士，讲师，外语教学部教师；研究方向为英汉对比与翻译，英美文学。

推介活动。[①]

笔者有幸在 2010 年 8 月来到圣地亚哥州立大学孔子学院，分别在下属的河景小学（Riverview Elementary）孔子课堂任教两年、科雷亚中（Correia Middle School）孔子课堂任教一年、巴纳德小学孔子课堂（Barnard Elementary）任教半年。三年半的教学工作，我深谙美国中小学生的性格特点和学习习惯，也接触和学习到一些崭新的外语教学理念和教学方法。因为英汉两种语言的巨大差别，对于母语为英语的美国中小学生来说，学习汉语的难度，特别是汉字的学习和使用难度远远大于学习其他印欧语，比如西班牙语、法语、德语等。所以，如何增强他们的学习动机，激发他们学习的兴趣和主动性成为对外汉语教师工作中面临的最大挑战。通过参加圣地亚哥州立大学孔子学院的培训、与本土教师的交流，再加上自己的不断摸索和总结，笔者发现全身反应法（total physical response，简称 TPR 教学法）很适合初学汉语的美国中小学生，能够充分调动他们学习汉语的积极性，增强师生、生生互动，是行之有效的对外汉语教学方法。

一、TPR 教学法基本理论概述

TPR 教学法最早是由美国圣何塞州立大学心理学教授詹姆士·阿歇尔（James Asher）提出来的。他观察到儿童在学习母语时，父母和孩子们之间的互动经常是以这样的形式展开的：孩子听到父母亲说的话，就以肢体动作做出回应。基于此观察，詹姆士·阿歇尔提出了三个假设：第一，语言学习首先是从听开始的；第二，语言学习应该使用右脑；第三，语言学习不应该有任何压力。[②]接着他在语言习得机制和第二语言教学法等方面做了大量实证研究后首创了这种全新的外语教学方法，强调把语言和行为联系在一起，学习者通过身体动作参与到教学活动中，从而达到语言习得的目的。TPR 教学法的核心理念是语言理解先于语言产出，“输入大于输出”，围绕关键词汇发出指令，并不明确强调语法的学习，这与传统的以语法为基础的语法翻译教学法（grammar-translation method）大相径庭。

二、TPR 教学法基本原则和具体方法

人类大脑两半球的功能是不同的，右脑主形象思维，左脑主逻辑思维。詹姆士·阿歇尔提出的 TPR 教学法遵循了让语言习得进入右侧大脑的策略，强调在形象思维的基础上进行抽象思维发展的原则。右侧大脑是非言语性的，它是人类的“图像脑”，侧重于处理随意的、想象的、直觉的以及感观的影像，可以

① 摘自网页：http://cisdsu.us.chinesecio.com/zh-hans/node/48.

② Total physical response[EB/OL]. https://en.m.wikipedia.org/wiki/Total_physical_response.

把看到、听到和想到的全部讯息，瞬间转化为图像进行思考和记忆。在 TPR 教学环境中，肢体语言使语言更生动地进入大脑，同时引起行为变化，促使学生快速理解目标语词汇和指令语句，解读语言代码。学生能顺利理解目标语的基本结构和内在含义时便是语言输出的绝佳时刻，语言的习得也就自然而然地获得（刘芳，2018）。

TPR 教学法主要采用"听—观察—模仿—做动作"的教学模式，在大量理解性"听"的基础上培养学生在具体语境下的语言的输出，即"说"的能力。具体教学流程如下：（1）教师说出具体指令，并随即做出动作展示；与此同时，学生认真聆听，仔细观察；（2）教师重复指令并示范动作，要求学生随即模仿；（3）教师只说指令，不做动作示范，学生模仿动作；（4）教师只说指令，不示范动作，要求学生重复指令并做出动作；（5）邀请一位学生到教室前方，说出指令，教师和其余学生集体示范动作。简而言之，就是通过"教师说、教师做"，"教师说、学生做"，"教师做、学生说"，"学生说、学生做"等不同形式加深学生对目的语词汇和指令的理解，并与肢体动作形成紧密的联系，从而给学生留下深刻的印象。全身反应法吸收了心理学中"记忆痕迹"（memory traces）理论的观点。该理论认为，记忆联系越是经常和强烈，记忆的联想和回忆越是容易。（陈志平，2002）运用全身反应法学习外语，学生用身体对指令做出反应，对语言的理解可以形成一种强烈的记忆，有助于提高记忆的保持率。

TPR 教学法强调听力的重要性，遵循的是理解先行的原则，认为"内化的听力能力可以自然地转化为口语、阅读与写作能力"（Asher，1972）。这刚好与行为心理学的原理相契合。TPR 教学法要求教师对教学指令进行精心设计，发出指令时要遵循先群体后个别的原则，用于训练的语言材料应由简到繁，逐渐延长训练项的长度。全身反应法借助姿态、感官、行为参与教学，力求最大限度地减轻学习者的精神负担，对学生错误不做苛责，多以鼓励为主，采取较为宽容的态度来进行"赏识教育"。除非影响交际，否则不要纠错，纠错也要采取温和的方式，这样不会使学生因为惧怕老师的批评而抑制了他们学习的积极性和自信心。通过采用直观教学、表演教学、情景教学、游戏教学、绘画教学等各种形式，营造出轻松、愉快、活跃的学习气氛，让学生在"在玩中学，在学中玩"。在这种宽松、有趣的氛围里，学生学习语言没有什么抵触的情绪，焦虑感也大大降低，能够尽快吸收大量可接受并理解的语言知识，有效地促进了语言知识输入和输出的良性循环。

三、TPR 教学法在圣地亚哥州立大学孔子课堂中的具体运用

笔者当时在圣地亚哥州立大学所辖的三个孔子课堂主要负责汉语丰富课

程（Mandarin enrichment program），面对的是K-8的学生，年龄跨度约在6岁至12岁之间。与国内同年龄阶段的孩子相比，大部分美国的中小学生更外向、更活跃、更好动一些，他们敢于发表自己的看法，但他们的注意力集中时间相对短一些。虽然赴美任教之前笔者在汉办接受了两个月左右的培训，但是国内的一些外语教学理念和教学方法显然不适合美国的中小学生，再加上很多汉语教材不够本土化，刚开始的教学工作困难重重。后来通过参加当地孔院的培训、与本土老师互助教学（co-teaching）、一起交流教学经验，笔者发现TPR教学法很适合美国中小学生的性格特点和学习习惯。笔者通过熟练地运用各种TPR教学方法，课堂气氛更加活跃，学生参与课堂活动的积极性更高，对学习汉语语言与文化也产生了更加浓厚的兴趣，教学效果甚佳。

1. 演示教学法

好动是孩子们的天性，美国的中小学生这方面性格特征非常突出。他们很难在整堂课45分钟里坐在那里静静地听老师讲解，跟着老师朗读。演示教学法利用了孩子们的这一天性，将课堂活动与汉语教学结合起来，让学生参与到教学中来，课堂气氛也随之变得轻松、活跃起来。教师运用生动的肢体语言来演示口中不断重复的信息，然后学生跟着模仿与重复。

在教身体部位时，教师不断重复"头、肩膀、膝盖、脚趾头"这几个词，辅以本身的动作示范，要求学生们指着身体各个部位，重复同样的动作，短时间内大部分学生就可以自如地对指令做出完全正确的反应，并且明白这几个词的意思。接着再教学生唱《头、肩膀、膝盖、脚趾头》这首儿歌，配着朗朗上口的音乐节拍，边唱边做，在轻松、愉快的氛围中巩固所学的词语。在教"兴趣爱好"时，比如"游泳""打篮球""滑雪""骑自行车"等，教师也可以使用TPR教学法轻易地引入词汇，接着练习基本句型"我（不）喜欢 ________"，若配合说唱（rap）音乐节奏，教学内容则更受欢迎，可以收到事半功倍的效果。

2. 图画教学法

儿童对直观的图画很感兴趣。美国的中小学生都很喜欢画画和涂颜色，教师可以充分利用这一特性来讲授内容。教师可以展示图画卡片，让学生说出相应词语；或让学生说出词语，并展示相应的图片。在教"水果"时，可以让学生画出水果并涂上不同的颜色，然后在班上展示自己的作品。也可以把图画制成卡片，结合很多有趣的游戏来进行教学活动。笔者在教美国中学生用汉语自我介绍时，经常让他们画一幅自画像，然后涂上不同的颜色，下面写上一些基本的句型。最后邀请一些同学到讲台上展示自己的作品，用汉语介绍自己。美国的中小学生都比较自信，不害羞，喜欢表现自己，这样的课堂活动颇受欢迎。

3. 游戏比赛教学法

美国中小学的教育理念崇尚寓教于乐，提倡在玩中学，在学中玩。国内传统式的教师占主导地位的教学方法，在这里显然“水土不服”。如果教师一个人在前面讲上十分钟，下面可能已经乱成了一锅粥，学生们发呆、说话、走动、甚至跑出教室等情况都有可能。美国的课堂需要学生参与，而有趣的参与更为重要。游戏教学法是学习语言的一种强有力的工具，在学生早期语言习得的过程中发挥着重要的作用。

游戏的目的是活跃课堂气氛，提高学生学习语言的兴趣，同时复习和练习已学的语言知识，运用语言进行交际，从而达到外语或二语教学效果（曾健，2006）。教师在设计游戏时应始终遵循这一目的，选择长短适中和多样化的有趣游戏，鼓励所有的学生都参与进来，还可以给游戏打分，引入竞争机制。美国中小学生好胜心强，特别喜欢挑战和比赛，以小组形式进行游戏积分制，能够极大地吸引他们的注意力，有效提高他们学习语言的效率，同时还可以增强他们的团队意识。不过，游戏比赛教学法的主要目的是让学生在轻松愉快的氛围中巩固所学的语言知识，输赢和名次并不重要。教师在教学中应该跟学生反复强调这一要点，正确引导他们，帮助学生树立好良好的学习观念和态度。

笔者在孔子课堂上屡试不爽的一个游戏就是“苍蝇拍”（fly swat）游戏。这个游戏是这样的：把上节课所学的重点词汇的词卡用磁铁粘在白板上，两个学生手持一支苍蝇拍各站两边，老师说出哪个词，学生就拍哪个词，也可以让学生说学生拍。一般五局三胜制，拍得又快又准的那个学生获胜。除了个人练习外，教师也可以在分组游戏中引入积分竞争机制，胜利的一方奖励两张小贴纸，参与的一方奖励一张小贴纸，这样大家都皆大欢喜。美国的中小学生很喜爱这个游戏，参与的积极性高，课堂气氛很快就活跃起来，学生学习的热情也随之高涨。不过，使用游戏教学法的最大问题就是课堂纪律管理问题。教师应尽量选择一些简单易操作的游戏，在学生做游戏前，把步骤和规则解释清楚，并示范正确的动作，这样就不会产生混乱的局面。比如在做“苍蝇拍”这个游戏前，教师要给学生强调他们需要轻轻地拍，不能乱拍，一个词只能拍一次，并且在上面停留一会儿，否则将剥夺参加游戏比赛的资格。

另外，美国的中小学课堂鼓励教师使用高科技产品来激发学生学习的兴趣。笔者当初任教的几所学校，教室里都安装有智能大平板（smart board），还可以给每个学生提供一部 iPad。教师可以在 smart board 上设计各种互动语言游戏，iPad 上也装有很多有趣的汉语学习游戏，这些辅助设备都有助于丰富课堂教学活动，增强师生、生生之间的互动。

四、结语

TPR 教学法重视语言的本质，将枯燥的语言学习和特殊的形式相结合，体现了学习的趣味性，很适合初学汉语的美国中小学生。与传统语言教学法相比，TPR 教学法“以学生为中心”，能够保持较高的回忆率，通过“身体体验”充分让学生动起来，迅速地抓住他们的注意力，在培养学习兴趣和调动积极性方面有着显著的效果。然而，当教学涉及抽象概念时，TPR 教学法就显得有点力不从心，不大适用于高级阶段的教学，因此对外汉语教学要以隐性教学为主，但是也需适当的显性教学，二者不可偏废（崔永华，2017）。另外，TPR 教学法适用于小班教学，但教师需加强课堂纪律管理，提高课堂驾驭能力，否则教学就会因为学生“兴奋而失控”而达不到预期的教学效果。

参考文献

[1] 陈志平 .“TPR”英语教学法初探 [J]. 福建教育，2002，10：56.

[2] 崔永华 . 美国小学汉语沉浸式教学的发展、特点和问题 [J]. 世界汉语教学，2017，31（1）：116-127.

[3] 刘芳 . 对英语课堂中 TPR 教学法的思考 [J]. 教育现代化，2018，38：131-135.

[4] 曾健 . 游戏在二语习得和教学中的应用 [J]. 湖北成人教育学院学报，2006，12（2）：61-62.

[5] Asher J. Children's first language as a model for second language learning [J]. Modern language journal, 1972, 56(3): 133-139.

文学与文化研究

帝国主义视角下的文化趋同与多元

程诗婷*

【摘要】爱德华·W. 萨义德的著作《文化与帝国主义》是了解近代东西方文明互动、帝国与殖民地文化关系的必读之作。在引导学生对本书进行课前阅读、课堂讨论和课后总结的过程中，教师可充分结合历史与语言材料，从帝国主义视角下文化趋同与多元的关系这一角度切入。讨论的主要问题包括：趋同的帝国主义增加了文化多元性；在合作限度以外的文化趋同和多元造成了冲突与对抗；帝国主义在我们这个时代持续存在，其矛盾的和解具有可能性。

【关键词】帝国主义；文化；趋同；多元

Abstract: Edward W. Said's book *Culture and Imperialism* is a must-read to understand the interaction between civilizations of East and West, and the cultural relationship between the Empire and the colonies. Teachers can help students understand the relationship between cultural convergence and diversity from the perspective of imperialism combined with historical and linguistic materials, and give guidance in their pre-reading, class discussion and after-school summarization. The main issues discussed include: convergence of imperialism increases cultural diversity, while the cultural convergence and diversity beyond the limits of cooperation have caused conflict and confrontation; although the imperialism still exists in our day, the conflict may be resolved in the future.

Key Words: Imperialism; culture; convergence; diversity

一、引言

2018年8月，教育部、财政部、国家发展改革委制定的《关于高等学校加快

* 程诗婷博士，助教，外语教学部教师；研究方向为阿拉伯历史文化和中国阿拉伯学教育。

“双一流”建设的指导意见》提出，要“以‘一带一路’倡议为引领，加大双语种或多语种复合型国际化专业人才培养力度”（中华人民共和国教育部，2018）。这一方面肯定了大学公共外语教学要走多语种道路，另一方面强调了学习和研究“一带一路”国家语言和文化的重要性。以厦门大学为例，目前面向全校本科生开放的多语种通识课程有阿拉伯语、波斯语、韩语（朝鲜语）、马来西亚语、意大利语，同时开设对应国别的文化课程，下设于外文学院外语教学部。近代世界诸文明间的冲突和交流是该系列文化课程讨论的重要内容之一，有关于此的正确的课堂引导和充实的课后阅读能帮助学生塑造健全的世界观、开阔的国际视野。而著名学者爱德华·W. 萨义德的《文化与帝国主义》是了解近代东西方文明互动、帝国与殖民地文化关系的必读之作。在教学过程中，我们发现，通过引导学生在课前“带着问题”研读参考书，在课堂以“解决问题”的思路展开讨论，最终在课后形成“深入总结”文字汇报，能够获得良好的教学效果。以《文化与帝国主义》一书为例，可以从“帝国主义视角下的文化趋同与多元”这一角度切入，进一步探讨二者之间关系，以此引导学生进行阅读讨论。

二、背景介绍

《文化与帝国主义》是著名东方学家爱德华·W. 萨义德继《东方学》之后的又一力作。他以 19 世纪以来的西方帝国和他们遍布世界的殖民地为研究对象，讨论帝国主义、殖民主义给殖民地和宗主国带来的尤其是文化上的影响，同时评价了原殖民模式消亡后，宗主国和原住民互相的态度。萨义德认为，帝国主义首先是地理上的占领和人口的迁徙，然后是建立“帝国”这样一个概念，即文化一体化，将帝国主义渗透至具体的政治、意识形态、经济和社会活动以及一般的文化领域中，帝国主义的影响在后殖民时期仍在延续。除列举大量的史实作为论据，他还引入了宗主国、殖民地作家的文学创作，特别是文化形态的小说，以文本引领读者更深入地理解当时社会，从而更好地解释当今世界的种种冲突。

萨义德是一名阿拉伯裔美国人，也是一名基督徒。他说：“这本书是一本流亡者的书。由于我不能控制的原因，我成长为一个受西式教育的阿拉伯人。自我懂事起，我就觉得我同属于两个世界，而不完全属于其中的一个。”总体而言，文化从来不是单一的、统一的或自成一体的。他们实际上含有的“外来”成分、“异物”和差别等等比它们有意识地排斥的要多。（萨义德，2003：18）人作为参与文化活动的社会个体，他的文化背景和情感记忆也不可能是单一的。在大航海时代，各帝国急速的对外殖民、工业时代的速度和产业革命、近代全球一体化便捷的信息流通使这种情况强烈地普及在世界的每一处。结合本书内容，可就文化趋同和多元展开以下几点讨论。

三、帝国主义本身是趋同的，同时也增加了宗主国和被殖民国的文化多元性

19 世纪开始，西方大国开始疯狂地争夺更多的殖民地。1800 年各西方大国拥有世界 35% 的土地，而到了 1878 年，其增长速度为每年 83000 平方英里。到了 1914 年，年增长已到惊人的 140000 平方英里。欧洲占有总面积大约为全球 85% 的殖民地、保护地、附属国、自治领和联邦成员国（萨义德，2003：8）。英、法、西班牙、葡萄牙、荷兰、比利时、德国、意大利等国，在距离本国数千里之外的大洲上拥有殖民地，他们首先从香料、糖、奴隶、橡胶、棉花、鸦片、锡、金、银等物品的掠夺和贸易中获利。其次，他们以宗主国的身份不断地引导、促使当地人接受被征服的观念，接受宗主国带来的“先进文化”，达到长期的、全面的统治。这主要通过移民、宗教宣传、教育、语言政策等手段达成。例如，法国的街道、建筑、生活方式被复制到阿尔及利亚，在长达一百多年的时间里阿尔及利亚的学校被禁止教授阿拉伯语，法语成为上流社会的通用语。到访者如果不加注意视野中特有的某些景象，甚至会以为自己就在法国。从小说《远大前程》《荆棘鸟》等作品中，我们能够窥探出宗主国大部分国民对这样的文化一体化是持赞同态度的。趋同的代价是，宗主国的一切处于高尚的、值得崇敬的地位，而殖民地文化被视为未开化的、附庸和落后的。帝国主义把殖民地“改造”为另一个趋同的自己，同时进行的还有双边的人口迁徙。18 世纪 30 年代，印度有 4 千名英国公务员，1946 年法国的阿尔及利亚移民为 2 万人，到 1954 年增加至 21 万人……移民文学伴随着人口迁徙出现，移民作家不仅有白种人，迁徙到殖民地的第二代，还有反迁徙至宗主国的殖民地人民，如《撒旦的诗篇》的作者拉什迪是移居英国的印度人，《向北迁徙的时节》中的主人公是从苏丹移民至英国的黑人。（时延春，2004：141-239）人口迁徙促使大量不同文化背景的人相互接触，产生文化互动，尽管这种双向互动是不对等的：强势文化的输出远大于弱势文化的输出，但它依旧擦出了新的火花。不论这火花源于充满仇恨的战争和抵抗，还是所谓的“智慧的普及”，它都带来了新的文化内容。移民文学是一例，再例如语言上的影响。

阿拉伯语起源于公元 7 世纪前的阿拉伯半岛，在之后的一个世纪里随着伊斯兰教的扩张成为北非和西亚的官方用语。归功于《古兰经》的保护作用，阿拉伯语成为现存最具代表性、最纯粹的闪族语，其语法特征、书写模式从中世纪到今天未发生大的变化。但同时，随着 10 世纪后穆斯林语法学家和哲学家愈发保守，创制（ijtihad）之门关闭，过度地强调语言的纯洁性、经典的不可撼动

性，阿拉伯语与现实生活越来越远。民众更倾向于讲易于表达、简单通俗的各区域方言，而不是晦涩拗口、语法复杂的标准阿拉伯语。于是，阿拉伯语变得僵化、死板，甚至有关"阿拉伯语已死"的言论层出不穷。在萨义德文中所提的19至20世纪，由于帝国主义的语言政策和强势文化输出，许多法语、英语的词汇被引入阿拉伯语方言和标准语，其中不乏一些新近的表达，对后者语言的更新起到了积极作用。

帝国主义进入了亿万人的现实生活，被保存为共有记忆，构成了一代人以及之后数代人的身份认同要素。帝国主义的趋同性与促多元作用看似两种矛盾的存在，辩证地说明了文化的复杂性。但有一点萨义德说得很对，"文化不是单一的，他不是铁板一块，不是东方或者西方的独霸的财产，也不是任何一小撮男人或女人的财产。"帝国主义影响下的趋同与多元文化，是宗主国和殖民地人民应当公平地共享的真实历史。

四、趋同与多元的合作限度

无论是在历史还是文学作品中，人们相对更容易看到的是帝国主义带来的不同文化之间的强烈对抗。首先是非西方的当地人本能地抵抗入侵的西方人，他们以惨烈的牺牲为代价最终获得胜利——建立独立国家。但是，冲突与抵抗远不止于土地的争夺，也并没有随着帝国殖民者的离开而彻底消失。文化、思想上的冲突与对抗一直持续到现在。我们从殖民文学、抵抗文学中体察到帝国主义给当地人民带来的文化、心理上的伤害以及引发的愤怒甚至憎恨的情绪。

此处所说的强烈的对抗与上节提到的辩证的共存，区别在于前者超出了趋同与多元的合作限度。如何解释此处的合作限度呢？即在不损害强势文化核心利益，并承认他的较高地位的情况下，强势文化能够对弱势文化采取多元共存、包容的态度，然而在触及强势文化的核心利益的时候，多元和包容就不复存在，弱势文化面临着被打压甚至消亡的风险。正如萨义德所言："文化对待它所能包含、融合和证实的东西是宽容的；而对他排斥和贬低的就不那么仁慈了。"因此，往往是经本地化后的陌生文化更容易被接受、产生交融。我们无法想象如果没有大乘佛教，佛教作为一个舶来品如何能够在中国落地生根，最后成为普及的宗教和统治者认可的国教之一。明末清初以儒释经的运动，是中国回族精英知识分子为伊斯兰教中国化做出的巨大贡献，保障了教门的发展，丰富了中国本土哲学。埃及近现代的外国文学翻译兴起于19世纪，起先带有强烈的本土归化趋势，例如塔哈塔维用阿拉伯语韵文翻译了法文的《忒勒马克斯》，并加入了许多阿拉伯民间谚语和格言。随着埃及总督穆罕默德·阿里现代化改革的推进和越来越多的埃及留学生回归母国，70年代后的作家即能将18、19世纪的西方思想家著作生动活泼地介绍给埃及人民。法塔希·柴鲁尔的《英吉利人进步的秘密》于1899年连载在《穆艾叶德报》，同时期的鲁特菲翻译了亚里士多德的一些著作。第一部具有现代小说雏形的故事《以撒·本·希沙姆谈话》在20世纪初由穆罕默德·穆韦利希写作发表（戴伊夫，1980：185）。至20世纪初，许多逐字逐句的细致翻译开始出现。可见，归化的策略为异化翻译做好铺垫、承接过渡，为更广泛的东西文化差异、深入的交流做好准备。历史上来自"大秦"即罗马的聂斯托里派则是一个反面的例子，尽管在长安的大秦寺伫立的《大秦景教流行中国碑》见证了聂斯托里派基督教曾经在中国的存在，但是由于晦涩的宗教术语以及教徒不愿"折衷"改良的意愿（例如将耶稣翻译为"移鼠"）（本特利，2015：94），聂斯托里派不同于佛教、摩尼教，它从未成为中国社会的主导群体，而最后消亡于历史之中。以上例子皆是外来文化面临强势本地文化时遇到的冲突与解决方案，但当强大的帝国主义文化"入侵"时，本地文化就显得相对弱势，被迫发生变迁的是往往是原生的本地文化一方。在帝国主义形式上离开后，我们看到大量本地学者发出了民族主义的呼唤。在脱离殖民的斗争中复兴的阿拉伯民族概念、孙中山提出的"五族共和"的中华民族观，对国族概念的形成、国族国家的建立都起到了重要作用。萨义德认为，与那些提倡多元文化主义和文化杂交的自由主义哲学所具有的容忍态度相反，这种"回归"伴随着一种知识与道德上的强烈规范（萨义德，2003：4）。

五、我们这个时代的帝国主义

萨义德说："在我们这个时代，直接的控制已经基本结束；我们将要看到，帝国主义像过去一样，在具体的政治、意识形态、经济和社会活动中，也在一般的文化领域中继续存在。"（萨义德，2003：23）全球经济一体化和城镇化带来的趋同性是不可避免的，西方帝国主义的理念和曾经殖民地国家的理念的不同依旧造成层出不穷的冲突和战争。例如科威特战争、伊拉克战争、利比亚和叙利亚的战乱，宗主国执着地持着过去的帝国主义绳索，试图抓住这个时代的"属于他的"利益、权利和话语。他们口中的自由、民主、权力和改良，和对方理解和坚持的，并不是相同的内容。作为一个兼具东西方文化背景的学者，萨义德提到自己的未来希望："我希望（也许是奢望），我能对帝国主义在文化领域汇总的拓殖历史进行描述甚至起到阻碍作用。"

我们已经看到不少国家在处理帝国主义带来的趋同和多元时积累的成功经验。例如萨义德认为尽管美国的文化异常多元，它仍然是一个和谐的国家，并将保持这个特点。其他英语国家（英国、新西兰、澳大利亚、加拿大），甚至现在有着大量移民的法国也一样。同时，笔者关注到，黎巴嫩作为一个历史上先后被不同文化占领，宗教、人口多元的国家，是中东地区多元与趋同和谐相处的典例。无论过去还是现在，只有宗教、种族、殖民的多元因素和谐共存，国家才能富有生机，历史才能不断更新书写。

六、结语

于 19 至 20 世纪达到顶峰的帝国主义，依旧在我们这个时代延续着巨大的文化余波。萨义德从文化史、文学、民族等角度进行了公正而细腻的观察，和读者分享了他的睿智哲思。是的，我们需要听到不同的声音，尤其是来自弱势文化背景的、跨文化视野的声音，以免帝国主义强大的势力阻碍了多数人对公正的见解的获取。我们也需要如他一般的安心地沉浸于历史、文本和敏感地活跃于思想的灵感之间，这样才有可能触摸到真知灼见。

通过如上阅读、梳理和讨论，相信学生能够对本书的主要内容和观点有一个清晰的认识，并在教师引导和学生自主讨论中进一步深化原有理解，结合同领域其他参考书籍，得出具有一定创新性的见解。

参考文献

[1] 中华人民共和国教育部. 教育部、财政部、国家发展改革委印发《关于高等学校加快“双一流”建设的指导意见》[EB/OL].（2018-08-23）. http://www.moe.gov.cn/srcsite/A22/moe_843/201808/t20180823_345987.html.

[2]［美］爱德华 · W. 萨义德 . 文化与帝国主义 [M]. 李琨，译 . 北京：生活 · 读书 · 新知三联书店，2003.

[3] 时延春 . 阿拉伯小说选集（第二卷）[M]. 北京：世界知识出版社，2004.

[4]［埃及］邵武基 · 戴伊夫 . 埃及近代文学史 [M]. 李振中，译 . 北京：人民文学出版社，1980.

[5]［美］杰里 · H. 本特利 . 旧世界的相遇：近代之前的跨文化联系与交流 [M]. 李大伟、陈冠堃，译 . 北京：生活 · 读书 · 新知三联书店，2015.

走向和谐统一
——《达洛维夫人》的生态女性主义解读

郭　巍*

【摘要】《达洛维夫人》是弗吉尼亚·伍尔夫的巅峰之作，伍尔夫巧妙地将看似支离破碎的各个人物的意识流动连接在一起，形成了一个充满生机活力的有机整体。伍尔夫还将自己的生态哲学和女权主义思想融入其中，表达了对战争和父权制的控诉，倡导人们重新发现自然之美，重建与自然及世间万物的和谐。本文将借用生态女权主义的视角，从战争破坏人的精神与自然精神的和谐导致人与自然的疏离，父权制社会对女性的压制导致男女权利的失衡，以及重建与自然和他人的连接三个方面来解读这部作品。

【关键词】达洛维夫人；自然；战争；女性

Abstract: *Mrs Dalloway* was the masterpiece of the English writer Virginia Woolf. In this novel, Woolf delicately integrated the seemingly disruptive consciousness of the disparate characters into a vigorously energizing organic whole. Woolf also fused her ecological philosophy and feminist thoughts into this novel to condemn the cruelty of the war and the coercive forces of patriarchal society, impel people to rediscover the beauty of nature and reconstruct the harmony between men and nature and beings in the world. The eco-feminist perspective will be used to interpret this novel to manifest that the war impairs the harmony between men and nature, causing men's estrangement from nature, the suppression over women enforced by the patriarchal society results in the imbalance between men's rights and women's rights and the necessity can not be over looked to reconnect men with nature and with others as well.

Key Words: Mrs. Dalloway; Nature; War; the female

* 郭巍硕士，讲师，外语教学部教师；研究方向为英美文学。

弗吉尼亚·伍尔夫的《达洛维夫人》颠覆了20世纪英国小说的传统写法，以其女性独特的视角和感受力及细腻而富有诗意的笔触将人物瞬息万变的意识流动作为小说的主要内容，大大弱化故事的情节，通过其他次要人物（如保姆、乞讨的妇人、跑向卢克蕾齐亚的小女孩）、做广告的飞机、街上行驶的车辆等将各个人物连接在一起，从而形成一个有机的整体。同时伍尔夫还在《达洛维夫人》中大量地使用自然的意象并强调人即自然、自然即人的生态思想。这与她在《回想随笔》中表达的人类生存环境和自然界一样存在着整体性和同一性的思想不谋而合。“我望着门前的花床：‘这就是完整，’我说。我看着一颗长满叶子的植物；突然一切变得很明了，花就是大地的一部分；围绕花朵的是圆形的花床；那才是真正的花朵；部分是土地；部分是花朵。我把这一想法收藏在心底以备后用。”[①] 自然万物存在着联结，人与自然亦是如此。此外，作为女性主义的先驱，伍尔夫还将她的女性主义思想融入了这部作品，认为战后的英国女性仍受到父权制传统的束缚及战争的影响，仍处于精神迷茫的状态，从而难以找到自己在社会中的位置以及生存的真正价值。生态女性主义倡导人与自然和谐相处，呼吁两性间的平等，认为人类对自然的主宰与男性对女性的压制有着千丝万缕的关系。“由于女性与自然之间存在着象征性的联系……女性要么被认为是大自然的一部分，是原始的野性的，因此应受控于理智的男性，要么被认为是理智的男性总是渴望回归的大自然的化身。”[②] 本文将借用生态女性主义的视角从战争导致人与自然的疏离、男权社会导致男女权利的失衡和地位的不平等、回归自然从而回归和谐统一三个方面来解读这部作品。

一、战争：人与自然的疏离

从西方文明建立之初，人的地位就一直不断地得到提升。文艺复兴更是将人的地位推向了顶峰。随着人的地位的提升，人与自然的关系也由最初的崇拜与敬畏变为奴役与主宰。启蒙思想家卢梭认为，文明的进步是通过主宰大自然来实现的，这种进步是以社会不平等加剧、人的异化越来越严重和军事冲突越来越频繁为代价的[③]。人对自然的日益膨胀的贪欲以及父权制所助长的男性的攻击欲和占有欲引导着人类一步一步走向战争。

战争摧毁了原本和谐美好的自然，造成了人与自然的疏离，使“诗意的生

① 转引自KOSTKOWSKA J. Ecocriticism and women writers[M]. New York: Palgrave Macmillan, 2013.71.

② WOLFREYS J. Introducing Criticism at the 21st Century [M]. Qingdao: China Ocean University Press, 2006. 164.

③ WOLFREYS J. Introducing Criticism at the 21st Century [M]. Qingdao: China Ocean University Press, 2006. 163.

存”成了一个遥不可及的梦想。“欧战那阴险和无所不知的恶手砸碎了谷物女神的石膏像，在天竺葵的花圃里炸了一个坑。”[①]小说中还两次提到“人类不应该砍树”。原因可能在于战后英国为了从战争的创伤中恢复过来，大力发展经济，造成了对自然无限制地掠夺与蹂躏。此外，小说中反复出现的树木有着强烈的象征意义，其庞大而伸展的根系象征着人类精神的无限延展性，伍尔夫在塑造克拉丽莎、塞普蒂莫斯和雷齐亚等人物时都使用了树的意象。砍树相当于犯罪，割断了联系人与自然的纽带，人类对自然的无情掠夺会使人类最终失去灵魂的安息之所。

战争还破坏了人类精神与自然精神的和谐，在人的心头留下难以愈合的创伤和挥之不去的对死亡的恐惧。战争对自然的伤害是有形的，对人的灵魂的侵蚀却是无形的。战争吞没了无数年轻的生命，妻子失去丈夫，母亲失去儿子。战争虽然结束了，但是人们心中的伤口却久久不能抚平。福克斯克洛伏特太太可爱的儿子牺牲了，那古老的庄园宅地要由堂兄弟继承了。贝克斯伯罗夫人在主持义卖的时候手中还拿着她儿子牺牲消息的电报。战争改变了塞普蒂莫斯·沃伦·史密斯的命运，使他由一个充满诗人激情的有前途的年轻人变成了饱受弹震症折磨的他人眼中的“疯子”。“战争以一种近乎残忍的简单，确立了人类生存的基础，确立了生与死的界线，确立了必须要做的事情的实质。”[②]“崇高”的战争教育了塞普蒂莫斯，发展了他的“男子汉气概”，面对朋友埃文思的牺牲，“塞普蒂莫斯不但没有表现出任何悲伤，或者看到这是友谊的终结，反而为自己的无动于衷和理智态度感到庆幸”。[③]他活了下来，却失去了“感觉的能力”，埃文思的身影时刻飘荡在他的脑海，作为生者的愧疚使他时刻怀着对死亡的恐惧同时又受到死亡的吸引。他的妻子卢克蕾齐亚成了他的避难所，但为了逃脱霍姆斯和布拉德肖两位医生的精神控制，他最终还是选择了死亡来重获精神上的自由。死亡将塞普蒂莫斯和克拉丽莎连接在一起。小说的女主人公克拉丽莎虽然过着锦衣玉食的悠闲生活，却时时被死亡的恐惧所困扰。当她看着出租车时，“她始终感到活在世上，即使是一天，也充满了许多危险”。[④]当她向邦德街走去的时候，她自问：“她的生命最终必定会完全停止，这重要吗？没有她而这一切必将继续存在下去，她感到怨恨吗？抑或，相信死亡使一切完全终结，不也令人感到安慰吗？”[⑤]塞普蒂莫斯的死亡信息还“闯入”了克拉丽莎的晚会，

① 吴尔夫．达洛维夫人 到灯塔去 雅各布之屋 [M]. 王家湘，译．南京：译林出版社，2001. 第 76 页．
② 瞿世镜．伍尔夫研究 [M]，瞿世镜，编选．上海：上海文艺出版社，1988. 第 466 页．
③ 吴尔夫．达洛维夫人 到灯塔去 雅各布之屋 [M]. 王家湘，译．南京：译林出版社，2001. 第 77 页．
④ 吴尔夫．达洛维夫人 到灯塔去 雅各布之屋 [M]. 王家湘，译．南京：译林出版社，2001. 第 8 页．
⑤ 吴尔夫．达洛维夫人 到灯塔去 雅各布之屋 [M]. 王家湘，译．南京：译林出版社，2001. 第 8 页．

使她再次感到死亡的恐怖感："父母把生命交给了你，要好好活到寿终正寝，要宁静地走完生命之路，而你却强烈地感到无能为力；在她心灵深处有着可怕的恐惧。"[①] 对死亡的恐惧一方面是伍尔夫本人内心的一种写照，作者亲历两次世界大战，饱受战争之苦，战争的硝烟也加重了她从小就患有的精神病症；另一方面从侧面反映了女主人公精神的孤独与空虚是因为还未找到自己作为女性的真正生存价值。

二、失衡：男权社会对女性的压抑

在一个男性占主导地位的社会中，女性始终处于附属的地位，她们无法发出自己的声音，总是由男性来界定，家庭和婚姻成了她们人生的最终归宿。然而很多女性无法通过婚姻来发现自己真正的生存价值，因而她们时常感到精神上的孤独与空虚。抑或是很多时候她们通过认同男权社会的价值观来实现自我。伍尔夫通过克拉丽莎、莎莉和布鲁顿夫人三位女性人物的刻画表达了对男权社会的控诉。

克拉丽莎是个注重保持精神自由和独立的女性，为了在婚姻中保有自己的一寸独立的空间，她放弃了自己热恋的情人彼得，选择了能够给她提供富足而稳定生活的国会议员理查德作为自己的丈夫。理查德不善表达感情，对事业的关注多于对妻子的关心，他们的婚姻虽和谐但也算不上完美。婚姻是赋予女性的命运。婚姻使克拉丽莎觉得失去了自我，婚姻让克拉丽莎"感到自己是个隐形人，无人能见；无人能知……自己作为达洛维夫人；甚至也不再是克拉丽莎；这种是作为理查德·达洛维的夫人的感觉"[②]。婚姻还潜移默化地使她接受男性的价值观、采用男性的标准来衡量事物。理查德不赞成克拉丽莎读莎士比亚的十四行诗，认为"那像凑在锁眼上偷听（再说他也不赞成里面写的那种关系）"，而克拉丽莎却"全盘吸收"，还认为理查德是她认识的最有创见的人！虽然她觉得自己有丈夫"两倍的智力，却不得不通过他的眼睛来看待事物……这就是婚姻生活的悲剧之一。她有着自己的思想，可她必须总是引用理查德的话"。[③] 婚姻使克拉丽莎不得不过着一种围绕丈夫或女儿为中心的生活。这些宴会就是为丈夫理查德而办的，宴会上她还"费尽心机地和一个可能对达洛维有用的老朽周旋"[④]。伊丽莎白一出现，"一切就得围着她转"。婚姻中压抑的生活和精神的空虚使克拉丽莎时常想起自己婚前在伯顿的自由自在的生活，尤其是她的朋友

① 吴尔夫.达洛维夫人 到灯塔去 雅各布之屋[M].王家湘，译.南京：译林出版社，2001，第165页.
② 吴尔夫.达洛维夫人 到灯塔去 雅各布之屋[M].王家湘，译.南京：译林出版社，2001，第10页.
③ 吴尔夫.达洛维夫人 到灯塔去 雅各布之屋[M].王家湘，译.南京：译林出版社，2001，第68页.
④ 吴尔夫.达洛维夫人 到灯塔去 雅各布之屋[M].王家湘，译.南京：译林出版社，2001，第70页.

莎莉·西顿带给她的甜美回忆。

和克拉丽莎以及多数传统的英国女性不同，莎莉无拘无束，不畏禁忌，敢于挑战父权制的传统，她“什么都能说，什么都能做”的个性让克拉丽莎羡慕不已。她特立独行，她坐在地板上抽香烟，摆花的方式也和大家不同，她会让采集来的各种花朵漂浮在一只只放着水的大碗里。她无论从言语和行为上都不畏禁忌，“她忘记拿洗澡的海绵，便光着身子跑过走廊去取”。[①] 当人们谈论一个娶了自己的女佣人做妻子的乡绅，她问的问题——“如果知道他们结婚以前她有过一个孩子，会真正影响感情吗？”——使在场的人都很尴尬。受到莎莉的影响，克拉丽莎也开始读柏拉图、莫里斯的书和雪莱的诗，她们一起畅想着如何一起改造世界，废除私有制。这种女性的友谊和感情不同于女人对男人的感情，“具有保护性的特点”，“产生于一种同盟感”，而是源于女性同受男性压抑的附属地位。“她们要联合起来创造一个相反的世界，这个世界的价值要胜过男性的价值”[②]，但是这种情谊最终会被外在的力量所拆散，而这种力量主要来自男性和婚姻。首先是彼得闯入了她和莎莉的友谊之间，之后是理查德，再之后就是各自的婚姻使这种友谊越来越淡漠，直至不复存在。即使作为少女的莎莉勇于挑战传统，最后她还是难以摆脱社会传统赋予她的角色和命运，嫁为人妻，升为人母。

小说中最为男性化的女性人物米莉森特·布鲁顿出身名门，家族显赫，“讲起话来像个男人”，“对政治的兴趣胜过对人的兴趣”，她的先祖现已去世的将军曾在某个历史时刻指挥英军向前挺进，她本人也曾染指 19 世纪 80 年代的一个臭名昭著的阴谋。然而她在她的政治事业上却不时地要依靠男性。她邀请理查德和休共进午餐就是为了让他们帮助她向公众呼吁她正热衷的移民事件。她还恳请休帮她给《泰晤士报》写信，因为她认为“给《泰晤士报》写一封信比组织一个到南非的远征队还要费劲……她常感到自己作为一个女性的无用，这是她在任何别的时候都没有感到过的”。[③] 布鲁顿夫人还对“男人和宇宙规律间神秘的谐和关系”表示敬重，并认为“女人没有此种谐和”[④]。这从侧面反映了由于社会中男性权利和女性权利的不均衡，女性在某种程度上仍然对自身持有消极否定的态度。无论女性的社会阶层如何，她们在战后英国社会的公共舆论方面仍然没有自己的话语权。如果她们想要达成某种目的，只能依托男性的帮助。

① 吴尔夫．达洛维夫人 到灯塔去 雅各布之屋 [M]. 王家湘，译．南京：译林出版社，2001. 第 30 页．

② 西蒙娜·德·波伏娃．第二性 [M]. 陶铁柱，译．北京：中国书籍出版社，1998. 第 613 页．

③ 吴尔夫．达洛维夫人到灯塔去 雅各布之屋 [M]. 王家湘，译．南京：译林出版社，2001. 第 98 页．

④ 吴尔夫．达洛维夫人到灯塔去 雅各布之屋 [M]. 王家湘，译．南京：译林出版社，2001，第 98 页．

三、回归自然，回归和谐统一

要平复战争带来的伤害，重建人与自然的和谐，要改变父权制的传统，实现男女社会地位的平等，就要摈弃人类中心主义和男性中心主义的思想，解构人与自然、男性与女性的二元对立，回归大自然的怀抱，重建人与人之间的交流与沟通，这需要男性和女性共同的努力和协作。小说的男女主人公塞普蒂莫斯和克拉丽莎都做出了这方面的尝试。

小说的男主人公塞普蒂莫斯虽然因战争的创伤而无法与人正常地交流，但却与自然保持着一种特殊的联结，树木在他眼中是有生命的，而且与自己神奇般地连接在一起的。"树叶充满了生命的活力；树木充满了生命的活力。树叶通过千百万条纤维和他坐在座位上的身体相连，上下扇动着他的身体；当树枝伸展时，他也做出同样的表示。"[①] 塞普蒂莫斯眼中的自然世界是和谐统一的，原本分离的天空和水域通过飞动的麻雀连接到一起。"扑扇着翅膀的高高低低的喷泉间飞上飞下的麻雀们是构图的一部分。"需要特别指出的是，塞普蒂莫斯认为寂静与声音同样重要，并从静与动的和谐中体会到快乐。"声音与已存的沉思达到和谐；间歇与声音同样意味深长。一个孩子哭了起来，远处适时地响起了喇叭声。这一切放在一起意味着一种新的宗教的诞生——"[②] 塞普蒂莫斯的新宗教"代表着一种态度，认为世间万物是相互联结平等存在的，人与其他存在物并无高低贵贱之分"。[③] 这一和谐静美的场景似乎凝止于永恒，既有人，又有物，既有天，又有水，既有动，又有静，塞普蒂莫斯与自然和谐地融为一体。

克拉丽莎也感觉到自己与大自然、周围的环境、周围的其他人有着一种奇妙的联系。"她感到自己无所不在；不是'在这里、这里、这里'，她拍拍座椅的靠背；而是无所不在……她和从未说过话的人之间存在着一种奇特的共鸣，街上的某个女人，柜台后面的某个男子——甚至和树或者谷仓都有共鸣……由于我们显现出的灵魂，即表露的部分，和不可见的其他部分相比只是瞬息的存在，而不可见的部分广阔地存在于天地之间，因此可以永存，可以以某种方式依附在这个人或那个人的身上而再生，甚至死后仍出没于某些地方……"[④] 克拉丽莎认为从更深的层次上来说所有生命体与周围的环境有着超验的同一性。这种思想在小说中反复出现了几次，最早出现在她回忆伯顿生活的时候。"她坚信自己是家乡树木的一部分；是那座难看的、杂草丛生、破败不堪的宅子的一部分；

① 吴尔夫．达洛维夫人 到灯塔去 雅各布之屋 [M]. 王家湘，译．南京：译林出版社，2001. 第 20 页．
② 吴尔夫．达洛维夫人 到灯塔去 雅各布之屋 [M]. 王家湘，译．南京：译林出版社，2001. 第 0 页．
③ KOSTKOWSKA J. Ecocriticism and women writers[M]. New York: Palgrave Macmillan, 2013. 21.
④ 吴尔夫．达洛维夫人 到灯塔去 雅各布之屋 [M]. 王家湘，译．南京：译林出版社，2001. 第 137 页．

是她从未曾得见的人们的一部分；她像一层薄雾，铺展在她最熟悉的人们之间，他们像她看到的树木托起薄雾一般用自己的枝桠将她托起，但她的生活、她自己、伸展得是这样遥远。”① 正是这种万物相连的思想帮助克拉丽莎克服了对死亡的恐惧，她不再害怕炎炎骄阳，也不再害怕寒冬肆虐。她感到一股强烈的愿望，要通过晚宴将分散在各地的人们聚在一起，为他们重新提供交流的机会："某某在南肯辛顿；某人在贝斯沃特；而另一个人比方说在梅费尔。她不断感到他们的存在；感到这是多么无谓的浪费；她感到多么可惜啊；她感到要把他们聚集在一起有多好；因此她就这样做了。这是一种奉献；去联合；去创造。"② 晚宴将小说中一些原本互无关联的人物连接在一起，实现了形式上和内容上的完美统一。

四、结语

《达洛维夫人》整部作品中渗透着与自然相融合的思想以及对女性生存状态的关怀。通过这部作品，伍尔夫表达了对战争和父权制的控诉以及对人类中心主义和男性中心主义的谴责，倡导我们消解人与自然、男性与女性的二元对立，树立万物平等和谐共处的思想，回归大自然这个"人存在的母体和本源"，用博爱的思想与大自然圆融共舞，用平等的胸怀与人真诚交流，从而建立一个人的精神与自然精神、男性思想与女性思想互相融通的和谐完美的世界。

参考文献

[1] KOSTKOWSKA J. Ecocriticism and women writers[M]. New York: Palgrave Macmillan, 2013.

[2] WOLFREYS J. Introducing Criticism at the 21st Century[M]. Qingdao: China Ocean University Press, 2006.

[3] 瞿世镜，选编 . 伍尔夫研究 [M]. 上海：上海文艺出版社，1988.

[4] 吴尔夫 . 达洛维夫人 到灯塔去 雅各布之屋 [M]. 王家湘，译 . 南京：译林出版社，2001.

[5] 西蒙娜 · 德 · 波伏娃 . 第二性 [M]. 陶铁柱，译 . 北京：中国书籍出版社，1998.

① 吴尔夫 . 达洛维夫人 到灯塔去 雅各布之屋 [M]. 王家湘，译 . 南京：译林出版社，2001，第 8 页 .

② 吴尔夫 . 达洛维夫人 到灯塔去 雅各布之屋 [M]. 王家湘，译 . 南京：译林出版社，2001，第 109 页 .

论《红字》中海丝特的现代女性意识

江春兰*

【摘要】本文从女权主义的角度对比了《红字》中女主人公海丝特、其丈夫齐灵沃斯以及牧师狄姆斯台尔对待爱情和婚姻的不同态度，具体分析了海丝特对男权、教权和政权的批判精神以及她对女性普遍命运的思考，从而揭示海丝特的现代女性意识。

【关键词】女性意识；独立人格；第二性；他者

Abstract: In *The Scarlet Letter*, the female protagonist Hester's attitude toward love and marriage makes a striking contrast to that of her husband Roger Chillingworth and the reverend Dimmesdale. The paper reveals Hester's modern feminist consciousness by dwelling on Hester's rebellious actions against the authority of males, religion and regime in the patriarchal society and by analyzing her reflections on the fate of women.

Key Words: feministic consciousness; independent personality; the second sex; otherness

19 世纪美国伟大的浪漫主义作家霍桑的长篇小说《红字》讲述的是一个关于犯罪和忏悔的传奇故事。这个故事发生在 17 世纪的新英格兰。女主人公海丝特是一位有夫之妇，先于丈夫齐灵沃斯从英国移民至新英格兰，在孤寂的生活中与清教徒牧师狄姆斯台尔相爱并生下女儿珠儿。海丝特被迫在胸前佩戴一个红字“A”（“Adultery”即“通奸罪”的象征），站在示众台上接受惩罚。她拒绝供出情人的名字，一个人带着女儿珠儿过着忍辱负重的生活；牧师不堪忍受精神折磨，最后在众人面前坦白了自己的罪行，在忏悔中痛苦地死去。海丝特一如既往直面人生，独自把女儿抚养成人。

* 江春兰博士，副教授，外语教学部教师；研究方向为英美文学。

在这个清教主义意识浓厚、探讨罪恶与复仇的传奇故事里，女主人公海丝特·白兰是一位颇具争议的人物。作为一位无视上帝、受到诱惑犯了“通奸罪”的女人，海丝特成了受所有人唾弃的“荡妇”，戴在她胸前的红字“A”是耻辱罪恶的象征。然而，在霍桑笔下，海丝特的美丽端庄、仪态万方与人们预料的妖女形象截然不同。她美丽的容颜、优雅的体态、乌黑的秀发、高贵的气质无不令人惊叹，甚至连那个戴在她胸前的红字“A”也显得那么精美绝伦。这一切，甚至使那些苛刻的清教徒都暗自惊讶。“在这些清教徒的人群之间，若是有一个罗马教徒的话，会从这个怀抱着孩子的美丽妇人身上，会从她那如画的服装和态度中，想起圣母的形象……”（霍桑，1981：9）。在小说中，对海丝特的赞美之词俯拾即是。对于这位虽然犯了罪却依然光彩照人的神秘女性，甚至连受清教意识影响极深的霍桑也表现出极为矛盾的、无法掩饰的欣赏之情。

许多评论家用传统道德标准评价海丝特，认为海丝特和夏娃一样犯了“原罪”。在传统道德家眼里，夏娃是引诱亚当堕落的罪魁祸首；同样，海斯特也被认为是个道德败坏、行为不端的“妖妇”，引诱德高望重的牧师狄姆斯台尔犯了通奸罪。此外，也有一些评论家认为海斯特虽然犯了通奸罪，但通过自己的积善行德和真诚的忏悔赎了罪，重新赢得了人们的尊重和谅解。戴在海斯特胸前的红字“A”被赋予了“天使”（Angel）的寓意。然而，女权主义评论家却在身处17世纪的海丝特身上分明感受到了早期女权主义思想的萌芽，看到了一位饱经磨难却坚强不屈的女性。

在西方传统文化里，女人一直是受歧视压迫的对象。叔本华称女性是“第二性”，“第二性即女性在任何方面都次于男性，若对她们表示崇敬是荒谬的”（转引自李银河，1997：68）。

西蒙诺夫·德·波伏瓦在她的现代妇女解放运动的宣言书《第二性》里，用萨特的存在主义思想分析了女性的文化身份和政治地位，追溯了女性受奴役的历史根源。她认为：“早在父系社会，男人就认为最好让女人处于依附的境地；他们制定法规对付女人；于是女人就一直作为第二性存在……第二性除非存在于他的世界且为他而存在，否则没有存在的余地。”（波伏瓦，1988：66）根据基督教《创世纪》的传说，“夏娃是（上帝）用塑造亚当的粘土创造的，但是他没有被塑造成男人；她从第一个男性的肋骨脱胎而来……上帝注定她为男人而生；上帝把她赐给亚当，使亚当免于孤独，这就是她（存在）的目的，弥补亚当的缺陷……因而，男人时常对女人寄予异常希望：他期望从肉体上占有一个生命来实现他作为一个人的自我。同时通过管教一个自由的人来证实他的自由感。”（波伏瓦，1988：68）可见，男人在这个世界的存在似乎是必然的，而女人的存在却只是出于偶然。因此女人从本质上来说只是男人的附属品，应该顺从于男人。“定义和区分女人的参照物是男人，而定义和区分男人的参照物却不是女人；她是附属的人，是同主要者相对立的次要者。他是主体，是绝对，而她则是他者。”（多诺万，2003：170）

在基督教中，肉体与灵魂是分离的，原罪使肉体成为灵魂的敌人。“自从中世纪以来，肉体，特别是女人的肉体，一直被视为可憎的东西。”（波伏瓦，1988：94）“在清教社会里，对肉体的憎恨依然存在……在深受清教影响的盎格鲁-撒克逊国家，女人在绝大多数青年和许多男人中引起了一种或多或少被承认的恐惧。”（波伏瓦，1988：95）而“北美社会的清教传统和反性政策可能比旧世界的盎格鲁-撒克逊人更僵硬”（居伊昂，1988：221）。所以在海丝特所处的17世纪的清教社会里，女人被看作是罪恶的化身，女性的肉体更是被视为洪水猛兽。“父权制意识形态即大男子主义，它制约着女人，使她们为男性服务并接受为男性服务的角色。”（多诺万，2003：202）在婚姻关系中，女性更被认为是男性的附属品，处于他者的附属地位。

可以想象，在清教思想占统治地位的17世纪的新英格兰，像海丝特这样一位有夫之妇与其他男人“通奸”并生下了私生女，这是多么骇人听闻的滔天大罪！然而，就是这个遭受社会歧视的边缘人，在当时严酷的社会环境里，保持作为女性的尊严，与各种势力进行顽强抗争，令读者钦佩不已。

海丝特的反抗精神首先表现在她对世俗法律的蔑视上。她大胆地质疑当时的家庭婚姻制度。当她还是个幼稚无知的少女时，因受齐灵沃斯的哄骗和诱惑而嫁与他为妻。齐灵沃斯是个身体畸形的老学究，终日钻研学问，漠视妻子的情感需求。海丝特在这场婚姻中，完全沦为“第二性”的位置，扮演着他者的角色，过着自欺欺人的“幸福生活”。“女人也会自欺，通常这发生在她们否定自身作为自由的、富有创造性的主体的潜能，而去接受他者或客体角色的时候。”（多诺万，2003：173）但经过磨难之后，海丝特的女性意识已经觉醒，过去的“幸福生活”场景成了她回忆中最丑陋的部分。对于这种没有爱情基础的婚姻，她对丈夫直言不讳：“我感受不到爱情，而且我也没有装假过。”（霍桑，1981：26）她对强加在妇女身上的虚假的满足与幸福进行强烈的谴责。“让那些得到女人婚约的男人们发抖吧，除非他们同时也获得了女人内心中最高的热情！”（霍桑，1981：124）在海丝特看来，一纸婚约根本算不上爱情和婚姻的保证，更为重要的是男女双方真挚的感情基础，是婚姻的质量。一个17世纪的女性对当时的婚姻制度提出如此大胆的挑战是多么勇敢！

海丝特离开丈夫先到新英格兰，两年来丈夫杳无音讯，她过着孤寂的生活。当海丝特与才华横溢、众人景仰的牧师狄姆斯台尔相遇后，第一次真正陷入情网。她毅然摆脱了不幸婚姻的桎梏，勇敢追求爱情和幸福。她对于牧师的爱显然并不仅仅停留在情欲的层面上。相反，她对牧师执着的爱唤醒了她作为一个女人全部的感情。为了心爱的人，她心甘情愿付出一切。当海丝特因怀孕暴露私情后，在整个波士顿引起了轩然大波。清教徒的卫道士们把她投入监狱，让她在胸前戴着耻辱的红字“A”，怀抱婴儿，站在绞刑台上接受公开的惩罚。在绞刑台上，以贝灵汉州长为首的清教统治者对她百般威逼，甚至让他的恋人牧师规劝她，让她说出同犯的名字。面对统治者的威逼、牧师虚伪的劝告以及众人的嘲笑，海丝特只是看着青年牧师的深邃而烦扰的眼睛，说：“那烙印太深了。你们除不掉它的。但愿我能忍受住他的苦痛以及我的苦痛！”（霍桑，1981：20）为了维护恋人的荣誉和地位，她毅然用纤弱的身躯扛起了所有的耻辱和苦难。

当海丝特被送回监狱以后，她的丈夫齐灵沃斯趁着给她看病的机会秘密会见了她。海丝特见到齐灵沃斯时感到震惊和恐慌，但不是因为害怕丈夫报复自己，而是忧心她的丈夫可能对她的恋人构成威胁。为了牧师神圣的荣誉免受玷污，也为了牧师的生命安全，海丝特被迫和齐灵沃斯达成协议，要他起誓决不向牧师透露她恋人的姓名。

在海丝特忍辱负重、和女儿相依为命的 7 年中，她独自承受着爱情带来的恶果。她对牧师的冷漠没有任何抱怨，更没有奢望他承当起抚养女儿应尽的责任。相反，她在内心里仍然深沉地爱着牧师。恋人的身心健康仍然牵动着她的心。然而她发现，齐灵沃斯潜藏在牧师身边窥探他的秘密，牧师因此遭受着水深火热的痛苦煎熬、几乎崩溃。经过再三考虑，她毅然决定和牧师见上一面，把齐灵沃斯的真实面目告诉他，让他免受更深的伤害。在森林里，见到形如槁木的恋人，海丝特心里顿时涌起阵阵绝望的柔情。面对脆弱的男人，她以女性的坚强和柔情使牧师振作起来。她大胆劝说牧师和她一起隐姓埋名，远离这个是非之地，逃往欧洲奔赴新的生活。她憧憬着一家三口尽享天伦之乐的美好未来。她从胸前取下红字，把这个可怕的烙印抛到远远的枯叶间。她解下浓密乌黑的头发，一瞬间重新焕发青春的光彩。 7 年的苦难并没有磨灭她的追求幸福的信念。不可否认的是，她这么做最大的动力是为陷于绝境的牧师指明一条出路。

作为一名女性，海丝特蔑视男权，敢爱敢恨，勇于追求自由和幸福。对于没有爱情基础的婚姻，她尖锐地进行批判并坚决摈弃，决不掩饰对丈夫齐灵沃斯的厌恶和憎恨之情。在追求理想爱情的时候，海丝特表现了忠贞不渝，勇于自我牺牲的精神。虽然牧师是个懦夫和伪君子，她仍然以女性特有的胸怀宽容他的懦弱和自私，对于危难中的牧师不离不弃。正如牧师所感叹：“女性的心真是有着惊人的力量和宽大。”（霍桑，1981：20）

相比较之下，在女性的坚强意志和博大胸怀面前，和海丝特有亲密关系的两个男人却显得多么卑劣猥琐。齐灵沃斯和牧师狄姆斯台尔都是在父权夫权占主导地位的文化中成长起来的，深受大男子主义思想的毒害，而这直接影响了他们对待爱情和婚姻的态度。

齐灵沃斯对海丝特从来没有过真正的爱情。连他自己也向海丝特承认："首先是我害了你，我把你含苞的青春和我的衰朽结成了一种错误而不自然的关系。"（霍桑，1981：26）但妻子与牧师的私情使他作为一个男人的自尊心受到严重的打击。这对他来说简直是奇耻大辱。海丝特曾经问他："为什么你自己不公开地出头，马上把我丢弃呢？"（霍桑，1981：28）齐灵沃斯坦白地说："因为我不愿意遭受一个不忠实女人的丈夫所要蒙受的耻辱。"（霍桑，1981：28）正如西蒙娜·德·波伏瓦所说：" 如果丈夫不能成功地在道德之路上保护他的妻子，他就分担了她的错误。在社会大众的眼里，他的不幸是对他荣誉的损失……丈夫被流言所惩罚就如同光着身子敞开双腿在大街上行走的呆子。"（波伏瓦，1988：123）对于齐灵沃斯来说，妻子是他的私有财产，他决不允许其他人占有他的个人财富。"声称一件东西属于自己的最确定的办法就是阻止别人去使用它。"（波伏瓦，1988：81）因此，自从得知妻子和他人犯了通奸罪后，找到妻子的同谋——那个分享了他的个人财产的罪犯就成了齐灵沃斯生活的唯一目标。为了报仇雪耻，他两眼闪着地狱的火焰，脸上现出狰狞的面目，成了一个复仇的恶魔。他伪装成值得信赖的朋友，像一条毒蛇一样挖掘牧师心中的秘密。他像是施用魔法般地控制着牧师的生活，冷酷地折磨着他的心灵。报复的欲望吞噬了他，使他不顾自身灵魂的堕落，成了一个完全冷酷的人。

在齐灵沃斯身上根本看不到他对妻子的爱情。他只是一个深受夫权思想毒害，心胸狭隘的复仇恶魔。齐灵沃斯在拥有妻子时，对她满不在乎，从来没有真正关心过海丝特的渴望和需求。对他而言，婚姻只是一个形式，他根本不在乎婚姻幸福与否。但是一旦发现妻子竟然和别人相爱，不再受他的控制，他作为男性的自尊立刻受到巨大的伤害，于是复仇成了生活唯一的意义。

可是，狄姆斯台尔对于海丝特怀有的又是怎样一种爱情呢？令人遗憾的是，海丝特全身心爱恋的男人狄姆斯台尔其实也并不比齐灵沃斯高尚。他充其量也不过是个道貌岸然的懦夫和伪君子而已。在他的眼里，爱情不过是生活的调味品。当海丝特抱着他们的女儿站在刑台上遭受威逼和蹂躏时，那个和她海誓山盟的恋人却退缩了，任凭她独自去面对世人的唾弃。在海丝特远离社会，含辛茹苦独自抚养女儿时，狄姆斯台尔从来没有在精神上或物质上为母女俩提供任何安慰和支持。他缺乏公开认罪的勇气，他比谁都清楚自己的虚伪和懦弱，他在欺骗信任他的教民，他在自欺欺人。对他来说，"一切都是虚伪！一切是空虚！一切是死亡！"（霍桑，1981：140）而医生的出现更是让他对自己的处境感到心惊肉跳，陷入疯狂的边缘。七年之后，在与海丝特逃跑的幻想破灭以后，牧师再也无法忍受这炼狱般的痛苦煎熬，他终于鼓起勇气撕下虚伪的面具，在爱戴他的教民面前公开认罪和忏悔。他遭受了良心的谴责，因为辜负了海丝特的深情而忏悔，因为未尽到父亲的责任而忏悔，也因为欺骗了上帝，担心自己的灵魂得不到拯救而忏悔。在七年生不如死的痛苦煎熬中，他想得更多的是他自己灵魂的堕落，而不是海丝特和女儿所承受的痛苦和耻辱。

狄姆斯台尔是一位虔诚的清教徒牧师，对于作为牧师的他而言，女人是充满诱惑力的罪恶之源。女人用“她的力量把男人拖进孤寂的深渊，拖进黑暗的地狱……被女人的妖媚所俘虏的男人会沦为情欲的奴隶，永远在痛苦与快感间摇摆不定，饱受煎熬”（波伏瓦，1988：91）。所以，对于女人他从心底里是排斥的。但面对像海丝特这样美轮美奂、对他一见倾心的女子，他无法抗拒。牧师对女人这种既恐慌又神往、既排斥又被吸引的矛盾心理注定他无法全身心地去爱一个女人。因此，海丝特和牧师之间的爱情注定是不平等的，海丝特所谓神圣的爱情其实只是她作为一个女性的一厢情愿而已。从牧师的种种矛盾行为来看，他对于海丝特的爱更多是出于对她肉体的迷恋，出于情欲而已。对于牧师来说，爱情并不是人生的归宿，和上帝建立和谐的关系才是灵魂的归宿。即使在他和海丝特相恋时，爱情在他心里也没有占很大的分量，他所热衷的只是和海丝特肉体上的结合而已。当然这种关系要维持下去的前提是不能威胁到他的宗教信仰和社会地位。可想而知，这种爱情一旦带来负面影响，天平的砝码马上倾向了他的名声和荣誉。

激进女权主义者费尔斯通在她的著作《性辩证法》里，说明男女不同的性心理结构造成了女性受压迫的境况。“借鉴了弗洛伊德的理论后，费尔斯通注意到男人学会了升华他们的‘利比多’——即他们的性欲情需求……而女人却没能做到这一点。”（多诺万，2003：205-206）“女人在性政治游戏中处于不利的位置，因为男人可以割断他们的性需求和情感需求之间的联系，而女人则做不到… 男人的独立性使他们拥有明显的政治优势。”（多诺万，2003：206）费尔斯通认为女人被爱情占据了整个身心，把她们的精力源源不断地输送给男人，男人因此获得了思考、创造的能力，而女人却忽视了自己的创造才能。

像海丝特这样聪慧的女子不可能意识不到在她的爱情中，她和牧师之间的关系是不平等的。但和所有恋爱中的女人一样，她为爱情付出一切而无怨无悔。幸运的是，这场多灾多难爱情至少唤醒了她沉睡的激情，激发她去思考人生，去探索生活。

苦难的经历赋予海丝特独立的思考能力，使她成长为一个有着独立人格的女性。在7年特立独行的生活中，她的生活大部分已由热情和情绪方面转向思想上去了。她采取了一种自由思想的态度，藐视根深蒂固的宗教习俗，尖锐地批判了宗教的狭隘、教士和立法者的虚伪以及其他不合理的社会制度。海丝特不顾威逼，坚决拒绝供出情人的名字；风闻有人要抢夺女儿时，她不顾一切冲到州长的家里，据理力争，争取作为母亲权利，夺回女儿的抚养权。这是她反抗宗教强权的过程中取得的一大硕果。

在教育女儿珠儿时，她并不像其他母亲一样让孩子遵从各种清规戒律，而是顺应珠儿的天性把她培养成了一个热爱自然、生机勃勃、善于思考，充满同情心的人。珠儿继承了海丝特狂野倔强的天性和极端浓烈的情感。由于与母亲过着与社会隔离的生活，她像是一个大自然的孩子，生气勃勃，桀骜不驯，漠视人世间的一切法律。对于海丝特而言，珠儿不仅是她的女儿，也不仅是上帝赐给她的最美好的礼物，她更是海丝特狂野天性的一种象征，是海丝特被压抑的另一个自我。海丝特总是让珠儿穿着华丽的衣服，把她打扮得像小精灵一样充满生机和灵气，以此来宣泄她血液中沸腾的全部激情，抨击宗教对人性不人道的压抑。珠儿正如她的名字一样，像是一朵美丽不朽的花、一道闪耀的火焰，为人类带来了生机和喜悦。"她用她那变幻不定闪烁的光辉，使阴郁的人群觉得欢欣；有如一只羽毛华丽的小鸟，在迷蒙的丛叶中间，跳来跳去，半隐半现，就使那枝叶幽暗的整个树木发出光辉一样。"（霍桑，1981：190）海丝特在珠儿身上寄托了美好的希望，人性应该得到解放，人类才能享受美好的生活。

一位女性要在社会上获得独立的地位，首先在经济上必须自立。正如弗吉尼娅·伍尔夫所说："一个女人如果要想写小说一定要有钱，还要有一间自己的屋子。"（伍尔夫，1989：2）其实，女性在经济上的自立不仅是她们写小说的先决条件，也是她们实现自我的先决条件。女性只有在经济上自立，才能在社会上获得立足之地。海丝特正是依靠精湛的刺绣手艺，凭着诚实的劳动养活自己和女儿。也正是因为她在经济上自立了，她才有可能不求回报默默帮助周围的人，从而最大限度地实现自身的价值。在穷人需要帮助的时候、当城里瘟疫流行的时候、每遭遇突发紧急事件的时候，都有海丝特默默的身影。因此，人们已经把她当作"慈善的修女"，而那鲜红的"A"字也不再是耻辱的象征，而是具有了"能干"（Able）、"天使"（Angel）的寓意。她以独特的方式尽其所能履行自己的社会责任。从这个意义上说，海丝特并没有把女性当作社会的弱者来看待。她以实际行动表明，女性可以以一种积极的心态融入社会中，为创建更完善的社会而努力。

此外，海丝特的刺绣手艺不仅是她获得经济独立的手段，同时也是她表达内心激情、表达自我的一种方式。她并非男性的附属品，没有了男人的爱情，离开的男人的怀抱，仍然可以感受到自我的存在，而这种强烈的感觉需要找到表达的方式。海丝特刺绣精美绝伦的物品的过程也是自我宣泄的过程。通过这种方式，海丝特找到自我的存在以及生存的意义。从这个意义上说，海丝特通过刺绣达到的目的和女性通过写作达到的目的是相似的。“写作，这就为她（妇女）自己锻制了反理念的武器。为了她自身的权利，在一切象征体系和政治历程中，依照自己的意志做一个获取者和开创者。”（西苏，1992：194）对于海丝特来说，刺绣就是她的“写作”，是她依照自身意志实现自身权利的一种武器。“海丝特正是通过做针线活这个女性特有的行为方式来实现西苏所谓的女性写作的目的。”（关涛，2004：57）

此外，在《红字》中，海丝特既被认为是个犯了“通奸罪”的“淫妇”，又因她那美丽的容貌、高贵的气质令人不禁联想到天使甚至是圣母的形象。其实，“这种对立性的两极形象实际上是男性对女性实施性别政治的文本策略，反映了男性对女性的歧视、偏见和压迫，也透露出男性对女性的恐惧和不信任。这两种形象都不是对女性的真实表现，而是男性的臆造，其目的是维护男权政治对性别诠释的权威性和垄断性，把女性放逐在两极边缘来保证男性中心的合法。”（唐健君，1999：374-375）

然而，难能可贵的是，海丝特即使身处在这样的男权社会里，还能有意识地思考全人类的女性的命运以及她们生活的意义。她认为，女性要享有和男性近似公平而合理的地位，首先要打倒整个社会体系，然后重新来建树；其次，要从根本上改造男人长期养成的本性；最后，女性自身也要经历一番巨大的变化。（参见霍桑，1981：114）正如波伏瓦所强调的，“女人只有选择像自为一样生存，像超越性主体一样以创造性的设计构筑自己的未来，唯其如此，女人才能获得解放或达到完善”（多诺万，2003：174）。

充满磨难的生活经历已经把海丝特历练成一个坚强勇敢，有自己独立思想、独立人格的女性。对于自己的选择，她无怨无悔；对于苦难的命运，她坦然接受。海丝特表现出的叛逆精神、独立的思考和批判能力体现了女性在思想上的一大飞跃。这位勇于追求自由和幸福、充满思想和智慧的女性在美国文学的长河中永远散发着她独特的魅力。

参考文献

[1] 纳撒尼尔·霍桑 . 红字 [M]. 侍桁，译 . 上海：上海译文出版社，1981.

[2] 李银河 . 女性权利的崛起 [M]. 北京：中国社会科学出版社，1997.

[3] 西蒙诺夫·德·波伏瓦 . 女性的秘密 [M]. 晓宜、张亚莉，等译 . 北京：中国国际广播出版，1988.

[4] 约瑟芬·多诺万．女权主义的知识分子传统 [M]. 赵育春，译．江苏：江苏人民出版社，2003.
[5] 居伊昂．性与道德 [M]. 北京：国际文化出版公司，1998.
[6] 弗吉尼亚·伍尔芙．一间自己的屋子[M]. 王还，译．北京：生活·读书·新知三联书店，1989.
[7] 埃莱娜·西苏．美杜莎的笑声 [M]. // 张京媛，主编．当代女性主义文学批评．北京：北京大学出版社，1992.
[8] 关涛．女性新形象——第三类女性：评《红字》中的海丝特 [J]. 西安外国语学院学报，2004，12（1）：55-58.
[9] 陈益本、向天渊、唐健君．西方现代文论与哲学 [M]. 重庆：重庆大学出版社，1999.
[10] 李银河．女性权利的崛起 [M]. 北京：中国社会科学出版社，1997.

英国诗人约翰·克莱尔的生态整体观

李美华*

【摘要】约翰·克莱尔是19世纪英国著名诗人，但他的文学成就一直未得到文学界的重视。直到20世纪，他才重新被确认为英国19世纪最重要的诗人之一。本文探讨了克莱尔诗歌中的生态整体观。克莱尔认为，动植物及大自然中的一切，包括人类，都是大自然不可缺少的一个部分。它们没有高低贵贱之分，而是有机地联系在一起，共存于大自然当中。这个观点便构成了克莱尔的生态整体视域。

【关键词】约翰·克莱尔；诗歌；生态整体观；人类中心主义

Abstract: Though John Clare is a famous English poet in the 19th century, he did not receive reasonable evaluation for a long time. It was not until the 20th century that he has been recognized as one of the most important poets in England in the 19th century. This paper intends to explore the ecological holism in John Clare's poetry. According to John Clare, all animals, plants and every other thing in Nature including human beings are indispensible parts of natural eco-system. In a sense, they are equal to and connected with each other. This important idea is the key point in John Clare's ecological holism.

Key words: John Clare; poetry; ecological holism; anthropocentrism

一、引言

约翰·克莱尔（John Clare，1793—1864）是19世纪英国诗人。他出身于农民家庭，孩提时代就干过农活，还当过酒馆侍者、烧石灰的工人、园丁等。童年时和田野森林的接触培养了克莱尔敏锐的观察力，而对自然史的热爱不但扩大

* 李美华博士，教授，厦门大学外文学院副院长；研究方向为英美文学、生态文学。

了他的知识面，而且使其对自然界的观察更加细致。乡间的山毛柳、成片的莎草和大块的牧场激发了克莱尔对大自然的热爱。克莱尔在诗歌中描写英国乡间的景色和农人的生活，一如英国的前浪漫主义诗人彭斯。他在诗歌中对大自然的描述，也可与四次获得普利策奖的美国诗人罗伯特·弗罗斯特比美。令人惊奇的是，克莱尔生长在穷苦家庭，所受的正规教育很少。他还曾经发疯，进过疯人院。但是，即使是他在疯人院里创作的诗歌，也是很优秀的诗作。前桂冠诗人安德鲁·莫辛（Andrew Motion）说过："克莱尔可能没有华兹华斯史诗般的广博视野，没有济慈最杰出的紧凑风格，也没有柯尔律治的思维深度，但他最好的作品把敏锐的观察力和强烈的情感融为一体，达到了了不起的高度。"[①] 克莱尔的传记作家乔纳森·贝特（Jonathan Bate）说，克莱尔"无疑是英国本土诗人中最伟大的劳动阶层诗人"（Bate，2003：545）。

约翰·克莱尔的文学地位一直没有得到文学界重视，诚如罗伊·哈特斯利（Roy Hattersley）所说："约翰·克莱尔是那些我们大家都知道，但大家都对他知道得很少的诗人之一。"[②] 直到 20 世纪末，随着生态环境的日渐恶化和生态危机的日趋严重，人们发现克莱尔诗歌中所描述的正是英国在社会发展进程中被毁掉的东西。2003 年，著名的莎士比亚研究专家和生态文学研究专家乔纳森·贝特出版了克莱尔的传记——《约翰·克莱尔：传记》。这标志着克莱尔作为一个重要诗人重新进入批评家的视域。批评家发现，克莱尔的诗歌并非只是对英国 19 世纪乡间景观和生活的描述，他的诗作其实蕴含了深刻的生态思想。

从克莱尔的诗作中可以看出，克莱尔的生态整体观是他生态思想最杰出的体现。克莱尔认为，整个世界就是一个统一的整体。任何东西，不论是有生命的还是没有生命的，无论是人类还是动植物，都是这个世界的一个部分，都是不可或缺的。因此，人类没有资格凌驾于所有非人类的主体之上。美丽的大自然是这个世界上所有生物共有的家园。人类在其间耕种作息，动物在其间生活嬉戏。他们应该互相尊重，互不排斥，形成一幅和谐共处的生态图。任何破坏自然的行为都是不可容忍的。任何虐待动物的行为也同样是不可容忍的。做出此类行为的主体应该遭受谴责与惩罚。本论文拟从克莱尔对人类中心主义的批判和他认为世界是统一整体这两个方面对克莱尔的诗歌进行评析。

---

① BAUGHAN A. Poet John Clare's home renovated to celebrate rural Britain[EB/OL]. (2009-07-09)[2013-10-07]. http://www.guardian.co.uk/environment/2009/jul/09/john-clare-environment-centre.

② HATTERSLEY R. John Clare: a biography by Jonathan Bate[EB/OL]. (2003-10-12)[2011-10-22]. http://www.independent.co.uk/arts-entertainment/books/reviews/john-clare-a-biography-by-jonathan-bate-583229.html.

二、人类中心主义批判

人类中心主义就是要把人类的利益作为价值原点和道德评价的依据，而且，只有人类才是价值判断的主体。在人与自然的价值关系中，只有拥有意识的人类才是主体，大自然则是客体。价值评价的尺度必须掌握和始终掌握在人类的手中。任何时候说到价值都是指对于人有意义。人类的一切活动都是为了满足自己的生存和发展的需要。不能达到这一目的的活动就是没有任何意义的。因此，一切都应当以人类的利益为出发点和归宿。

人类中心主义在西方文化中源远流长。《圣经·创世纪》中就有这样的句子："他们[人类]有权利控制鱼类、鸟类和所有动物，家养的如此，野生的如此，大动物如此，小动物也如此。"（Good News Bible：5）上帝还让所有的动物对人类感到畏惧，并把动植物指定给人类当食物："所有的动物，鸟类和鱼类都生活在对你的畏惧之中。他们全都在你的权利控制之下。你可以吃它们，也可以吃绿色植物；我把它们全都给你当食物"（Good News Bible：11）。古希腊哲学家普罗泰格拉说过这样的名言："人是万物的尺度：是存在者存在的尺度，也是不存在者不存在的尺度。"[①] 这句话极好地表述了人类中心主义的核心思想。王诺在他的《欧美生态文学》一书中说："西方主流文化信奉的是人类中心主义和征服、控制、改造、利用自然的思想。"（王诺，2003：23）

文艺复兴时期，人本主义大行其道。人被认为是自然的主宰，在大自然中处于至高无上的地位，是万物之冠。人类中心主义于是由潜在转而明确。在莎士比亚的《哈姆雷特》一剧中，主人公哈姆雷特在独白中说过：

> 人类是一件多么了不得的杰作！多么高贵的理性！
> 多么伟大的力量！多么优美的仪表！
> 多么文雅的举动！在行动上多么像一个天使！
> 在智慧上多么像一个天神！宇宙的精华！
> 万物的灵长！
>
> （莎士比亚，2001：192）

人是如此完美，是上帝的完美创造，是灵长动物之首。自文艺复兴开始，人类中心主义久盛不衰。虽然各个时代不乏具有生态思想、反对人类中心主义的哲学家、思想家、神学家和文学家，但令人遗憾的是，人类中心主义很大程度上

① 普罗泰格拉 [EB/OL].（2011-11-08）[2012-01-28]. http://zh.wikipedia.org/wiki/ 普罗泰格拉 .

还是推动人类社会发展的动因。人类为了自身的利益和发展把自己凌驾于自然界之上，由此做出了大量破坏自然、违反自然规律的行径。

约翰·克莱尔生活在19世纪。19世纪三四十年代，英国的产业革命基本完成，标志着机器大工业已居于统治地位。40年代开始，英国开始了大规模的圈地运动，实现了对农民的财产剥夺和强制性农场化。英国的工业化和城市化进程由此拉开序幕。人类为了利益而进行的工业化和城市化给英国乡村带来了毁灭性的破坏。田园被毁，森林惨遭砍伐，动物遭到凌虐。克莱尔生活的年代正是英国工业化和城市化大规模推进的时期，而生活在乡间的克莱尔目睹了美丽的乡野惨遭破坏的情景，深感痛心和无奈。于是，克莱尔在其诗作中通过对乡野生活变化的描写对人类中心主义进行了无情的批判，其批判主要体现在两个方面：一是人类为了自身的利益进行圈地运动，造成对自然环境的破坏，也让多种动物失去了自己的家园，而像克莱尔这样已经把自己当作原来那个自然一个部分的人则失去了自己的精神家园；二是人类把自己凌驾于其他动物之上，对动物进行凌虐和杀戮。

英国工业革命开始以后，城市工业进一步发展，城市人口急剧增加，人们对农产品的需求也日益增加。地主贵族为了生产肉类和商品粮以供应城市的需要，扩大投资，改善土地的生产能力，同时加速进行圈地。起源于14世纪的圈地运动到了19世纪上半叶，更是到了无以复加的地步。资产阶级大力鼓励圈地。政府通过议会立法使圈地合法化。地主贵族依靠国家机器，强迫农民服从圈地法案。农民或因无力负担圈地费用，或因失去公有地使用权而无法维持生产和生活，被迫出卖土地。新兴的资产阶级和新贵族通过暴力把农民从土地上赶走之后，把强占的土地圈占起来，变成私有的大牧场、大农场。

圈地运动只是英国农业革命的一部分，接踵而至的是机械化、四轮作等。圈地运动和农业革命把克莱尔眼里美丽和谐的大自然变得面目全非。公路建起来了，田地被划为小块土地，大树被伐倒，小溪被改道。公共用地被私人占有，到处竖起了“不准僭越”的牌子。人与土地之间的亲密联系被人为割断。这一切，在他一首名为《记忆》的诗中表达得最为透彻。克莱尔在诗中回忆了很多圈地运动以前他所熟知的乡间情景，如他曾躺在叮咚的小溪边歌唱，他把柳枝扎成秋千，他用弯曲的别针来抓鱼却一无所获，这一切曾经给他带来了无限的快乐。然而，这一切现在都已经消失了。它们“远离我心，离开了我的视域，永远离去了”，因为：

像波拿巴一样的圈地不让任何东西留下
它夷平了每一丛灌木、每一棵树木和每一座小山

把鼹鼠当叛徒施以绞刑——虽然小溪还在奔流
它已是赤身裸体，又冷又寒

（Clare，2008：260）

关于圈地运动给大自然带来的破坏，克莱尔在《倒下的榆树》一诗中也有具体的描写。榆树曾经是鸟类筑巢的地方，也是人们的保护伞，热天时为人们遮挡阳光，雨天时为人们遮挡风雨。然而，就是这棵诚然是人类朋友的榆树，最终却无法逃脱人类的魔爪。为了人类的利益，榆树被无情地砍伐了。克莱尔禁不住对圈地运动发出愤怒的控诉：

圈地就这么来了——毁灭就是它的领路人，
自由的小屋很快被推到一旁
原有的地上只见囚犯工厂。
自然的居所远离了人们，
共有的荒地变成了掠夺者的盘中餐；
兔子无处做窝，
劳作的牛被赶跑。
不管怎样——错就是对，对就是错，
自由的呼声就是对这首歌的制裁。

（Clare，2008：98）

在克莱尔的诗歌中，《赫尔普斯顿》是最能体现圈地运动给他的家乡带来负面影响的诗歌。诗歌中，克莱尔没有直接描写教区被破坏的情景，而是一味地回忆着过去。如今，绿意不见了，小溪也不见踪影，许多灌木和树木已被夷为平地。而大量的野花，如金凤花、雏菊、小草、丁香花，全都成了“消失了很久的场景”（Clare，2008：2）。曾经灿烂夺目，如今无处可寻。这些变化都是人为带来的变化，是人类为了自身经济的发展强加在大自然上的意志力的体现，是人类搅扰自然、破坏自然的结果。这一切，让“[他的]心在痛”（Clare，2008：3）。在这首诗的最后，克莱尔不但表达了一种迷茫，而且是一种迷失在不知通往何处的路上的迷茫。这些路可以通到任何地方，就是无法引领他回家：“所以，当拿不定主意的旅行者游荡在／迷茫的路上，这些路通往任何地方，就是不通往家”（Clare，2008：5）。所以，艾伦·贝维尔（Alan Bewell）说：“没有了用以倾注他希望的当地的自然，克莱尔就只剩下自己的梦想了。”（Bewell，2011：572）因为一切都不见了，连他最喜欢的东西都已成了陌生的东西，于是克莱尔在梦境中寻找归途：

渴望着人类从来没有涉足的地方；
那里女人从来没有微笑也不用哭泣；
只要服侍我的造物主，上帝，
能让我像孩提时代那么甜美地进入梦乡：
我躺着，既不捣蛋，也不受打扰；
躺在草地上，头顶是高原的天空。

（Clare，2008：361）

克莱尔不但通过谴责圈地运动来批判人类中心主义，而且还用描写动物惨遭人类凌虐来表达他对人类中心主义的不满。克莱尔写了很多关于动物的诗歌。在他的诗歌中，既有大自然中的动物，如獾、狐狸、夜莺等，也有家养的家禽，如母鸡等。克莱尔认为，动植物和人类一样，对它们生长、生活的土地也有所有权。克莱尔的这一观点和生态整体主义者认为的“人类的同情不能仅仅涉及人，还要包括一切生命”这一观点是一致的。人类并非一切的主宰，不能以自己的利益为中心，对动植物进行没有节制的屠杀和毁灭。

克莱尔在很多动物诗中都描述了人类对动物肆无忌惮的骚扰和残忍无情的虐待，甚至还有对动物伤害致死的行径。在《受惊的鸟》中，克莱尔描写了一些鸟类受到人类的骚扰惊慌逃离的景象。本来鸟类有自己的巢，过着自己的日子，与人类应该是可以和谐共处、相安无事的。偏偏就有小男孩为了自己的快乐，去寻找它们的巢穴，并且把鸟蛋取走。于是，男孩惊扰了所有在附近筑巢的鸟类，它们不再无忧无虑地歌唱，而是噤若寒蝉，有的就只好无奈地飞走了。

火尾鸡让男孩们知道了巢就在附近
鸣叫着飞离过路的行人。
黄鹈从不发出声音
只是默默地躲避喧闹的男孩；
男孩们每天都会来把它们拿走，
但她还是照样下蛋，就像什么也没发生。
夜莺一直在近旁歌唱
但巢被发现后已默默地离开。
田凫边飞边叫
会突然落在躺着的牧羊人身上；

但她的巢被发现后，她已停止歌唱
竖起她的冠，飞快逃离。
鹡鸰竖着尾巴，大声叫唤
知更鸟发出嘘声，飞走了。

（Clare，2008：242）

从这首诗，我们可以得出一个结论：人类是自然界的动物和昆虫的敌人，而不是朋友。

在《夏日的夜晚》一诗中，克莱尔描写了在大自然中的动物和昆虫听到人的脚步声感到惊恐的情景。与人类为邻，动物们都小心翼翼的，生怕受到人类的伤害。在这里，克莱尔用了害怕、胆怯等字眼。青蛙是"提心吊胆地跳过路面／晚间才从洞里出来，小老鼠胆怯地啃咬着收割过的庄稼"。而"我"的"脚步"让它们的快乐"中断了好一会儿"。等"我"走过之后，"蟋蟀唱得更欢"，"蚱蜢依旧快乐"，"野兔"从"鼹鼠丘后面跳了出来"，而把巢筑在草丛中的"黄鹀"本来被人类的声响吓得飞了起来，当声音过去，一切复归平静，才又"落了下来"。通过这些描写，克莱尔得出了结论："这就是自然和人类的关系，没完没了的约束／傲慢的人类，似乎还是一切的敌人。"[①]

如果《受惊的鸟》中的小男孩只是惊扰了鸟类的生活，《夏日的夜晚》中的"我"也只是给昆虫们带来了害怕的感觉，还没有给鸟和昆虫带来肉体上的伤害的话，在《狐狸》一诗中，人类对狐狸的所为就是直接的肉体伤害了。克莱尔在诗中描述了狐狸不幸被捕的过程：

牧羊人走在途中
忽然听到附近灌木中的狗在高声狂吠；
农人跑了过来，兴奋地大叫，
他发现了一只疲惫的狐狸，便把它打倒。
农人大笑，要把它犁到地里
但老牧羊人要把它拿去取皮。
它躺在犁沟里，等着死去，
老狗躺在一边，舔着流血的伤口，
农人打着狐狸，几乎打折它的肋骨，

① CLARE J. Summer evening[EB/OL]. [2011-10-24]. http://www.poemhunter.com/poem/summer-evening/. 凡在脚注中标明的诗歌都是克莱尔的诗集 *John Clare: Major Works* 中未收录的。因为是同一作者，特用脚注标出，以示区别。

然后牧羊人把它仰面朝天放倒在地。

（Clare，2008：245）

写到这里，狐狸都是受害者。它没有给人类造成什么伤害，却受到牧羊人、农人和他们家养的猎狗的共同迫害。农人打倒了它，似乎没有什么特别的目的，只是为了取乐，似乎能从虐待狐狸身上得到快感。牧羊人则为了得到狐狸皮，也是为了自己的利益。令我们欣慰的是，这只狐狸有幸逃脱了人类的魔爪，在最后关头脱逃了：

在他休息的时候，狐狸不再装死
一跃而起，令猎狗大为吃惊；
猎狗在莎草上躺着喘气，
狐狸咬开了树篱成功逃离。

（Clare，2008：245）

然而，《獾》一诗中的獾就没有狐狸这么幸运了。在这首诗中，克莱尔同样描述了獾被捕、抗争的过程 。然而，獾最终还是斗不过人和猎狗，悲惨地死去：

他试图回到森林中去，这是危险的角逐，
但是，枝条和棍棒很快就阻住了这只猎物。
他再次转过身，驱赶着喧闹的人群
大声击打着每一只狗。
他和每一只狗战斗，把它们全赶跑，
然后他们松开了绳子，唆使着狗
他倒下了，像是死了，男孩和人们踢着他
接着，他重新站起，露出牙齿，驱赶着人群；
直至被踢打、被撕扯、被打翻在地，松开了对手，呻吟着死去。

（Clare，2008：247）

狗虽然也是动物，但它们是人类豢养的动物，是人类凌虐野生动物的帮凶。獾是野生动物，在大自然中过着自己的生活。可是，它们却逃脱不了人类的魔爪。人类抓捕它们，兴许是为了吃，兴许是为了出售，兴许是为了得到獾皮。但不管出于什么目的，都是为了人类自己的利益。所以，克莱尔通过描绘獾的死亡深刻地批判了人类为了自己的利益而不顾动物死亡的暴虐行径。

三、生态整体主义：世界是个统一的整体

生态整体主义就是把生态系统的整体利益作为最高价值而不是把人类的利益作为最高价值，把是否有利于维持和保护生态系统的完整、和谐、稳定、平衡和持续存在作为衡量一切事物的根本尺度，作为评判人类生活方式、科技进步、经济增长和社会发展的终极标准。显然，克莱尔所经历的圈地运动和农业革命都是与生态整体主义背道而驰的。俄罗斯思想家奥斯宾斯基曾经说过："地球是一个完整的存在物……我们认识到了地球——它的土壤、山脉、河流、森林、气候、植物和动物——的不可分割性，并且把它作为一个整体来尊重，不是作为有用的仆人，而是作为有生命的存在物……"（王诺，2003：42）利奥波德则提出了和谐、稳定和美丽三个原则。

克莱尔的生态整体观和奥斯宾斯基及利奥波德的如出一辙。当然，克莱尔的生态整体观并没有像奥斯宾斯基和利奥波德一样形成完整的体系，只是通过他的诗歌得以体现。克莱尔一生没有远离过自己的家乡。在他的成长过程中，他只知道一个大自然，也就是形成赫尔普斯顿这个自然教区的自然。这个自然有适宜耕种的土地，有森林，有石灰石荒地，还有草地和栅栏。这个自然美丽、稳定。人类在这个自然中劳作、生活，与自然和谐共处，这是克莱尔生活中最理想的状态。在他的诗作中，处处可见他生活在大自然中的惬意和幸福。《在山间的树林里》就是一个例证：

像这样深深地埋在枝叶间，多么舒适欢欣，
枕下的炉子满是灰烬。
隐约传来农人耕作的声音，
可谁也发现不了我的藏身之地。
微笑着的阳光几乎不来打扰我，
周围浓密的树叶形成了护卫军；
微风吹来了阵阵凉意，
树影蹁跹起舞，斑驳一地。
很多鲜花也希冀露脸，
从草丛间伸出头来，点头致意。
在寂静的丛林间，多么舒适欢欣，
唯一打破宁静的声音，
是蟋蟀、小鸟和蜜蜂的低吟，

它们的歌声魅力无限，能使孤寂也成为甜蜜。①

正因为克莱尔从大自然中得到幸福和愉悦，所以他热爱自然，讴歌自然。他的生活总是浸染着大自然的情愫，连写爱情诗也总是和大自然联系在一起。《夏天》描写了一个浪漫的恋爱情景："树林里长满了风铃草，树篱上开满了花／乌鸦正在橡树上，为自己筑巢。"在诗歌的第二节，他又写到瓢虫和蜜蜂在自由自在地爬行，而花鸡则在它"长满青苔的灰色鸟巢里孵蛋"。在这些鲜花丛中，在这些昆虫鸟类的陪伴下，诗中的主人公"躺在她（爱人）的酥胸上，让甜言蜜语萦绕在她的耳旁"。这样的情景里，他宁愿自己"像树篱上的玫瑰一样，在烈日的暴晒下自行消亡"②。

在克莱尔眼里，所有的一切对大自然来说都是不可或缺的一个部分。农场里的动物、鼹鼠、老鼠、云雀、小草，包括他自己，都是大自然的一部分，没有高低贵贱之分。所以，克莱尔对虐待动物、猎杀动物的行为特别反感。而对圈地运动带来的对自然环境的破坏也予以强烈谴责。这一点与前面论述过的观点是一致的。

克莱尔不但关注自然整体，而且关注整体的内部联系。克莱尔的世界是个统一的整体。任何东西，不论是有生命的还是没有生命的，都是这个世界的一部分，都是缺一不可的。而且，它们之间不是独立存在的，而是相互联系、相互影响的。克莱尔的这种观点正是主体间性的具体体现。"主体间性是主体之间在语言和行为上交往平等、双向互动、主动对话和相互理解的融合关系，是不同主体取得共识，通过共识表现的一致性。"主体间性哲学"突破了传统哲学主客二分、主客对立的思想，将人类精神世界之外的世界也作为主体"③，认为主体与主体之间不是决然独立，而是相互联系的。

克莱尔的很多诗作就体现了这种主体间性。在《五月》这首长诗中，克莱尔描述了五月里乡间的情景，其中有鸟类和昆虫，如布谷鸟、燕子、蟋蟀、蜜蜂等；也有植物，如花、草、树篱等；有动物，如羊、牛等；也有人类，如踢球的孩子、除草的人、和妈妈走在一起的牧羊人等。这首长诗俨然是五月里乡间一幅和谐的生态图。而这一切都不是独立存在的，他们之间有着内在的联系。例如，灌木篱墙的"幼苗"不是自然而然地长出来的，而是"长满青苔的树桩"长

① CLARE J. In hilly-wood[EB/OL]. [2011-10-24]. https://www.poemhunter.com/poem/in-hilly-wood-2/.

② CLARE J. Summer[EB/OL]. [2013-10-07]. https://www.poemhunter.com/poem/summer-2/.

③ 理论研究．主体间性理论概述 [EB/OL].（2019-05-01）[2011-03-28]. http://www.zhixing123.cn/lilun/12269.html.

期培养的结果，也是修剪树篱的工人努力的结果。所以，它们的生长也离不开人们的劳动。虽然羊和牛“会把它们直吃到根部”[1]，但吃完之后，这些幼苗又会重新生长。所有的因素对乡间生态系统来说都是自然的，也是同样重要的。它们存在于一个共存体当中，构成自然的整体性。

《致倒下的榆树》也是克莱尔描述自然界中事物互相联系的一个例子。诗歌一开始就写道：

> 曾经在我们烟囱顶部呢喃的老榆树
> 是秋日里最甜美的圣歌
> 在你柔和的低语中
> 平静就会降临
> 当阵雨降落在你色彩斑斓的树阴下
> 当黑夜中暴风雨导致雷电交加——
> 一个冬日的夜晚
> 暴风雨席卷着黑暗
> 摇动着你，就像摇着连着你根部的摇篮——
> 听着风儿谴责你的力量
> 不知道我有多喜欢
>
> （Clare，2008：296）

这里写到了自然界中的风和黑暗，也写到了树和人。黑暗中，暴风雨吹刮着树木，而人感受着这一切，也融进了自然界的黑暗和暴风雨中。克莱尔把这些因素统统至于一个情境当中，他们不是独自存在的个体，而是相互联系的整体。与现代人被钢筋水泥隔离开来的生活相比，这种情景无疑是自然的、生态的。

在描写把大自然作为居所、动物和人类在自然界的关系以及动物与动物之间的关系方面，克莱尔是个高手。对克莱尔来说，自然史就意味着承认人类和非人类的动植物之间的关系，互相分享各自的处所。这就是他为什么经常把植物拟人化的原因。克莱尔有首诗叫《大自然的一切都有感情》，诗中这么写道：

> 大自然的一切皆有感情：树木、田野、小溪
> 它们都是永恒的生命：

① CLARE J. May [EB/OL]. [2013-10-07]. http://www.poemhunter.com/poem/may-2/&X-Old-Up-sid=934274216466.

它们默默地诉说着幸福
没有任何书本所能及；
它们的一切都超越凡俗；
衰败只是绿色生命的一种变化；
枯萎了又能复活开花。
它出生在天堂，永恒不灭
与之同在的是太阳和月亮
以及白天、黑夜及广袤的苍穹①

可见，克莱尔把大自然的一切都看成是有感情的东西，就像人类一样。同时，这首诗也反映了克莱尔认为大自然是生生不息的。

四、结语

早在19世纪三四十年代，克莱尔就意识到，他所熟知、热爱的那个大自然只能存在在他的诗歌中，而事实正是如此。克莱尔眼里和谐、美丽、永恒的自然早被圈地运动和农业革命破坏得面目全非。克莱尔诗歌中的大自然早已不复存在。人们只能在他的诗作中找到那个年代的英国乡间景象。然而，生活在19世纪的克莱尔就在他的诗歌中体现了其生态整体观，令我们不能不佩服他在生态意识方面表现出来的前瞻性。正如麦库西克（McKusick）所说的："克莱尔的诗歌代表着生态写作上一个有重大意义的飞越。"（Bewell，2011：573）

参考文献

[1] 莎士比亚．罗密欧与朱丽叶 [M]. 朱生豪，译．北京：人民文学出版社版，2001.

[2] 普罗泰格拉 [EB/OL].（2011-11-08）[2012-01-28]. http://zh.wikipedia.org/wiki/普罗泰格拉．

[3] 王诺．欧美生态文学 [M]. 北京：北京大学出版社，2003.

[4] BATE J. John Clare: a biography[M]. New York: Farrar, Straus and Giroux, 2003.

[5] BAUGHAN A. Poet John Clare's home renovated to celebrate rural Britain[EB/OL]. (2009-07-09)[2013-10-07]. http://www.guardian.co.uk/environment/2009/jul/09/john-clare-environment-centre.

① CLARE J. All nature has a feeling [EB/OL]. [2013-10-07]. http://www.poemhunter.com/poem/all-nature-has-a-feeling/&X-Old-Upsid=835882616791.

[6] BEWELL A. John Clare and the ghosts of natures past[J/OL]. Nineteenth-century literature , 2011, 65(4): 548-578. Stable URL: http://www.jstor.org/stable/10.1525/ncl.2011.65.4.548.

[7] CLARE J. Major Works[M]. Oxford: Oxford University Press, 2008.

[8] HATTERSLEY R. John Clare: a biography by Jonathan Bate[EB/OL]. (2003-10-12)[2011-10-22]. http://www.independent.co.uk/arts-entertainment/books/reviews/john-clare-a-biography-by-jonathan-bate-583229.html.

[9] Good News Bible [M]. New York: American Bible Society, 1976.

马来诗人乌斯曼·阿旺诗歌中的人道主义精神

林宛莹*

【摘要】1983年“马来西亚国家文学奖”获奖作家拿督乌斯曼·阿旺（Dr. Usman Awang，1929—2001）的诗歌以浪漫的笔调处理马来西亚的社会课题，反对殖民主义，提倡民族和谐，宣扬跨越种族、宗教和文化的藩篱，深受各民族所爱戴。本文主要从两个方面来探讨乌斯曼·阿旺诗歌中的人道主义精神：其一，探析多元民族环境以及国家政治变迁对他的创作影响；其二，探析其作品中跨越民族藩篱的人道主义精神和爱国思想。

【关键词】马来西亚；乌斯曼·阿旺；人道主义

Abstract: Datuk Usman Uwang, winner of the Malaysian National Literature Awards in 1983 whose works focusing on reflection of social reality, cares about the oppressed class, strongly opposes colonialism, and is full of patriotism. He stands high in public love and esteem in all ethnic groups in Malaysia. His literary works try to establish a harmonious relationship between multiracial as well as try to express and promote the humanitarian and break through the barriers among races, religions and cultures in the multiethnic environment in Malaysia. This paper discusses the relationship between humanitarianism and Malaysia's multi-ethnic society in the literary works of Dr. Usman Awang from two aspects: analysis of the influences of the environmental and political changes arising from national , the humanitarian and break through the barriers among races; the impact of its work across ethnic barriers and patriotism.

Key Words: Malaysia; Usman Awang; humanitarianism

* 林宛莹博士，助理教授，外语教学部教师；研究方向为比较文学。

马来西亚当代著名作家拿督乌斯曼·阿旺博士（Dr. Usman Awang，1929—2001）因其作品中的“人道主义精神”于1982年在曼谷荣获“东合协作奖”，1983年又获得“马来西亚国家文学奖”他的著作丰富，其中许多著作已经被翻译成中文、淡米尔文、泰文、日文、英文、意大利文、法文、俄文及丹麦文等多种语文。他还享有“人民作家”以及“和平作家”之誉。在担任“马中友好协会”（Malaysia-China Friendship Association）① 的第一任会长时，他曾积极推动两国文学的交流活动，人们认为他搭建了中马两国的“文学桥梁”。他的作品着重反映社会现实，反对殖民主义，富有浓厚的人道主义精神，深受马来西亚各族群读者的爱戴。本文主要从两个方面来探讨乌斯曼·阿旺作品中的人道主义精神与马来西亚多元民族社会的关系，探析作家身处的环境以及政治变迁对他的影响以及作品中跨越民族藩篱的人道主义精神和爱国思想。

一、多元社会环境与创作理念

马来西亚的“多元社会”观念是随着殖民者的入侵而被塑造的。在英殖民政府统治马来半岛之前，马来社会的重要组成部分主要是印度兴都教和伊斯兰教。英殖民政府统治之后，情况开始改变，受英殖民政府鼓励而进入马来半岛的外来移民带来了各自的文化习俗、宗教信仰和语言，其中最大的族群主要是华族（Chinese）与来自印度的泰米尔族（Hindi Tamil），各民族为了捍卫和传承本身的文化，极力争取自己的文化能被国家所认同。然而对国家而言，独立后的重要努力之一就是塑造“单一”的“马来西亚国族”（Malaysian Nation），同时，为了奠定“马来西亚国族”的团结根基，独立后的国家宪法规定：国民教育以马来语为媒介语，国家文化以马来文化为核心，马来语文则被提升为“国家的官方语言”。在“多元民族社会”的大背景下，每个民族最关心的是“谁才是这个国家的本土民族”问题，对于“国家”（nation）的概念，反应相当强烈，对于“国家文学”的定义也存在许多分歧的意见。至今为止，只有以国语（即马来语）书写的文学作品才有资格被列入“国家文学”，而以英文、中文、淡米尔文或其他族群语文书写的作品只可被视为“地方文学”或“族群文学”。

从以上所述的大环境来分析乌斯曼·阿旺的文学创作以及他的创作理念，可见其文学成就和人道主义精神是紧密联系在一起的。他坚守文学原则必须“激发民心，让人们能看到社会现实的面貌”。一生从未脱离艰苦的他，生于马来西亚独立前，度过日据时代，也参与国家争取独立的奋斗过程，一生见证过国

① 马中友好协会（PPMC）成立于1992年12月4日。该会的宗旨是在促进和鼓励马来西亚与中国人民之间的谅解、友好以及热爱和平的精神，与此同时协助政府提升两国双边关系，增进各族会员之间的感情。拿督乌斯曼·阿旺博士为第一任会长。

家许多的重大的历史事件，一连串的残酷社会斗争事件都深刻地影响了他的创作，使他在人生和写作的道路上，坚持“为社会而艺术”的创作理念。他在一首叫作《刺与火》（Duri dan Api）的诗中写到“我亲爱的朋友 / 在后面是刺前面是火 / 我们不能再后退 / 刺与火，尖的热的我们都要面对它 / 昨天和今日历史已记下我们 / 眼泪不再滴滴了 / 因为我们已誓言坚持到底 / 任凭什么也不屈服！”站在爱国主义的立场上，他提出“只要马来西亚语不能成为人们所共有和其爱的语言，不能给各民族人民带来方便和共同的好处，那么马来西亚语便永不会变成团结的工具，若是没有真正的团结，国家将永远处于贫弱状态”，他的创作从来没有受到种族、族群、信仰和肤色的局限。

现实生活与社会变动给予他认识世情、诠释人生的基础，奠定了他日后现实主义的创作基调，因此他的作品也具有浓厚的自传色彩。除此之外他又继承了马来民族特有的谦逊、中和以及乐天、豁达的性格，他以浪漫的笔调来处理沉重的社会课题，可谓具有“浪漫与写实”兼备的创作风格。在《罂花》（Bunga Popi，1955）一诗中，他痛斥殖民主义者的残杀无辜，斥责战争的罪恶。在《工人的命运》一诗中，他大声疾呼：“劳工阶级的伟大力量，推动了社会的发展。”在《坚持》一诗中他激励人民把为祖国独立而进行的斗争坚持到底，告诫人民后退就意味着死亡。在诗剧《乌达与达拉》中，他通过农村青年乌达与达拉的爱情悲剧，揭露了封建地主阶级对农民的残酷剥削和压迫，歌颂了农民反抗压迫的英雄斗争和自觉精神。

他同时也受到马来西亚华人的爱戴与尊重，他的作品被翻译成了中文。这不只因为他是一位著名诗人，更重要的是他落实推动中华文化，宣扬不分种族、肤色和文化的人道主义精神，诚恳对待其他种族是他有别于其他作家的最大特点。在其中一首《致华族青年男女》（Pemuda Dan Gadis Tionghua，1961）的诗中他热情地歌颂华巫两族之间的感情：“祖国光辉灿烂的明天 / 添上华族男女青年的脸 / 宛如东方的阳光 / 洒满了胶园的树木和肥沃的农田 / 我们相互问好，猜疑早已消匿 / 共同的命运共同的遭遇 / 工人农民喝着同一条江河的水 / 歌唱着祖国美好的明天。”他满怀对祖国的爱，大声疾呼维护马来西亚华、巫、印三大民族的团结。他致力于打破了各民族的隔阂，将文学之笔的社会功用发挥在团结民族、促进和谐的建国之路上。

二、跨越民族藩篱的人道主义精神

乌斯曼·阿旺以文学之笔彩绘了马来西亚历史的、社会的图景，让人们认识到多元文化社会是国家的力量和财富。他指出：“马来西亚文化应该来自生活在一起的各族人民，不是由少数人去制定的。”他把国家利益与民族团结置于种族利益之上，这种异中求同、尊重他族、实事求是的态度，受到全民的赞赏与爱戴。

此外，他力倡“为社会而艺术”。早期诗歌作品包括《高空》（Langit Tinggi）、《奴隶的灵魂》（Jiwa Hamba）、《生活的涓流》（Aliran Hidup）、《我明白》（Aku Sedar）等，这些诗歌大部分收集在他的诗集《波涛》（*Gelombang*，1961）和《刺与火》（*Duri dan Api*，1966），都具有跨越民族藩篱的人道主义精神，这些诗真挚坦率的语气充分体现了诗人的善良本质以及不分民族的无私大爱。1920年代开始施行的中央行政制规定在各马来土邦推行统一政体，由吉隆坡统筹政权，并给予白人和华人商贾参与议事的权利。这引起了马来统治阶层的不满，而大量外来移民的人口又进一步加剧了马来人对移民的敌意和反抗。在跨入环球化时代的今天，马来民族主义思想不但没有消隐的迹象，一些政客反而借助它来促成马来民族-国家，并企图转化殖民地时代追求的大马来民族主义，进而把它提升至马来西亚国族主义（Nationalism Malaysia）的位置。乌斯曼·阿旺作为一个备受全民爱戴的作家是因为他不囿于单一民族的爱国主义以及提倡民族团结。

《礼物》这首诗歌是他为自己第一个孩子的生日而写的，在诗的最后一段中他呼吁和劝告人们教导孩子要热爱和平：“我的孩子及所有的孩子们/他们的心灵不能被武器伤害/为了和平的世界和安宁的生活/让爱在他们的脸上和内心开花！”这首诗强烈而直接地注入了诗人人道主义的价值观。另外，他于1969年创作的诗歌《代罪羔羊》的灵感取自马来西亚同年发生的“五一三”流血事件。“在首都/一把米是一碗血的代价……民主已经死亡/民主埋葬处处，到处是政客登场/五一三舞剧/法庭空寂，法官的槌子不见了/如今，在许多马路上设下法庭/每个人都是主控官，也不用语言辩论/法官们戴着红色的假发出现/互相下判——没有座位的陪审员在喧嚣。”这首诗可以说是他批评政治的代表作，在诗中他以讽刺手法和具有抗议的意味对这个震撼人心的历史事件提出发人深省的抨击和追问。

乌斯曼是一个经得起时代考验的马来西亚诗人，其创作风格一直随着时代的进步而不断改进。同时，他坚持提高自己的创作水平和站在全人类的立场上来书写作自己的爱国情怀和人道主义，以及对战争的抨击。其作品所涉及的主题很广，包括国家主义、家庭伦理，提倡亲善和谐，同时还揭露了社会不平以及追求自由等，涵盖了人类之间不同民族的仁慈友爱以及建立幸福生活的愿望。在《波涛》诗集里的《奴隶的灵魂》《高空》《生活的涓流》《我明白》等强烈地表达了诗人对自由与和平的呐喊以及对国家独立的渴望。这时期的诗主要站在反对殖民统治的高度上，强调的是国家主义以及对战争的抨击，其诗作

《罂花》表露了他对战争的厌恶以及对和平的渴望。“消失在大地里的血液和脓汁，被武器夺去生命的尸骸，战争狂魔扼杀了人间情谊，化为烂漫的红花，待人敬仰……罂花是战士阵亡横尸的花朵，血溅红花，充满恐怖，我们憎恨残酷绝灭的战争，我们憧憬着永世的和平。”另一首《白鸽，遨游世界吧》(Merpati Putih, Jelajahilah Dunia Ini, 1958)也是诗人在歌颂世界和平的理想愿望：“那些从不绝望的人们，吸进清新舒爽的新鲜空气吧，让这世界充满和平的信念，给安宁的夜晚吐息。那些曾经背叛过的人们，结束掉生命吧，化为飞扬的尘土，你的世界随着腐朽的偶像沉没，你的容貌在生活的镜子中消失。”在殖民时期，乌斯曼通过诗作来表达人民生活被束缚的痛苦，大声疾呼全民争取自由和幸福的爱国主义思想，在《晨曦》诗中，他写道：“在英勇的灵魂里 / 不愿受欺凌，喊吧 / 没有奋斗不经痛苦 / 没有胜利不经奋斗 / 没有独立不无牺牲 / 在热血奔腾的灵魂里，熊熊火焰燃起国民精神 / 纯洁的晨曦沐浴着光明 / 这一切引向永远的独立。”诗人把描写人类斗争的笔锋指向对抗殖民统治的压迫以及歧视，在《刚果》一诗中，他更写道：“全世界惊奇地看到，黑色的非洲 / 历史在压迫，而你咋黑夜中如巨人屹立 / 燃起不灭的精神火炬。”不论身在何处，和平和自由都是人类的基本生存权利和渴望。在《刺与火》中这样写道：“这是在梦中的苦难 / 或是现实中的煎逼 / 在毁灭人类生存的沉睡中 / 我们拥抱着它来考验自己……亲爱的朋友们 / 刺在后来火在前 / 我们不能再退缩了 / 刺与火 / 我们面对尖锐与炽热……昨天和今天 / 历史刻画了我们 / 没有流下眼泪 / 因为一致的誓言毫无改变 / 我们绝不向任何压力低头。”在他后期的创作过程中，特别是在国家独立之后，他不只为团结单一民族而创作，而是为马来西亚全民而作，旨在打破民族之间的隔阂。

1970 年乌斯曼 · 阿旺写了一首激情洋溢的诗歌《问候大地》(Salam Benua, 1970)，该诗收录于同名诗集之中①，他借这首诗歌祝福大地上富有正义的人们。他于 1983 年荣获国家文学奖，当年他的一群不同肤色的各族好友，包括马来族、华族和印度族文人和文学爱好者为庆祝他获奖以及发扬他提出与奉行的人道主义、民族团结精神，特设了盛宴，命名为“祝福大地之夜”。那一场集合了各个民族同胞的宴会不但在马来西亚的文学史上留下了特殊的意义，同时也是各民族给予乌斯曼最高的肯定。在大会主席陈凯希②的致词中评价说道：“他是最熟悉华人的马来作家，他的作品非种族性的。他是爱国的诗人、民

---

① 乌斯曼 · 阿旺 .《问候大地》[M]. 第 2 版 . 曾荣盛，译 . 马来西亚：马来西亚翻译与创作协会，2002.

② 陈凯希，祖籍福建省安溪县，1937 年生于马来亚。成立了专销中国商品的“海欧”集团，不仅是一个热心社会公益事业的企业家，而且是位热心促进马中人民友谊的“桥梁”架设者。1992 年，马来西亚著名诗人乌斯曼 · 阿旺倡议筹备成立“马中人民友好协会”，他得知后立刻响应并积极参与，终于促成“马中人民友好协会”的成立，并出任马中友协秘书长。

族主义的作家，早在封建主义和殖民主义非常浓厚的时期，他就拿起笔向殖民主义者和封建主义者挑战。”“他一生为人道主义斗争。他同情和热爱贫苦的人民。他维护工人、农民和渔夫及其他劳苦大众的利益。”“我们已不把他看作是纯粹的马来作家，我们把他看作是马来西亚人民的作家。”这就是乌斯曼在马来西亚文化界所获得的最高的评价与成就。从他的创作中，我们看到乌斯曼仍继续在为国家的真正独立与人民大众的充分自由而斗争，也仍继续为反对一切形式的压迫、争取社会正义而呼吁，为发扬民族间互相尊重、互相谅解以实现民族团结而努力。在他的生活与创作中，他始终表现出非常崇高的人道主义精神，在马来西亚多元民族文化的大环境与时代中，他用文学之笔向世人证明了“艺术无民族之分”。

参考文献

[1] AWANG U. Sikap dan Pemikiran [M]. Malaysia: Fajar Bakti, 1983.

[2] 乌斯曼·阿旺 . 火与刺 [M]. 曾荣盛，译 . 马来西亚：马来西亚翻译与创作协会出版社，1966.

[3] 乌斯曼·阿旺 . 波涛 [M]. 曾荣盛，译 . 马来西亚：马来西亚翻译与创作协会出版社，1979.

[4] 乌斯曼·阿旺 . 问候大地 [M]. 第二版 . 曾荣盛，译 . 马来西亚：马来西亚翻译与创作协会出版社，2002。

[5] 周伟民、唐玲玲 . 大马诗歌创作本土化的个案艺术经验——奥斯曼阿旺和吴岸比较研究 [M]. 马来西亚：马来西亚翻译与创作协会出版社，1996。

[6] 庄华兴，编译 . 先驱：林连玉与乌斯曼阿旺纪念诗选 [M]. 马来西亚，吉隆坡：林连玉基金，2010.

《印度之行》中“分裂”与“联结”的主题解读

卢素珍*

【摘要】本文分析了《印度之行》中弥漫在英国殖民统治下印度社会各个角落的分裂状态。殖民者与被殖民者之间、同族人与人之间、个人与自我之间……无不存在着隔阂与孤立。然而，作者在阐述壁垒重重的各种关系的同时，也试图探索各个群体间相互联结的可能性，流露出其对人类终极家园的关怀：人类之间只有彼此融合，和谐共处，相互联结，才能找到人类生存的意义和价值。

【关键词】隔阂；分裂；联结；融合；价值

Abstract: The essay analyzes the omnipresent separateness in British Colony —India. The alienation and isolation of colonizers from the colonized people, of individuals from individuals of the same race, even of man from himself permeate every corner of India. However, while illustrating the complicated and isolated relationships, the author also tries to explore the possibilities of connection between different groups of people and shows great concerns about the pursuit of ultimate homeland of mankind: Only when human beings know how to communicate and integrate harmoniously with each other, can we manage to find the significance and value of our life.

Key Words: isolation; separateness; connection; integration; value

《印度之行》是20世纪英国小说家E. M. 福斯特的代表作。小说书名源自惠特曼诗歌“印度之行”里的诗句：“向印度航行啊/怎么，灵魂，你没有从一开始就看出上帝的目的？/地球要有一个纵横交错的细网联结起来，/各个种族和邻居要彼此通婚并在婚媾中繁殖/大洋要横渡，是远的变成近的/不同的国家

* 卢素珍硕士，副教授，外语教学部教师；研究方向为英美文学，英语教育。

要焊接在一起。”（惠特曼，1990：769）福斯特借此深刻地表达了对人类友好相处、相互融合的美好愿望。他特意把故事安排在英国殖民时期的印度，使之成为当代世界的一个缩影。然而，他笔下的印度并没有惠特曼憧憬的那种世界大同的和谐景象。相反，隔阂、疏远、割裂的气息弥漫在印度的每一个角落。英国殖民者与印度被殖民者之间、殖民者内部成员之间、印度本土不同宗教派别之间——这些错综复杂的关系中无不充斥着分裂的迹象。“种族偏见、宗教差异、气候状况、（殖民者的）势利心态、交流的障碍等各种因素都触及了作为个体的‘现实生活’。”（Colmer，1967：11）在这样充满隔阂与沟壑的环境下，福斯特用诗意的笔触探索了尝试沟通和融合的可能性。分裂与联结成了本书探索的主题。

一、无处不在的分裂状态

（一）殖民者与被殖民者之间的鸿沟

故事通过描述从英国远道而来的慕尔夫人和阿德拉小姐在印度的经历，揭示了印度无处不在的分裂状态。两位女士结伴到印度看望慕尔夫人的儿子朗尼。朗尼是阿德拉的恋人，在英国公署担任法官。期间，当地一位伊斯兰教徒阿齐兹医生盛情邀请两位女士参观著名的风景区马拉巴山。不料在山洞里，阿德拉因为山洞的回声产生幻觉，误以为受到阿齐兹的性侵，于是控告了他。法庭开庭时，阿德拉突然明白一切都是自己的幻觉，于是顶着巨大的压力毅然撤诉。但此事给阿齐兹带来了很大的精神创伤。

故事看似简单，但却交织着错综复杂的关系。其中殖民者与被殖民者之间的隔阂最为突出。殖民者英印人与被殖民者印度人之间矛盾重重，二者间难以逾越的沟壑在文中开篇就可见一斑。在故事发生的昌德普拉城，印度人的居住区和英国行政官署的环境有着天壤之别。印度人的居住区肮脏混乱，粗鄙败落，而英国行政官署则整洁幽静，井然有序。这种鲜明的对比已经预示着两个群体之间无法回避的差异与分裂。

以特顿市长夫妇、法官朗尼等为代表的英国殖民者高高在上，有明显的种族优越感。他们是深受后殖民主义理论家萨义德所说的“东方主义”思想影响的殖民者。他们充分利用西方这种“控制、重建和君临东方”（萨义德，1999：4）的思维方式，对作为臣属国的印度进行殖民统治。东方主义是“一种西方统治、重新建构和支配东方的话语”（张京媛，1999：5）。为了实现帝国主义的霸权统治，殖民者歪曲地对东方国家人民的习俗、心性、道德文化等各个领域进行扭曲的描述并为之贴上一成不变的标签。在他们看来，“东方是非理性的、堕落的、幼稚的、‘不正常的’”，而欧洲则是理性的、贞洁的、成熟的、‘正常的’”（萨义德，1999：49）。在他们看来，欧洲人“有理性，爱和平，宽宏大量，合乎逻辑，有能力保持真正的价值，本性上不猜疑”（萨义德，1999：61），而东方人却没有这些优点。他们向东方国家输送他们所谓的救世主，即殖民官员。而朗尼、特顿市长等就是这些带着典型的东方主义思想烙印的殖民官员。他们对印度人充满了蔑视和敌意，认为印度人落后、愚昧、懒散，完全是属于等待他们拯救的劣等民族。少年时代的朗尼信奉人道主义，到印度后这种思想已经消失殆尽。他认为作为英国政府的仆从理应知道，“我们来这儿的目的是对他们实行公平裁决，为他们维持社会安宁”（福斯特，2003：51）。英国妇女也对印度人非常势利，充满蔑视和恶意。有一位英国夫人甚至说：“对本地人，我们最仁慈的做法就是让他们去死。”（福斯特，2003：25）“他们愿意去什么地方就去什么地方，只要不靠近我就行。我看见他们就毛骨悚然。”（福斯特，2003：25）这是对当地人妖魔化的言论。

而慕尔夫人和阿德拉初来乍到，对印度这个神秘的国家充满了好奇，渴望看到真正的印度。于是，特顿市长组织了一场联谊会，邀请了一些印度名流参加。但在聚会上，英国人一如既往地高高在上，印度人备受冷落。慕尔夫人希望认识印度女士，特顿夫人则提醒她说“你比她们都高贵”（福斯特，2003：42）。这次联谊会不仅没有增进英国人和印度人之间的友谊，反而加深了他们之间的隔阂。举办联谊会的本意是给东西方牵线搭桥，但结果只是更加赤裸裸地显示了殖民者与被殖民之间难以跨越的鸿沟。

作为被殖民者，印度人饱受英国人的歧视。他们在英国人面前谨小慎微，对英国殖民者充满了不满和怨恨。他们对殖民者的敌对情绪在马拉巴山洞事件发生后突然爆发并达到高潮。英国人认定是阿齐兹性侵了阿德拉。英署警察局长的依据竟然是“从自然法则来讲，有色人种一向觊觎白人女子，相反则不然——这不是讽刺，也不是污蔑，而确实是事实，任何科学观察家都将会证实这一点”（福斯特，2003：245）。此人的种族歧视思想之严重令人瞠目。英国外交家、英国派驻埃及殖民地的代表克罗默就毫无理由地做出荒唐的判断，认为东方人是有罪的，“因为你是东方人，所以你有罪”（萨义德，1999：48）。这位英国警察局长的观点和克罗默的观点如出一辙。但是，阿齐兹医生在印度人心目中德高望重，人们坚信他的清白无辜。面对同胞受到诬告，印度人空前团结，自发地举行大规模的游行示威，表示对英国政府的反抗，对同胞无条件的信任和支持。最后，由于阿德拉主动撤诉，此次风波才得以平息。但殖民者与被殖民者之间的矛盾却难以调和。

（二）爱情与亲情的相继决裂

殖民者与被殖民者之间剧烈的冲突也导致了阿德拉和朗尼的恋爱关系最终破裂。阿德拉是个充满人道主义的英国姑娘。但是在印度，阿德拉发现朗尼不再是那个曾经与她心心相印的人了。他在印度人面前高傲自大、自私冷酷，这让阿德拉倍感陌生和疏远。她决定放弃和朗尼的婚约。虽然后来突然发生的车祸使得阿德拉在冲动之下，又收回了撤销婚约的决定，但是他们的关系已经产生了难以弥合的裂痕。不仅如此，英印人对印度当地人普遍持有的傲慢态度令她颇感不适、失望甚至迷茫。她不愿意看到自己和朗尼结婚后，也与他们成为一丘之貉。就是在这种百般纠结甚至恍惚的心境下，她和阿齐兹前往山洞游览。进入第二个山洞前，她曾向阿齐兹询问有关爱情和婚姻的话题。单独进入山洞后，她产生了幻觉，以为受到了阿齐兹的性侵，从而导致阿齐兹被捕入狱。在法庭宣判最终结果前，阿德拉终于正视自己的幻觉，鼓足勇气撤诉。这个出人意料的举动令包括朗尼在内的英国人怒不可遏，也致使她和朗尼的关系彻底破裂。

在印度这个神秘的国度里，甚至连亲情都受到了考验。慕尔夫人和朗尼的母子关系也如履薄冰。信奉基督教的穆尔夫人来到印度，并没有把印度看作大英帝国的殖民地。她认为所有人类在上帝的眼里都是平等神圣的。所以，她无法理解儿子对印度人的倨傲蛮横。她试图用基督教的博爱精神唤醒儿子在英国就已培养出的人道主义思想，可是朗尼根本不以为意。他认为，作为大英帝国的公仆，他的职责就是维持印度的秩序，对印度进行殖民统治。母子之间各持己见，无法交流。马拉巴山事件之后，朗尼坚持不让母亲做阿齐兹的证人，坚持提前把慕尔夫人送回英国。慕尔夫人在归途中不幸去世，这也揭示了慕尔夫人和儿子之间破裂的亲情再无弥补的可能性。

（三）人与自我的割裂

小说中不仅充斥着“种族之间的分裂，两性之间的分裂，文化之间的分裂”，甚至也存在“作为个体的人与自我之间的分裂”（Lionel, 1967：130）。印度的特殊环境甚至使慕尔夫人在信仰上产生了危机，从而导致自我的分裂。刚到印度时，她对印度人一视同仁，对印度人友善、信任、仁慈，但马拉巴山洞的神秘而单调的回声动摇了这位基督徒的信仰。它以“一种难以描述的方式在破坏她控制生活的能力”（福斯特，2003：165）。她突然觉得一切都变得没有意义和价值，“怜悯、虔诚、勇气——世界上什么都有……可什么东西都没有价值”（福斯特，2003：165）。马拉巴山旅行回来后，慕尔夫人对一切都失去了兴趣，变得冷漠，开始远离尘世的喧嚣。她觉得，“如果先前有人用天使之口替世界上一切的苦难和误会(不论是过去的、现在的、还是将来的)辩护,为一切痛苦的人申冤,……结果都不会有什么两样”(福斯特,2003:165-166)。于是,当阿齐兹入狱后,她一反常态,拒绝出庭当证人,而且悄无声息登上了回英国的轮船。她最终客死他乡的结局也意味着她无论在信仰上还是在亲情方面,乃至与阿齐兹的纯真友谊都走向了分裂的结局。

福斯特在文中把印度比作一片沼泽地。“沼泽地”一词“也描述了一种隔离、怀疑的状态,暗指一切把人们割裂成彼此孤立的宗教派别、种族和政治阵营的因素”(Stone,1985:24)。在这片沼泽地里,人们彼此孤立,每个人都是一座孤岛。

二、联结的艰难尝试和希望

(一)理想的联结状态

尽管无处不弥漫着割裂的状态,但难能可贵的是,就在这样分崩离析的一片“沼泽地”里,还有一些人在默默地做着联结各个群体、各种关系的努力。他们的尝试是艰难的,有时甚至是徒劳的,但仍然透露着一些相互融合的可能性。其中,印度人的代表是穆斯林阿齐兹和印度教徒戈德博尔教授,英国人的代表是预科学校校长菲尔丁和慕尔夫人。

慕尔夫人刚到印度时,出于好奇走进一座清真寺,偶遇阿齐兹。阿齐兹是虔诚的伊斯兰教徒,相信博大的人类之爱。慕尔夫人则是基督徒,信奉人类跨越国界和种族的友爱。他们虽然分属不同的宗教派别,但都和对方以诚相待,从此结下了真挚的友谊。慕尔夫人认为英国人必须一视同仁地对印度人友好,因为“印度也是这个世界上的一部分。上帝让我们降生在这个世界上,为的是让我们都和睦相处,生活愉快。上帝……就是……仁爱”(福斯特,2003:53)。她认为对别人要“友好,友好,更友好”(福斯特,2003:53)。她的想法和阿齐兹不谋而合。阿齐兹认为,“我们印度人是何等地需要友爱……友爱,友爱,更友爱,友爱之上加友爱”(福斯特,2003:125)。和慕尔夫人在清真寺偶遇并交流后,他感受到了慕尔夫人的友善和博爱,非常感动,从此视慕尔夫人为最珍贵的朋友。

校长菲尔丁怀有浓厚的人道主义思想,他性格开朗,思想开放,没有狭隘的种族感情。他认为人与人之间不论种族、信仰,都应该被当作个体的人,彼此信任,互相尊重。菲尔丁坚持自己的信念,他相信“未来的世界一定属于这样的人们:他们尽一切努力来促进人们相互接触,相互影响,并且通过友好相待和文化与智力方面的帮助,使这种接触和影响达到人类理想的境界”(福斯特,2003:

65)。他对印度人的友好态度激怒了他的英国同胞，他和同胞之间的隔阂日益加深。在阿齐兹入狱后，他义无反顾地站在阿齐兹一边，甚至被英国同胞当成了反英分子。尽管他很了解自己的立场对事业的发展会带来负面影响，他仍然愿意充当两个民族之间沟通的桥梁。

为了满足慕尔夫人和阿德拉想要了解真正印度的心愿，菲尔丁举办了一个小型茶话会，受邀之人有阿齐兹、慕尔夫人、阿德拉以及戈德博尔教授。茶话会上，两位印度人和三位英国人轻松愉快地交流着。这是一个意味深长的安排。人文主义者菲尔丁和阿德拉、伊斯兰教徒阿齐兹、基督教徒慕尔夫人、印度教徒戈德博尔齐聚一堂，创造出一种难得的其乐融融的氛围。在这里，大家不分国界和种族，不分信仰与性别，彼此信任，坦诚相见。阿齐兹显得尤其激动。他无拘无束、神采飞扬地向英国人介绍印度，甚至邀请他们到他家里做客。慕尔夫人和阿德拉欣然接受了邀请。这一刻，没有种族偏见和歧视，没有剑拔弩张，一片祥和。福斯特在安排这个情节时一定有其深意，这也许就是他向往的世界：彼此信任与尊重，人人心怀善意和美好。如果这就是故事的结局，那么那种大同世界似乎就触手可及了。

然而，这种貌似祥和的景象中正孕育着巨大的危机。大家在谈论马拉巴山山洞时，似乎“潜伏着一种情绪”(福斯特，2003：81)：戈德博尔对山洞的情况欲言又止、讳莫如深；更令人扫兴的是，这时候朗尼闯了进来，叫阿德拉和他母亲去看马球赛。朗尼对阿齐兹和戈德博尔表现出的傲慢无礼瞬间将这里的和谐气氛一扫而空，把每个人从轻松愉快的氛围中拉回到了无情的现实。“这真像一个奇特的四重唱——你看，阿齐兹从空中振翼降落在地；阿德拉被这突然出现的尴尬局面弄得莫名其妙，朗尼怒气冲冲，婆罗门在安静地观察他们三人。”(福斯特，2003：82)因为朗尼的介入，大家只能兴致索然地互相告别。临走前，戈德博尔唱了一首意味深长的宗教歌曲：挤牛奶的少女祈求牧牛神来到她的身边，但无论少女怎么请求，牧牛神都坚决拒绝出来。这首歌预示着未来的沟通将会遇到巨大的障碍。

(二)联结的断裂

茶话会上看似温馨美好的局面却孕育着后来的悲剧。因为阿齐兹的热情邀请，慕尔夫人和阿德拉如约去参观马拉巴山洞。阿德拉的幻觉致使阿齐兹被指控，最终导致这些友好关系四分五裂。这是满怀热情要架起两国人民友谊桥梁的阿齐兹必定会遭遇的历程。其实，小说中早已埋下伏笔，“印度这块土地上存在着一种神灵，它竭力使人们长期处于各自分割状态，阿齐兹向它提出了挑战，所以遇到了一个接一个的问题”(福斯特，2003：140)。马拉巴山事件使这几个在精神上原本可以互相沟通的人先后分道扬镳。阿齐兹是这场事件的灵魂人物。首先，阿齐兹和慕尔夫人的友谊因为慕尔夫人拒绝出庭作证而受到影响，阿德拉则成了他最大的敌人。尽管阿德拉最终撤诉，但已给阿齐兹造成了巨大的心理创伤。菲尔丁在阿齐兹遭受巨大打击时不遗余力地支持他，但看到阿德拉撤诉之后的孤立境地，他在钦佩之余对她表示同情并伸出援手，结果招致阿齐兹的误解和仇恨。在这里，只有博德戈尔不受影响。在事发之前他似乎就预感不祥，力图阻止马拉山之行，但没有如愿。事情发生后，他冷眼旁观，更像是一名智者，似乎早就预测到了这种结局。

（三）重新联结的展望

虽然隔阂与分裂的状态无处不在，但人们对于沟通融合的愿望和探索并未消失。在印度教徒的大型庆典上，阿齐兹和菲尔丁再次重逢。得知菲尔丁娶的妻子并不是阿德拉而是慕尔夫人的女儿时，阿齐兹对老朋友几年来的误解终于释怀。同时，他看到了慕尔夫人的小儿子拉尔夫，又怀念起他一生中最珍贵的朋友慕尔夫人。阿齐兹最后也宽恕了阿德拉，感谢她的勇气和坦荡。马拉巴山事件的阴霾逐渐散去，阿齐兹的心理创伤在此庆典期间得到愈合。阿齐兹依然怀有对人类之爱的信念，但他认为，只有摆脱了帝国主义的统治，两个国家的人民才可能平等对话和交流，两国人民的友谊之花才有得以依托的基础。他说："印度要成为一个独立的国家。……到那时候……我和你一定会成为朋友。"（福斯特，2003：368）

单调、神秘而混乱的马拉巴山洞充满了象征意味。不论是具有人文主义情怀的阿德拉，还是有着宗教信仰的慕尔夫人，在面对亘古不变的岩石和单调恐怖的回音时都迷失了自我，表现出无法言说的慌乱与恐惧。在这个广袤无限的宇宙意象里，人类显得孤立而渺小，而同类之间的隔阂与分裂更加剧了人类孤立无援、无所依托的幻灭感。这是福斯特真正的关注点。人类因为各种原因把各种人群划分为彼此孤立的冷漠孤岛，这是令人最为痛心的。如果有朝一日每个国家在政治上彼此独立自主；不同种族、不同宗教、不同性别的人类个体之间在宗教、文化和艺术等领域互相尊重和包容，彼此友好相待，和谐共处，这将会是人类理想的境界，这也才是与"马拉巴山"完全不同的、人类在苦苦追寻的真正家园。福斯特的"印度之行"是一次探索人类家园的灵魂之旅，表达了他对人类家园和生存价值的终极关怀。彼此隔绝和孤立只会让人类在浩渺的宇宙中迷失自己，只有相互联结、和谐归一才能让我们在无限的宇宙中找到人类存在的真正意义和价值。

参考文献

[1] 爱德华・摩根・福斯特 . 印度之行 [M]. 杨自俭，译 . 南京：译林出版社，2003.

[2] 爱德华・W. 萨义德 . 东方学 [M]. 王宇根，译 . 北京：生活・读书・新知三联书店，1999.

[3] 惠特曼 . 草叶集 [M]. 楚图南、李野光，译 . 北京：北京人民文学出版社，1990.

[4] 张京媛 . 后殖民理论与文化批评 [M]. 北京：北京大学出版社，1999.

[5] CLOMER J. E. M. Foster: a passage to India[M]. London: Edward Arnold Ltd, 1967.

[6] TRILLING L. E. M. Forster[M]. London: the Hogarth Press, 1964.

[7] STONE W. The caves of A Passage to India[M]// BEER J (ed). A Passage to India: essays in interpretation. London: the Macmillan Press Ltd, 1985.